우리 역사에서 사라진

근현대 인물
한국사

우리 역사에서 사라진

근현대 인물
한국사

초판 1쇄 인쇄 2019년 1월 25일
초판 1쇄 발행 2019년 1월 31일

지은이 하성환
펴낸이 김승희
펴낸곳 도서출판 살림터

기획 정광일
편집 조현주
북디자인 꼬리별

인쇄·제본 (주)현문
종이 월드페이퍼(주)

주소 서울시 양천구 목동동로 293, 22층 2215-1호
전화 02-3141-6553
팩스 02-3141-6555
출판등록 2008년 3월 18일 제313-1990-12호
이메일 gwang80@hanmail.net
블로그 http://blog.naver.com/dkffk1020

ISBN 979-11-5930-088-2 03900

이 도서는 한국출판문화산업진흥원의 출판콘텐츠 창작 자금 지원 사업의 일환으로
국민체육진흥기금을 지원받아 제작되었습니다.

이 도서의 국립중앙도서관 출판예정도서목록(CIP)은
서지정보유통지원시스템 홈페이지(http://seoji.nl.go.kr)와
국가자료공동목록시스템(http://www.nl.go.kr/kolisnet)에서 이용하실 수 있습니다.
(CIP제어번호: CIP2019002918)

우리 역사에서 사라진

근현대 인물 한국사

하성환 지음

머리글

　2019년 올해 한반도에 평화가 오고 있습니다. 냉전의 마지막 고도孤島인 한반도에 따뜻한 봄바람이 붑니다. 김대중-노무현 민주정부에서 못다 이룬 꿈을 문재인 민주정부 3기에서 당당히 역사의 위업을 일구고 있습니다. 73년 동안 분열과 증오, 대결과 적대적 관계로 얼어붙은 분단 현실은 따뜻한 봄바람 앞에 눈 녹듯 하나씩 사라집니다. 문재인 대통령과 김정은 국무위원장의 4·27 남북정상회담, 김정은 위원장과 트럼프 미 대통령 간 6·12 북미정상회담은 냉전을 해체시키는 세계사적 사건입니다. 거기다 6·13 지방선거는 한반도 냉전 극우세력인 자유한국당의 몰락을 확인시켜 준 대사건이었지요.

　그동안 냉전체제 아래 분단의 질곡 속에서 우리 역사는 왜곡과 비극의 연속이었습니다. 대표적인 경우가 사회주의 항일독립지사들과 전 생애에 걸쳐 치열하게 독립운동을 위해 목숨까지 바친 역사적 인물을 대중의 기억 속에서 지워 버린 사실입니다. 한때 친일 인사가 독립운동가로 둔갑하는 경우도 있었습니다. 기가 찰 노릇이지요. 한국사 교과서 본문에 한 줄 기록조차 없거나 아예 망각으로 점철된 인물들을 대중의 기억 속으로 끄집어내어 오고자 합니다. 이것이 이 책을 쓰게 된 동기입니다.

역사 교사들과의 세미나를 통해 맨 먼저 항일독립지사 백범 김구에 의해 피살된 또 다른 항일독립지사 '김립'을 선정했습니다. 망각의 늪에서 대중의 기억 속으로 복기시키고 싶었습니다. 민족이 분단된 현실 그리고 냉전의 대리전으로서 6·25전쟁의 참화는 너무 많은 인물들에 대한 진실을 왜곡시켜 왔습니다. 대표적인 인물이 바로 항일독립운동가 '김립'입니다. 항일변호사 허헌의 절친이자 한국 사회 최초로 코뮤니스트 정당을 만든 인물이지요. 분단된 현실의 두꺼운 껍질을 벗고 오늘의 역사 속에서 재평가되기를 바랍니다. 특히 김구의 『백범일지』에 대한 사실 고증과 엄격한 재평가를 통해 항일독립지사 '김립'의 치열한 삶의 흔적이 드러남에 보람을 느낍니다. 항일독립지사 '김립'은 1910년대와 1920년대 초 급변하는 세계정세에 능통했던 인물입니다. 뛰어난 지략으로 조선이 나아가야 할 항일독립운동의 방략을 제시하고 민족운동의 전망을 보여 주었던 인물이지요. 그렇지만 '김립'은 백범 김구에 의해 처단됩니다. '공금횡령범'이라는 누명을 쓴 채 너무도 원통하고 비극적인 죽음을 맞습니다. 너무 늦었지만 이제라도 건국훈장이 추서되었으면 하는 마음뿐입니다.

다음으로 문재인 대통령이 2018년 3·1절 기념식에서 호명한 박차정 열사 역시 그동안 대중의 기억 바깥에 존재했던 망각의 인물입니다. 한 손엔 총을, 다른 한 손엔 확성기를 들고 적진 수십 미터 앞에서 선무공작을 벌였던 조선의용대 항일 여전사 박차정의 삶과 투쟁은 읽는 이로 하여금 처연함과 부끄러움을 느끼게 합니다. 하루속히 밀양군 야산에 방치된 무덤을 국립묘지로 고이 모시는 것이 그나마 국가가 해야 할 역할이자 후손된 도리라고 생각합니다.

의열단 창단의 주역이자 밀양 출신 항일민족운동가의 정신적 대부인 백민 황상규 역시 한국사 교과서에 단 한 줄도 언급되지 않은 인물입니다. 의열단장 약산 김원봉의 동화중학교 스승이자 의열단 단원들의 정신적 지주였던 백민 황상규의 삶과 죽음을 읽다 보면 그 치열함에 절로 고개를 숙이게 됩니다. 병든 몸으로 신간회 2기 활동과 광주학생운동을 지도했던 열혈 애국지사를 후손들에게 널리 알리는 것 또한 우리의 소명일 것입니다.

석정 윤세주는 항일 혁명시인 이육사의 절친으로 의열단이 주체가 된 조선민족혁명당과 조선의용대의 정신적 지도자였습니다. 조선의용군의 전신인 조선의용대 항일전사 윤세주는 가장 어린 나이인 19살에 의열단에 입단합니다. 의열단 제1차 암살·파괴계획[1920] 당시 윤세주는 일경에 피검되어서도 조선 청년으로서 기개를 잃지 않았습니다. 오히려 일인 재판장을 준열히 꾸짖을 정도로 담대했으며 일제의 대대적인 반反소탕전 당시 죽음 앞에서도 항일지사로서 초연했습니다. 윤세주가 반소탕전에서 전사하면서 조선의용대는 연안파 공산주의자들이 장악하게 되고 조선의용군으로 개편됩니다. 조선의용군은 해방 직전까지 무장투쟁을 전개했던 항일독립운동단체로서 국공내전에 참전하여 오늘날 중화인민공화국을 탄생시키는 데 결정적으로 기여하지요. 그 조선의용군이 한국전쟁 당시 조선인민군의 주력 부대가 되어 한국전쟁이라는 참극을 빚습니다. 조선의용대의 일부가 한국광복군-국군으로, 또 다른 일부가 조선의용군-인민군으로 나뉘어 서로 총부리를 겨눴으니까요.

다음으로 조선의 페스탈로치 야자 이만규는 대한민국 사회에서, 특히 학계와 교육계에서 완전히 망각된 인물입니다. 일제강점기 조선어학회 간사장을 역임하며 한글맞춤법 통일안 제정에 일역을 담당했음에도 월북했다는 이유만으로 남쪽 교육계에선 완전히 잊힌 존재입니다. 이만규 선생은 가수 서유석 씨의 외조부이자 항일 민족주의 교육자로서 조선 교육자의 사표가 되었던 인물입니다. 따라서 이만규 선생을 오늘날 오롯이 복원시키는 일은 마땅히 교육계 후손된 책무라 생각합니다.

1930년대 초 혁명적 노동운동의 빛나는 별! 코뮤니스트 김찬의 발굴은 오롯이 경향신문 원희복 기자의 노고에 따른 것입니다. 님 웨일스의 『아리랑』에 나오는 무명의 조선독립운동가 김산만큼 치열했으며, 그 이상으로 비극적인 죽음을 맞은 김찬-도개손 부부의 사랑과 죽음 앞에서 처연함과 숙연함을 금할 길 없습니다. 민족의 독립과 식민지 해방을 위해 무려 45일 동안 일제의 잔혹한 고문과 악형을 견디었던 김찬의 삶을 역사 교과서에 기록하는 것은 항일독립운동사를 제대로 복원하는 것입니다. 그 내용 또한 더욱 풍부하게 재구성할 것임을 확신합니다.

한편, 한글학자 주시경의 절친이자 상동청년학원과 상동교회를 통해 1900년대 항일민족운동을 펼쳤던 전덕기 목사의 삶은 단순히 기독교계에 한정된 인물로 기억해선 안 될 것입니다. 1900년대 상동교회와 상동청년학원이 항일민족운동의 요람이자 중심이었기 때문입니다. 상동교회 지하실에서 탄생된 신민회와 헤이그특사 역시 그 중심에 전덕기 목사가 존재했기 때문에 가능했던 역사적 사건입니다.

마지막으로 한국 사회 최초의 페미니스트 나혜석을 독립운동가의 반열에 올려야 한다는 새로운 시각입니다. 나혜석은 1930년대 중반 「이혼고백서」를 통해 조선 사회의 이중성과 남성 중심의 도덕관념이 지닌 위선을 통렬히 고발합니다. 나혜석은 자신의 몸을 불태워 조선 여성의 인권을 향상시킨 불꽃의 여자입니다. 시대의 낡은 질서에 타협하지 않고 온몸으로 저항했던 나혜석의 여성운동 못지않게 독립운동가 나혜석을 상기시켜야 합니다. 2016년 개봉된 영화 〈밀정〉의 소재가

된 의열단 제2차 암살·파괴계획[1923] 당시 폭탄 국내 반입을 성공시킨 결정적 인물이 나혜석이었음을 밝힌 글입니다.

한반도에 평화가 깃들고 망각된 역사적 인물들이 하나둘 한국 근현대사의 중요 인물로 제자리를 찾아가길 소망합니다. 그분들이 올바르게 자리매김됨으로써 우리 역사가 온전히 복원되고 더욱 풍부한 내용으로 채워지길 바랍니다. 무엇보다 이 책이 나오기까지 함께 공부하고 토론했던 안정애 선생님, 은지숙 선생님, 황지숙 선생님, 임선일 선생님의 도움이 컸음을 밝힙니다. 또한 평생 우직하게 평교사의 길을 걸으며 그 투박한 가시밭길을 영광의 길로 받아들이며 이 땅의 아이들을 사랑했던 참 교사! 박영신 선생님, 송병화 선생님, 고은수 선생님, 안정애 선생님, 차기금 선생님, 이상영 선생님, 김연수 선생님, 이혜선 선생님께 퇴임을 기념하여 이 책을 바칩니다. 끝으로 어려운 출판환경 속에서도 예쁜 책으로 만들어 주신 살림터 정광일 대표께 지면을 빌려 고마움을 전해 올립니다.

2019년 1월
하성환

차례

머리글 5

1.

비극적인 항일 혁명지사,
코뮤니스트 김립

1. 미화되고 감춰진 『백범일지』

2009년 이명박 정부는 10만 원권 지폐 발행을 무기한 연기한다고 발표했다. 10만 원권 지폐 도안으로 백범 김구가 들어갈 예정이었다. 노무현 참여정부 때 절차와 공론화 과정을 통해 이미 고액권 지폐 발행이 결정되었고, 디자인 작업까지 마쳤음에도 5만 원권만 발행하기로 한 것이다. 5만 원권조차 유관순 대신 일본 화풍의 신사임당 초상화가 새겨진 것으로 바뀌었다. 이명박 정부의 발표는 석연찮았고 말들이 무성했다.

그런 연유에는 이명박 정부 탄생 1등 공신인 뉴라이트 세력의 반발이 가장 큰 요인으로 꼽힌다.[1] 뉴라이트 세력은 5만 원권 도안 인물로 박정희를, 10만 원권 도안 인물로 이승만을 줄기차게 요구했기 때문이다.[2] 실제로 뉴라이트 세력은 이명박 정부 당시 『대안교과서 한국근현대사』[2010]를 출간하면서 '건국 대통령 이승만'을 부각시키기에 여념이 없었다. 그들은 8월 15일을 광복절이 아니라 '건국절'로 기념해야 한다고 끈질기게 주장해 왔다. 전 세계에 건국일을, 그리고 건국 대통령을 기념하지 않는 나라는 우리나라밖에 없다고 강조하면서….

10만 원권 지폐에 들어갈 인물로 국민 절대다수는 백범 김구를 1순위로 꼽았다.[3] 일제로부터 해방된 지 수십 년이 지났음에도 그들은 왜 백범 김구 선생을 싫어하는 것일까? 그 이유는 간단하다. 적어도 남쪽 사회에선 반민족(친일) 행위자들의 정신적 후손들이 항일민족운동의 상징인 그를 기피하기 때문이다. 그들은 백범 김구가 1948년 대한민국 건국에 기여한 바가 없다고 강조한다. '건국 대통령! 이승만, 건설 대통령! 박정희' 이것이 '나라사랑실천운동'이나 '건국 아버지 이승만 사랑회'의 주장이었다.

백범 김구는 항일독립운동의 상징적 인물로 기억되는 것이 대한민국 사회의 지배적인 생각이다. 물론 공화제로서 대한민국 임시정부 주석을 지낸 열혈 항일독립투사임은 누구도 부인할 수 없는 역사적 사실이다. 그렇다면 백범 김구는 조선독립운동사상 어느 정도의 위상을 차지하는 인물일까? 뉴라이트 학자들은 '김구=항일 테러리스트'라고 표현한다. 다분히 부정적 인식을 심어 줄 의도로 창안된 용어이다. 건국 시점이 1919년임에도 1948년 건국을 강조하고 항일독립운동을 깎아내리기 위해 '건국절'을 강조하는 것은 참으로 불순하기 짝이 없는 역사 왜곡이다. '건국 대통령 이승만'을 부각시키기 위해 일제강점기 항일독립운동의 상징적 존재인 백범 김구를 의도적으로 폄훼하려는 정치적 발상에서 나왔기 때문이다.

1945년 말 모스크바 3상회의에서 신탁통치가 결정된다. '미국은 신탁통치를 반대하는데 소련이 신탁통치를 고집한다'고 동아일보는 왜곡 보도까지 저지른다.[4] 미국이 신탁통치를 주장했고 소련은 신탁통치를 반대했다는 것이 오히려 역사의 진실에 가깝다.[5] 모스크바 3상회의 결정서에서 가장 중요한 조항이자 첫 번째 조항은 맨 먼저 '조선에 임시 민주정부를 수립한다'는 것이다. 신탁통치 조항은 제3항으로 '수립된 조선 임시정부'와 협의하여 최고 5년 기한 안에서 결정하도록 했다.[6] 문제는 이러한 사실을 제대로 보도한 신문이 거의 없었다는 것이다. 당시 대부분 언론들은 모스크바 결정서의 내용을 정확히 보도하지 않고 신탁통치 보도에 초점을 집중시킨다. 35년 식민통치에서 갓 벗어난 민중에게 해방된 지 5개월도 채 안 되어서 다시 다른 나라 통치를 받는다는, 다분히 선정성 짙은 보도였다. 오직 좌파 계열 신문인 『조선인민보』만이 임시정부 수립에 초점을 맞추어 '민주정부 수립'을 머리기사로 실었을 뿐이다.[7]

일제로부터 해방된 지 넉 달이 지난 시점에 『동아일보』를 비롯한 대다수 신문들의 오보와 모스크바 결정서 왜곡은 한국 사회를 '반소반탁운동'의 거센 이념의 소용돌이 속으로 휘몰아 버렸다. 1946년 신탁통치 파동 당시 친일파들은 '신탁＝매국, 반탁＝애국'을 부르짖는 이승만-김구의 우산 밑으로 발 빠르게 변신한다. 당시 좌우를 망라한 '민주주의민족전선'에 대항해 이승만-김구는 '비상국민회의'를 출범시킨다.

특히 백범 김구의 임정 잔류 계열은 처음부터 가장 격렬하게 반탁운동에 앞장선다.[8] 미군정청 산하 한국인 직원들에게 '반소반탁 운동' 대열에 동참을 촉구하면서 파업을 선동한다. 임정 요인들과 긴급회의 직후 조건부 탁치를 주장한 송진우의 급작스런 피살도 그런 극렬한 반탁운동과 관련이 깊다. 고하 송진우는 비록 민족주의 우파 정치인이었지만 모스크바 3상회의 결정문을 제대로 읽어 보았느냐고 비판한다. 송진우 자신은 임정과 견해를 달리하며 '조건부 신탁통치 수용'이라는 견해를 피력한다. 미군정 정보당국은 송진우의 죽음에 백범 김구가 깊숙이 관련되었다는 강한 의구심을 보였다.

친일 반민족세력들은 물 만난 고기 떼처럼 '비상국민회의' 집회에 연일 모여들었고, '신탁＝매국, 반탁＝애국'을 소리 높여 외치면서 탁치반 대운동에 더욱 극렬히 참여했다. 당시 옛 동아일보(광화문에 있는 외벽이 누런색 건물, 현재 일민 미술관) 옥상 위에선 찬탁을 외친 사람들을 잡아다가 린치를 가하곤 했다. 동아일보 사옥 밑을 지나갈 때마다 타작하는 소리와 '아이쿠!' 하는 외마디 비명이 끊이질 않았다.

탁치 파동은 일순간 한국 사회 정치지형을 180도 바꿔 버렸다. 해방 직후 민족 최대의 과제였던 친일파 청산과 통일민족국가 건설은 온데간데없이 사라진다. 분단국가 건설을 드러내 놓고 외친 이승만의 '정읍발언'(1946년 6월)은 탁치 파동이라는 시대 배경에서 나온 것이다. 1945년 말에 시작된 탁치 파동은 해를 넘기면서 한국 사회를 좌우 이념 대결로 치닫게 만들었다. 민족세력 대 반민족(친일)세력의 대결 구도가 찬탁세력 대 반탁세력으로 프레임이 전환돼 버렸기 때문이다. 그리하여 반민족(친일)세력들은 '타공打共', 즉 공산주의 타도를 외치며 자신들이 애국자인 양 거리 시위에 나선다.

2013년 개봉 영화 〈변호인〉에서는 용공조작사건을 담당한 차동영 경감(배우 곽도원)이 자신의 선대를 읊조리며 변호인 노무현(배우 송강호)을 발로 걷어차 거꾸러뜨린다. 그리고 비웃듯이 다음과 같이 외친다. "무엇이 애국인지 생각해 봐." 우리는 이 대목에서 해방공간 반민족 친일세력들이 '공산주의 타도'를 외치며 자신의 어두운 과거를 애써 지우고 애국자로 둔갑하는 장면을 떠올린다. 그 한마디 대사에 전율을 느끼지 않을 수 없다. 적어도 남쪽 사회에서 '반탁＝애국'을 부르짖으며 '찬탁세력＝공산주의 매국세력'으로 치환시키는 장면에서 말이다. 영화의 한 장면이지만 소름 돋는 대사가 아닐 수 없다.

부산에서 발생한 '부림사건'은 서울의 '학림사건'을 재연한 것이다. 1980년 5월 광주를 피로 물들이고 등장한 전두환 정권의 기반을 탄탄하게 다져 준 1980년대 초 대표적인 공안조작 사건이다. '타공打共'을 외친 그들 반민족 친일세력들은 그 순간 '무엇이 애국인지' 발 빠르게 생각했던 것이다.

세간의 표현대로 백범 김구는 항일독립운동의 상징적 인물임에 틀림없다. 그럼에도 백범 김구에 대한 객관적 평가는 쉽지 않다. 분단된 현실 속에서 지나치게 과장되고 미화된 측면이 있기 때문이다. 오늘날 『백범일지』를 중심으로 백범 김구의 공과 과를 냉정하게 평가해 보려는 노력이 필요하다. 먼저 식민지 민족해방운동의 도상에서 보인 항일독립운동가 백범 김구의 과오를 냉정하게 살펴보자.

위인전기로서 『백범일지』는 재미있는 편이다. 해방 후 1947년 초판본이 나올 때 편집자의 윤문이 있었음은 익히 알려진 사실이다. 최근 『백범일지』를 춘원 이광수가 윤색해 주었다는 주장이 설득력 있게 제시되었다. 수십 년 동안 시중에 10여 종류가 출간되었는데, 윤문 탓에 마냥 재미로 읽기에는 10% 무거운 느낌을 던져 준다.

우선, 『백범일지』는 유서이다. 10살 안팎의 어린 아들들(김인, 김신)에게 아버지가 어떤 삶을 살다가 죽었는지 알려 주고 싶은 마음에서 편지 형식으로 쓴 글이다. 『백범일지』 상권 책머리에는 유서임을 밝히고 있다. 실제로 그 글을 쓸 때 김구의 나이는 쉰 살을 훌쩍 넘긴 상태였고, 언제 일제의 촉수에 걸려 죽을지 모르는 엄혹한 시절이었다. 알다시피 김구는 현상금 액수가 두 번째로 많은 거물로서 일제가 가장 잡고 싶어 했다. 『백범일지』 하권에 안전한 프랑스 조계를 벗어나 일본 경찰에 협조적인 영국 조계로 김구를 유인하는 이야기가 등장한다. 김구에게 내걸린 현상금은 60만 원으로 오늘날 화폐가치로 환산하면 100억 원이 넘었다.

여기서 잠깐! 일제강점기 시절 가장 많은 현상금이 나붙었던 인물은 의열단 단장 약산 김원봉이다. 100만 원이었으니까 오늘날 화폐가 치로 환산하면 200억 원 정도이다. 영화 〈밀정〉에서처럼 조선인 고등계 경찰 하시모토가 숱한 밀정과 끄나풀들을 거느리고 등장할 정도로 김원봉 체포에 혈안이 돼 있었던 것이 당시의 실상이다. 문제는 아직도 약산 김원봉이 독립유공자로 서훈되지 못했다는 사실이다. 일제가 가장 잡고 싶어 했던 제1의 인물, 주재소에서 의열단임을 밝혔을 때 취조하던 일본인 순사가 혼비백산해 도망쳤을 정도로 일제의 간담을 서늘하게 만든 의열단의 상징적 인물, 항일애국지사 김원봉이 아직도 남과 북에서 독립유공자로 인정받질 못하고 있다는 현실은 민족의 비극이 아닐 수 없다.

김원봉은 생존을 위해 황급히 도망치듯이 월북했다. 그것은 미군정 시절 백색테러의 공포 때문이었다. 북쪽으로 탈출한 후 중립화통일론을 주장하며 김일성 정권에 반기를 들었다는 이유로 숙청돼 통분 끝에 감옥에서 자결한다. 남쪽에서는 월북했다는 이유로, 북쪽에서는 김일성의 정책을 비판했다는 이유로, 독립유공자로 인정받지 못하고 있다. 그런 점에서 남과 북은 보훈의 관점에서 그동안 너무도 옹졸했으며 또한 편협했음을 부인할 수 없다.

실제로 『백범일지』에도 그런 이야기들이 등장한다. 조선인 출신 고등계 형사로서 강인우 경부(오늘날 경정에 해당, 경찰서장인 총경 바로 아래 직급)가 백범을 체포하러 상해에 직접 잠입한 이야기가 나온다. 그런가 하면 협박하거나 돈으로 매수하여 조선인 밀정에게 권총을 주어 살해하도록 음모를 꾸미는 상해 일본 영사관 경찰들의 간악한 수법도 소개된다.[9]

젊은 날 백범이 의협심 넘치는 인물이었음은 널리 알려진 사실이다. 18살에 황해도 동학 접주가 되어 700명의 군사를 이끌고 선봉에서 해주성을 공격한다. 나아가 명성황후를 시해한 복수로 일본군 첩보장교 쓰치다를 황해도 안악 치하포 주막에서 살해한다. 영화 〈대장 김창수〉에 그 장면이 나온다. 20~22살의 청년 시절, 사형수로서 인천감옥을 배경으로 한 작품이다. 영화에서는 주먹으로 때려죽이지만『백범일지』에서는 일본군의 칼을 빼앗아 난도질하여 죽이는 것으로 나온다.

머리부터 발끝까지 칼로 베고 솟아나오는 피로 자기 얼굴에 피 칠을 한 뒤에 자신은 떳떳하다고 방까지 붙이며 유유히 사라졌다. 이 대목은 김구의 의협심과 기개를 접하기에 부족함이 없다. 하지만 김구는 식민통치의 주구들만 죽이는 게 아니다. 김도순이라는 17살 나이 어린 조선인 밀정도 처단한다. 같은 항일독립운동가들을 죽이는 데에도 물불을 가리지 않았다. 이해하기 힘든 대목이지만 엄연한 사실이다. 백범기념사업회에서 매년 다량으로 배포하는 나남출판사『백범일지』에는 그 대목이 삭제된 채 간단히 처리되어 있는데, 역사학자가 사실에 입각해 알기 쉽게 풀이한 돌베개 출판사의『백범일지』에는 상세히 소개되어 있다.

왜 백범기념사업회 쪽에서는 그와 같은 내용이 삭제된 앞의 책을 고집할까? 한국 사회 최장기 스테디셀러이자 밀리언셀러인 책을, 그것도 매년 수많은 중고등학교에 무료 배포하면서 말이다. 그 이유는 간단하다. 백범을 미화하고 싶은 욕망 때문이다. 첫째 아들 김인은 해방 5개월 전 충칭에서 병사한다. 페니실린 주사 한 대를 놓아 달라는 며느리의 간청에도 페니실린 주사약이 턱없이 부족한 상황에서 공과 사를 구분해야 한다며 임정 주석 김구는 냉정하게 거절한다. 결국 독립운동가 김인은 28살 젊은 나이에 이국땅에서 쓸쓸히 숨을 거둔다.

안중근 의사의 조카이자 백범의 며느리 안미생은 해방 후 경교장까지 시아버지를 모시고 환국하지만, 돌연 종적을 감추고 미국으로 떠난 후 연락을 끊어 버렸다. 둘째 김신 장군은 박정희 정권 때 교통부 장관과 유신정우회 국회의원까지 되었다. 그 아들 김양은 이명박 정부 시절 국가보훈처장을 지냈다. 그는 박근혜 정부 때 외국 방위산업체로부터 10억 원대 뇌물을 받은 방산비리 혐의로 구속, 기소되었다. 어느 순간 백범 가계는 뒤틀리기 시작한 것이다. 백범의 손녀딸이 재벌가의 며느리가 되고 한나라당(새누리당-자유한국당의 전신)과 관계를 맺고… 애국자 백범 김구 선생의 삶과 죽음, 그 정신과는 거리가 멀어 보인다.

나남출판사 『백범일지』에는 '김립'의 죽음에 대한 기술이 빠진 채 '김립'의 죄악상만 나온다. 김립은 러시아에서 받은 자금으로 광동廣東 출신 중국인 첩을 두고 향락에 빠진 인물로 나온다. 다시 말해 독립 운동자금을 부당하게 유용한 매우 지저분한 공금횡령범으로 그를 묘사한다. 이는 김립의 처단을 언급하지 않은 채 항일독립지사를 살해한 이유를 합리화하려는 의도일 것이다.

"한형권이 그 돈을 지니고 서베를린에 도착할 때에 맞추어 이동휘는 비서장 김립金立을 밀파하여 한형권을 종용해서 빼돌렸다. 그 금괴는 임시정부로 들어오지 않았다. 김립은 그 돈으로 북간도의 자기 식구들을 위해 토지를 매입했고, 이른바 공산운동자라는 한인, 중국인, 인도인에게 그중 얼마를 지급했으며, 자기는 비밀리에 상해에 잠복하여 광동廣東 여자를 첩으로 맞아 향락에 빠졌다. 임시정부에서 이동휘에게 그 죄를 묻게 되자 이씨는 총리 직을 사임하고 러시아로 도주했다. 한형권은 다시 러시아 수도로 가서 통일운동을 하겠다며 이유를 설명하고, 다시 20만 루블을 갖고 상해에 잠입하여 공산당들에게 그 돈을 나누어 주고 이른 바 국민대표대회를 소집했다."[10]

이 대목에서 나남출판사 『백범일지』는 사실에 충실하게 기술되지 았었다. 백범 김구의 기억에 착오가 발생한 것 같다. 1차 독립운동자 금 40만 루블은 서베를린, 즉 유럽을 거쳐 들어오지 않았고 시베리아 옴스크를 거쳐 들어왔다. 2차 자금은 한형권이 유럽을 거쳐서 상해에 반입했다. 아마도 백범 김구가 1차와 2차를 혼동한 데서 생긴 착오일 것이다. 또 2차 독립운동자금을 수령하러 갔을 때 "통일운동을 하겠 다는 이유를 설명하고" 역시 "식민지 민족해방운동", 즉 "독립운동을 하겠다는 이유를 설명하고"로 고쳐 기술해야 맞다. 러시아 혁명의 주 역 레닌이 혁명 초기 러시아가 불안정한 상태임에도 약소민족 국가의 독립을 위해 운동자금을 아낌없이 전해 준 것은 약소민족의 식민지 해방을 지원하기 위해서였다.[11]

2. 항일애국지사 '김립'을 죽인 항일애국지사 '김구'

김립은 한국사에서 사라진 인물이다. 분단이 낳은 비극이다. 해방된 지 73년이 지났지만 아직도 독립유공자로 인정받질 못하고 있다. 일제 식민지 시절, 항일독립운동가들끼리 죽고 죽이는 살육전은 허다했다. 1910년대 초 연해주, 즉 블라디보스토크를 중심으로 한인사회의 갈등 이 노골화되었다. 기호파(경성파)-서북파(평안도/함경도) 또는 인물 중 심으로 갈리면서 이상설의 심복이자 항일독립지사인 정순만 피살 사 건이 발생한다. 정순만은 1906년 이동녕, 이상설과 함께 망명길에 올라 북간도에 서전서숙을 세웠던 인물이다. 헤이그 특사로 이상설이 유럽으로 파견될 때 연해주 한인과 미주 교포를 대상으로 모금해 1만 8,000원의 여비를 마련해 주었던 항일독립지사이다.[12] 이상설과 호형호제할 정도로 가까워 1910~1911년 정순만이 암살 위기에 처하자 이상설은 자신의 집에 은신시켜 지켜주기도 하지만, 정순만은 도끼로 참혹하게 죽임을 당한다.

그런가 하면 아나키스트와 코뮤니스트 간 살육의 대표적인 사건이 아나키스트 김좌진의 죽음이다. 우리가 알고 있는 청산리 전쟁의 주역이 바로 김좌진 장군이다. 아나키스트와 코뮤니스트 간 살육에 대한 생생한 이야기는 의열단 출신이자 일제로부터 세 번째로 현상금이 크게 나붙었던 정화암(본명 정현섭) 선생의 회고록 『어느 아나키스트의 몸으로 쓴 근세사』에 나온다. 이회영, 신채호를 통해 아나키즘을 수용한 정화암은 하얼빈-해림시-영안현을 중심으로 항일투사들끼리, 즉 아나키스트와 코뮤니스트 사이에 전개된 살벌한 살육전을 소상하게 적고 있다.

해림을 중심으로 한족총련지역(아나키스트 본거지-필자 주)과 영안현을 중심으로 공산지역은 항상 팽팽한 대결 상태에 있었다. 어쩌다 잘못하여 상대방 지역으로 들어가게 되면 서로 죽고 죽이는 비극이 벌어지기도 했다. 한 번은 경비를 돌던 교민이 20세가량의 청년공산당원을 잡아왔다. 하얼빈 쪽에서 공산당 본거지인 영안현으로 가려면 해림을 통과해야 했기 때문에 가끔 공산당원들이 해림역에서 체포되어 오는 수가 있었다. 체포되어 온 사람들은 거의 사살해 버렸다. 자루에 산 채로 묶어 넣고 다리 위에서 얼음이 언 강 위로 떨어뜨려 익사시키는 방법, 땅에 구덩이를 파고 사람을 묶어 그 구덩이에 세워 놓고는 흙으로 묻어 죽이는 방법, 넓은 벌판으로 데려가 도망치게 하고는 뒤에서 총으로 쏴 죽이는 방법 등 서로가 잔인한 행동을 서슴없이 자행하는 경우도 있었다. (중략) 공산당원이라고 잡혀 온 그 청년도 순진하고 총명하게 생겨 아까웠다. 언제부터 공산주의자가 되었는지 모르지만 나는 청년을 설득하여 내 사람으로 만들어 볼 결심이었다. 그런데 내가 산시山市의 대표자회의에 참석한 사이 그 청년은 사살되어 버렸다. 그 뒤에 또 한 사람이 잡혀 왔다.[13]

아까운 목숨들이고 이해하기 어려운 대목이지만 사실이다. 대표적인 사건이 비극적 항일독립지사 김립의 죽음이다. 김립의 죽음 또한 민족주의자와 사회주의자 간의 갈등에서 빚어진 민족적 비극이자 참극이었다. 김립은 1910년대와 20년대 초를 대표하는 걸출한 항일독립지사이자 사회주의자이다. 그의 죽음은 실제로 민족운동계의 크나큰 손실이었다.

김립은 상해 임시정부 초대 국무총리 이동휘의 최측근으로 임정 국무원 비서장(차관급)에 임명되었다.[14] 국무원 비서장은 외무차장, 내무차장, 법무차장, 재무차장, 군무차장 등 각부 차장(차관)회의를 주재하는 위치이자 상해 임정의 실질적 업무인 인사와 재무를 통괄했던 지위였다. 또한 김립은 1918년 4월 우리나라 최초의 사회주의 정당인 한인사회당 창립 일원이기도 하다. 하바롭스크에서 창립 당시 이동휘는 위원장, 김립은 선전부장으로서 기관지 〈자유의 종〉 책임주필을 맡았다. 한인사회당은 1921년 5월 고려공산당(상해파)으로 확대 발전된다. 다른 고려공산당(이르쿠츠크파)과 갈등 끝에 빚어진 사건이 한국사 교과서에 나오는 '자유시 참변'(일명 흑하 사변)이다. 러시아 볼셰비키 혁

대한민국 임시정부 신년축하회 기념사진(1920년 1월 1일 정초).
둘째 줄 왼쪽 끝이 백범 김구, 둘째 줄 가운데 팔짱을 낀 채 다리를 포갠 인물이 국무총리 이동휘,
이동휘 오른쪽으로 이시영, 안창호, 김철, 그리고 국무원 비서장 김립, 이르쿠츠크파 고려공산당
장건상.

명에 참전하고 일본군과 백위파에 맞서 적색빨치산 부대에 참여했던
오하묵은 이르쿠츠크파 고려공산당이었다. 오하묵은 코민테른 동양비
서부의 지원을 받고 있었다. 반면에 박일리야도 적색빨치산 출신이자
사할린의용대 대장으로 상해파 고려공산당 군사위원이었다. 양대 파
벌의 군권 다툼으로 자유시 참변이 발생한 것이다. 수백 명의 한인 무
장독립군들끼리 서로 죽고 죽이는 항일독립운동사상 가장 끔찍한 참
극이 빚어졌다.

경무국장 김구가 한때 자신의 상관이자 혁명동지였던 김립을 살해
하기로 마음먹은 데엔 모스크바로부터 온 독립운동자금이 깊숙이 관
련돼 있다.[15] 김립을 독립운동자금을 빼돌린 파렴치한 공금횡령범으로
본 것이다. 따라서 상해 임정은 김립을 극형에 처해야 할 파렴치범으
로 규정했고, 실제로 그런 내용의 임정 포고문을 발표한다. 임정 국무
총리 대리 신규식 외 이동녕, 노백린, 이시영 등 각부 총장들은 1922

년 1월 26일 자로 '대한민국 임시정부 포고 제1호'를 발표한다. 그 포고문의 일부 내용을 보면 이렇다.

"김립은 이동휘와 서로 결탁하여 마침내 국가 공금을 횡령하여 개인 주머니를 살찌우고 같은 무리를 불러 모아 공산이란 미명하에 숨어서 간악한 음모를 꾸미고 있다"[16]면서 "그 죄가 극형에 처할 만하다"고 극렬히 성토한다.

문제는 그 독립운동자금을 볼셰비키 러시아 정부로부터 받아 내는 데 결정적으로 역할을 했던 인물들이 박진만, 한형권, 이한영 등 한인사회당 출신이었다는 사실이다. 그들은 러시아어에 매우 능통했고 그런 이유로 한형권은 상해 임정의 대표 자격으로 모스크바를 방문하게 된다. 러시아 모스크바를 찾아가는 길목마다 한형권은 북이 울리는 태극기 물결 속에서 성대한 환영을 받는다. 이르쿠츠크 역에 도착한 이후부터는 국빈 대우를 받으며 모스크바에서 외무차관 카라얀의 영접을 받기도 한다.[17] 우리나라 최초의 사회주의 정당인 한인사회당 당수이자 임정 국무총리 이동휘가 임시정부 특사로 파견한 때문이었다.

한형권과 박진만은 러시아 볼셰비키 권력자 레닌과 직접 대담하며 상해 임시정부 인정과 함께 레닌으로부터 거액의 운동자금을 약속받는다. 박진만은 조선독립운동사에서 망각의 존재이지만 사회주의 계열 항일운동가로서는 대단한 지위에 올랐던 인물이다. 그는 코민테른에 조선의 상황을 보고하고 기관지에 투고했으며 대중연설을 단행했다. 임정 특사 한형권과 함께 한인사회당 당원으로서 상해 임시정부를 소비에트 러시아가 승인하도록 만든 주역이었다. 항일독립운동가 가운데 유일하게 코민테른(국제공산당) 집행위원으로 활동했던 거물이다.

해방 후 한형권의 항일 혁명가 『회상록』에 따르면 민족해방운동의 자금으로 200만 루블(오늘날 화폐가치로 2,500억 원이 넘는 거액임)이라는 거액을 약속받는다. 문제는 당시 러시아 혁명 직후의 내전 상태라 통화가 불안정한 상태에서 금으로 지원을 받았다. 그런데 금 궤짝의 무게가 너무 무거워서 일단 40만 루블을 먼저 받고 남은 자금은 러시아 외무위원회, 즉 외무부에 맡겨 두었다. 40만 루블의 금화는 모두 7궤짝인데 한 궤짝의 무게가 성인 남자 5명의 무게에 해당한다고 한다. 그 무거운 금을 시베리아 내전 상황을 뚫고 무사히 상해로 옮기는 것은 결코 쉬운 일이 아니었다.

러시아 혁명이 성공했지만 시베리아 지방은 차르 체제를 지지하는 백위파(반혁명파)가 통치하던 구역이 많았다. 더구나 미국, 영국, 프랑스, 일본 제국주의 국가들조차 백위파에 가담하여 러시아 혁명군대인 적위대와 전쟁 중이었기 때문이다. 항일독립운동가들은 그 내전 상태에서 안전지대를 경유하면서 지그재그로 이동할 수밖에 없었다. 그것도 금 궤짝을 갖고서 말이다. 당시 김립은 제국주의 열강이 주도한 파리강화회의보다 러시아 볼셰비키 혁명에 주목했다. 세계정세의 흐름을 읽었던 김립은 1918년 한국 최초의 사회주의 정당인 한인사회당을 창건한다. 그리고 1919년 이동휘를 설득하여 상해 임시정부 참여를 종용한다. 그와 동시에 러시아 볼셰비키 정권과 외교관계를 열고자 고투했던 최초의 인물로 등장한다.

그러한 노력의 결과로 레닌으로부터 민족해방운동자금을 획득해 낼 수 있었다. 김립이야말로 3·1운동 전후 시기인 1918~1921년 국제정세의 흐름을 선구적으로 분석하면서 대러시아 외교 채널을 열고자 맹활약했던 항일독립지사이다. 따라서 레닌의 독립운동자금은 약소민족 식민지 민족해방운동에 지원된 것으로서 당연히 김립에 귀속된 것이다. 나아가 조선에 대한 독립운동자금의 수용 주체는 김립을 위시한 한인사회당이었고, 자금 사용처와 결산 보고의 주체 역시 한인사회당에 귀속된 책무였다.

2000년대 이후 러시아 국립문서보관소에서 비밀 해제된 코민테른 기밀문서들이 우리말로 번역돼 공개되면서 그 진실이 밝혀지기 시작했다. 그럼에도 김구는 경무국장 시절 휘하의 20여 명의 무장 경호원들 가운데 노종균, 오면직을 시켜 김립을 살해한다. 1922년 2월 8일 상해 중국인 밀집지역에서 머리와 가슴에 12발을 쏘아 즉사시켰다. 김립 피살 당시 상해 일본 총영사는 제국주의 일본 외무대신 앞으로 「공산당 수령 김립 살해에 관한 건」이라는 기밀문서를 보낼 정도로 김립 피살 사건에 촉각을 곤두세웠다.[18] 돌베개 출판사의 『백범일지』에는 김립에 대한 내용이 매우 사실적으로 묘사돼 나온다. 김립의 죽음에 대해 백범 김구는 '통쾌하다'는 세간의 평가와 함께….

마침내 한(한형권을 가리킴-필자 주)이 모스크바에 도착하니 러시아 최고지도자인 레닌 씨가 친히 맞이하며 독립자금은 얼마나 필요로 하느냐고 물었다. 한은 입에서 나오는 대로 200만 루블을 요구하였다. 레닌은 웃으면서 반문하였다. "일본을 대항하는 데 200만으로 될 수 있는가?" 한은 본국과 미국에 있는 동포들이 자금을 조달한다고 답변하였다. 그러자 레닌은 자기 민족이 자기 사업을 하는 것은 당연하다고 말하고 즉시 러시아 외교부에 명령하여 현금으로 200만 루블을 지급하게 하였으나 외교부는 금괴 운반 문제 때문에 시험적으로 제1차 40만 루블을 한형권에게 주었다. 한이 시베리아에 도착할 시기에 맞추어 이동휘는 비서장인 김립金立을 밀파해 한형권을 종용하여 금괴를 임시정부에 바치지 않고 중간에서 빼돌렸다. 김립은 이 금괴로 북간도 자기 식구들을 위하여 토지를 매입하였고 이른바 공산주의자라는 한인, 중국인, 인도인에게 얼마씩 지급하였다. 그리고서 자기는 상해에 비밀리에 잠복하여 광동 여자를 첩으로 삼아 향락하는 것이었다. (중략) 정부의 공금 횡령범 김립은 오면직, 노종균 등 청년들에게 총살당하니 사람들[19]이 통쾌하게 생각하였다.[20]

노종균, 오면직은 백범 김구와 같은 황해도 출신 28살의 동갑내기 열혈 청년들이다. 그들은 일찍이 3·1운동에 참여했고, 『조선일보』, 『동아일보』 황해도 안악지국에서 활동했던 항일지사이다. 1921년 임시정부 군자금 모집 건이 일제에 발각돼 상해로 망명한 상태였다. 당시 상해 임정 경무국(경무국장 김구)은 김립을 처단할 방안을 세워 두었지만 실행에 옮기지 못하고 있었다. 노종균과 오면직이 상해로 망명해 오자 김구는 이들을 비밀경호요원으로 채용하여 김립 처단이라는 임무를 수행하게 한다.

3. '김립'의 애국계몽운동과 망명지 만주, 연해주에서의 항일운동

오늘날 뒤늦게 밝혀진 사실이지만 김립은 『백범일지』의 표현처럼 지저분한 항일운동가가 아니었다. 김립이 피살되자 김립에 이어서 한인사회당 재정부장을 맡은 김철수는 모스크바 운동자금이 임시정부 공금이 아니라고 회고한 적이 있다. 김철수는 상해파 공산주의자로 강달영의 제2차 조선공산당이 와해된 뒤 제3차 조선공산당 책임비서를 역임한 인물이다. 실제로 기밀 해제된 코민테른 보고서에는 모스크바 운동자금의 수령자와 정산 책임자를 상해파 고려공산당으로 기록하고 있기 때문이다.

그렇다면 억울하게 그리고 비극적으로 같은 동지들에게 살해당한 김립은 과연 어떤 인물일까? 결론부터 이야기하면 김립은 러시아 소비에트 정권과 최초로 외교관계를 수립하는 데 결정적으로 기여할 만큼 국제정세에 뛰어난 인물이다. 본래 김립은 1880년 함경북도 명천 태생으로 본명은 김익용金翼容이다. 당대 독립운동가들이 가명을 여럿 썼듯이 김립 또한 왕진덕, 이세민, 양춘산 등 가명을 썼다.[21] 1922년 2월 피살 당시 중국 〈차이나 선〉지에선 처음에 김립을 40대 중국인 양춘산으로 보도했다. 김립이 중국인 국적을 취득한 상태였고 복장도 중국인 차림이었기 때문이다. 며칠 후 중국인이 아니라 조선인 항일독립운동가 '김립'임이 드러난다.

김립은 동향 출신인 항일변호사 허헌과 일본 유학 시절 조선에 입헌군주국을 세워야겠다는 다짐을 이름자에 반영한 것이다. 대한제국 시절의 전제군주제를 폐지하고 주권을 국민에게 귀속시키는 입헌공화제를 지향하는 시민혁명을 꿈꾸었던 것이다. 김익용은 입헌의 앞 글자 '립立'을 따서 김립으로, 허헌은 입헌의 '헌憲' 자를 따서 허헌으로 이름을 지었다. 허헌은 가인 김병로, 애산 이인과 함께 일제강점기 3대 항일 변호사였다. 조선공산당 사건을 전담 변호했으며, 신간회 활동 당시 2기 신간회 회장을 맡았다. 물론 김립과 함께 서북학회 활동도 같이했던 인물이다. 일제강점기 조선의 여성해방과 민족해방을 동시에 추구했던 사회주의 여성운동가이자 조선의 콜론타이, 바로 허정숙의 아버지이기도 하다.

'朝鮮人 楊春山 상해에서 피살' 사건을 보도한 『동아일보』 1922년 2월 18일 자 3면 기사.
양춘산(楊春山)은 김립의 중국 이름이다. 오른쪽 아래 사진은 김립(본명 김익용).

김립은 1900년대 전국적인 항일 비밀결사 조직인 신민회와 공개적
인 애국계몽단체인 '서북학회'에 회원으로 가입해 활약했다. 김립은 보
성전문학교에서 법률과 정치학 등 근대학문을 공부한 뒤 1910년 2월
에 졸업했다. 서북학회는 구한말 대표적인 교육구국운동단체이자 정
부를 비판했던 정치결사체, 즉 정당의 역할을 수행했던 애국계몽기관
이다. 대한제국 무관학교 출신 이갑(본명 이휘선)이 서북학회 총무였
고 안창호, 유동렬, 김립, 윤해 등 모두 지략이 뛰어나고 말을 잘하는
청년 논객들의 정치조직으로서 항시 혁명을 꿈꾸었다. 1910년 한일병
탄 직전 김립은 어느 날 홀연히 서북학회 핵심 활동가들인 이갑, 안창
호 등과 함께 해외 망명을 단행한다. 김립은 윤해, 이갑과 함께 인천
으로 가서 산둥반도 청도를 경유해 상해로 망명하고 안창호는 황해도
어느 어촌에 숨었다가 목선을 타고 망명한다.[22]

김립은 망명 후 1910년 8월 '한일합방'에 반대하는 항일운동단체

'성명회' 활동에 이상설, 유인석과 함께 참여한다. 그리고 1911년 초 '간민교육회'에 참여하여 북간도 국자가에 '길동기독학당'을 설립해 학감 겸 법률정치 담당 교사로 근무했다. 이어서 블라디보스토크로 이동해 이종호와 함께 항일운동단체 '권업회'를 창설하고 총무와 전형위원을 맡았다. 1910~1911년 당시 연해주 한인교포사회는 어느 지역 출신인가에 따라 파벌이 나뉘었다. 그런가 하면 항일독립투쟁의 명망가 이름을 따서 파벌이 형성되기도 했다. 김립은 이동휘, 신채호, 안창호 등과 함께 이갑을 수장으로 하는 이갑파에 속했다. 서북학회 활동을 함께했던 인물들이다. 그 외에 의병장 출신의 홍범도, 유인석, 이범석이 속한 이범윤파, 그리고 연해주 한인사회에 오래전에 정착하여 재력가로서 민족교육과 언론 활동으로 영향력을 행사한 문창범이 속한 최봉준파, 마지막으로 분파 싸움 끝에 피살된 정순만파가 존재했다. 연해주 항일독립운동 1세대인 헤이그 특사 이상설은 정순만과 형제 간만큼 가까웠지만 어느 파벌에도 속하지 않았다.

1912년 김립은 이동휘, 이상설과 함께 한인교포 자녀를 위해 항일민족교육기관인 '광성학교'와 '길성학교'를 세운다. 특히, 광성학교는 북간도 용정의 '명동학교'와 함께 대표적인 항일민족교육의 본산으로 그 역할을 수행한다. 적극적으로 항일 민족의식을 고취시키다 보니 명동학교 다음으로 일제가 가장 주목했던 학교였다. 1913년에는 왕청현 라자구 대전자에 독립군 무관학교인 '동림무관학교'를 창설해 청년투사들을 길러 낸다. 김립은 동림무관학교 시절 교관으로 활동했으며, 또 독일군 장교를 교관으로 채용한다. 1916년 김립은 러시아 영토에서 항일운동을 모색하던 중 제정러시아 당국에 독일 스파이 혐의로 체포된다. 독일군 장교 채용이 빌미가 된 사건이지만 1917년 2월 혁명 후 케렌스키 임시정부에 의해 석방된다. 석방 직후 김립은 연해주 혁명의 중심도시인 하바롭스크로 가서 이한영과 함께 출판사 '보문사'를 설립하고 편집주임을 맡는다. 그리고 '문덕중학교'를 설립하여 교장을 맡아 활동한다.[23]

이어서 러시아 볼셰비키 혁명이 성공하면서 김립은 러시아 혁명에 주목한다. 김립은 세계정세 속에서 러시아 혁명의 의미를 이해했다. 식민지 상태인 조선의 독립을 옹호하는 러시아 혁명 정부에 크나큰 기대를 걸었던 것이다. 그리하여 김립은 연해주 한인 청년들을 규합해 적위대와 연합하여 항일빨치산 활동을 전개한다. 김립은 연해주 극동지방 혁명의 중심지인 하바롭스크로 이동하여 1918년 1월 분열된 러시아령 한인 사회 통합에 매진한다. 그 결과 '전로한족회 중앙총회' 개최를 합의하고 부회장으로 선임된다.[24] 그리고 1918년 4월 '한인사회당'을 창당하고 중앙위원 겸 선전부장을 역임한다.

이때 만난 인물들 가운데 한국인 최초의 여성 사회주의 혁명가인 김알렉산드라 페트로브나 스탄케비치가 있었다. 러시아 한인 2세로서 1917년 10월 러시아 볼셰비키 혁명에 참여하고 우랄지역 노동자 조직에 깊숙이 관여했던 김알렉산드라는 극동지방 혁명의 중심도시 하바롭스크시 당서기로 활약하고 있었다. 김알렉산드라 페트로브나는 러시아 볼셰비키와 조선인 독립운동가들을 연결하여 '한인사회당'을 창당한 인물이다. 나아가 프롤레타리아 국제주의라는 보편적 이념을 제시함으로써 당시 연해주 조선인 독립운동세력 간에 형성된 고질적인 파벌과 분열을 극복함으로써 한국의 독립운동을 한 단계 성숙시킨 사회주의 혁명가이다.[25]

1917년 러시아 혁명 직후 시베리아와 연해주는 혁명을 옹호하는 적위대(혁명군대)와 반혁명세력인 백위대 간 내전 상태가 한동안 지속된다. 그 내전의 와중에 미국, 영국, 프랑스, 일본 제국주의 세력들은

프롤레타리아 국제주의를 실천한 한국인 최초의 여성 사회주의 혁명가 김알렉산드라 페트로브나 스탄케비치. 김알렉산드라는 한국어, 러시아어, 중국어에 능통한 한국인 최초의 공산주의자이자 휴머니스트 혁명 여성으로서 1917년 10월 러시아 볼셰비키 혁명에 참여했다. 사회주의 정당으로선 한국 최초이자 아시아 최초인 한인사회당을 창립하는 데 산파 역할을 했으며, 반혁명파(백위대)에 체포, 처형될 당시 극동지방 혁명의 중심 도시 하바롭스크시 당서기로 활약 중이었다. 2009년 대한민국 건국훈장 애국장이 추서되었다.

1918년 8월 이후 자국의 군대를 시베리아에 출병시켜 러시아 반혁명 세력인 백위대를 지원한다. 시베리아를 비롯한 연해주 볼셰비키와 한인사회당은 반혁명파인 백위대와 제국주의 일본군과 맞서 싸우면서 부득불 블라디보스토크, 하바롭스크시에서 철수한다. 적위대-백위대 시베리아 내전 당시 불행히도 탈출 과정에서 김립, 유동렬, 이한영, 김알렉산드라, 이동휘 모두 체포된다. 김립, 유동렬 등은 중국인 상인이라고 둘러대고 석방될 수 있었지만 김알렉산드라는 스스로 볼셰비키이자 하바롭스크시 당서기임을 당당히 밝히고 처형당한다.

한편, 김립을 위시한 이동휘, 박진만, 한형권, 이한영 등 한인사회당 핵심 세력들은 파리강화회의에 기대를 걸지 않았다. 제1차 세계대전 이후 전후 처리 문제에서 제국주의 열강들이 약소민족의 독립 문제를 해결해 주지 않을 것이란 걸 알고 있었다. 한마디로 상해 임정의 이승만, 김구와 달리 영미 제국주의 서구 열강의 탐욕을 일찌감치 간파했던 것이다. 그리하여 김립은 대소 외교 즉, 러시아 볼셰비키 정부와 관계 개선을 시도한다. 그 와중에 한인사회당 간부회의에서 상해 임시정부에 조직적으로 참여할 것을 결정한다. 여기에도 김립의 역할이 매우 컸다. 실제로 한인사회당 당수 이동휘는 상해 임시정부 참여를 반대했기 때문이다. 그러나 한인사회당 전략기획가 김립의 설득에 당 차원에서 참여하게 된다.

김립은 제1차 세계대전 직후 국제정세에 매우 밝았고 독립운동 방략에 치밀했으며 조선 독립운동의 방향에 대해 깊이 사고했던 빛나는 존재였다. 러시아 볼셰비키 혁명을 전후한 시기 김립은 제국주의 미국, 영국, 프랑스, 일본의 침략성을 몸소 겪으며 국제정세를 읽었던 인물이다. 그 결과 러시아 적위대(혁명파 군대)와 연대해 적색빨치산 활동을 통해 일본 제국주의의 후원을 받는 백위대(반혁명파 군대)와 전투를 벌이기도 한다.

나아가 1918년 한인사회당 창당 이후 파리강화회의 등 제국주의 열강에 호소하기보다 피압박 약소민족 해방에 앞장선 러시아 볼셰비키 정권과 외교관계를 수립하려고 노력한다. 1919년 11월 이동휘와 함께 상해 임정에 참여하는 것도 김립의 깊은 정세분석의 결과에 따른 조직적 결정이었다. 특히 3·1운동이 무참히 진압된 이후 모스크바 코민테른(국제공산당)에 박진만, 박애, 이한영을 한인사회당 전권대표로 파견해 조선의 독립운동에 대한 지지를 적극적으로 호소한다. 그만큼 국제정세에 밝았으며 국내 조직 활동에도 탁월한 능력을 보여 준 인물이다.

실제로 1920년을 전후한 시기 한국독립운동사에서 김립의 위상은 매우 컸다. 일제의 첩보자료에도 김립을 '공산당 수령'[26]으로 또는 '배일흥한排日興韓'의 대표적 인물로 일제 사찰의 표적이었다. 한인사회당 당원으로서 이동휘와 의형제를 맺었던 역사학자 계봉우는 "상해 정계에서 김립을 능가할 인물은 없었다"고 평가할 정도였다.[27] 너무도 아까운 인물을 죽인 것이다. 실제로 임시정부는 김립과 한형권을 죽이려고 비밀경호요원들을 중심으로 테러단을 만들어 이를 실행에 옮긴다. 그리고 김립을 살해하고도 성에 차지 않았는지 한형권이 베를린 주재

소련대사관을 거쳐 2차 자금으로 가져온 20만 루블을 빼앗기 위해 의열단 김상옥을 사주해 항일독립지사 윤해를 죽이려 했다.[28]

윤해는 김립과 함께 1910년 보성전문학교를 졸업한 인물로 서북학회에서 활동하다 망명한 항일독립투사이자 코뮤니스트이다. 국외망명 후 해외 독립운동기지가 가장 먼저 건설된 북간도 지역에서 김립과 함께 조선인학교 설립을 통해 민족교육운동을 펼쳤다. 1910년대 '간민교육회' 부회장, 1920년대 임정 기관지『독립신문』주필을 역임한 항일독립지사이다. 파리 유학 후 1921년 말 상해에 도착했을 때 윤해는 임시정부 해체와 함께 새로운 중앙정부 창설을 주장한다. 이른바 창조파의 주요 일원으로서 상해 임정이 수명을 다했다는 판단 아래 국민대표회의 소집을 실질적으로 주도한다.[29] 1922년 9월 총격을 받았지만 부상을 입은 채 목숨은 부지한다. 1923년 당시 임정 해체를 주장하는 창조파의 거두로서 국민대표회의 의장을 맡기도 했다.

4. 김립의 비극적 죽음 이후
   '개조파-창조파' 독립운동전선의 분열

1920년 9월 김립은 상해 임정 국무원 비서장을 사임한다. 1920년 9월 15일에 개최된 당 혁명간부회의 결정에 따라 계봉우, 이한영과 함께 코민테른 파견대표로 선임된 데 따른 사임이었다. 파견목적은 공산주의 진리를 연구하기 위함이자 임정특사 한형권과 당 전권대표 박진순의 러시아 관계 개선에 대한 교섭내용을 확인하고 한인공산당의 조직 강화를 보고하기 위함이었다. 그리하여 1920년 10월 말이나 11월 초 즈음에 김립과 계봉우는 모스크바로부터 온 박진순과 한형권을 베

르흐네우진스크에서 해후한다.[30]

국무총리 이동휘는 1920년 봄에 상해에서 한인사회당을 모체로 청년들을 끌어들여 공산주의자 그룹을 만든다. 그리고 이르쿠츠크파와 경쟁적으로 1921년 5월 고려공산당(상해파)을 창당한다. 김립의 절친인 항일변호사 허헌을 통해 조선의 사회혁명당 세력을 끌어들여 당세 확장을 꾀한다. 사회혁명당 세력에는 김철수, 이봉수, 주종건 등이 포진해 있었는데 이봉수, 주종건은 1925년 최초로 국내에 조선공산당을 창당한 인물이다. 김립은 고려공산당 당 총서기(비서부장)를 맡는다. 당시 상해 임정은 이승만의 기호파와 안창호의 서북파 간 대립이 지속되고 있었다. 상해 임정은 통합정부로서 국내외 항일혁명 역량을 집중시키고 항일독립운동의 총본산 역할을 수행해야 할 위치에 있었다. 그러나 이 임무를 방기한 채 무기력하게 외교독립론으로 일관하는 모습에 김립 등 사회주의자들은 깊은 절망감에 빠진다. 3·1운동의 희생속에 탄생된 상해 임정이 임시정부로서 제 기능을 수행하지 못하자 사회주의자들은 차츰 기대를 접게 되었다.

결국 상해 임정은 1922년 논란 끝에 국민대표회의를 소집하기로 결정한다. 어렵게 소집된 국민대표회의조차도 1923년 상반기 내내 개조파-창조파-임정고수파로 분열된 채 지리멸렬한 상태에 빠져든다. 그러자 러시아 볼셰비키 정권은 상해 임정의 분열된 모습에 실망하여 독립운동자금 지원을 중단한다. 러시아 혁명정부나 코민테른은 한인사회당 출신의 국무총리 이동휘와 국무원 비서장 김립이 임시정부 중책을 맡았던 기간인 1919년 11월~1920년 9월 시기 매우 긴밀한 관계를 보였을 뿐이다.

1921년 김립, 이동휘가 상해 임정을 떠난 이후 이승만 등 우파지도자들이 임시정부 권력을 독점한다. 그러자 볼셰비키 혁명 러시아나 코민테른 지도자들은 임시정부와 거리를 두다가 1923년 국민대표회의가 좌절되면서 임시정부와 완전히 관계를 끊는다. 더욱이 1925년 소비에트 러시아가 일본과 외교관계를 수립하면서 소련 정부는 러시아 영토 안에서 공개적인 항일독립운동을 허용하지 않게 된다.[31]『백범일지』의 김구의 회상에서도 언급되듯이 1924년부터 대러시아 관계는 폐쇄되고 상해 임시정부는 수많은 독립운동단체 가운데 일개 단체로 쇠락해 버린다.

조선 민족 전체의 역량을 제대로 집중시키지 못한 채 무기력한 임시정부 문제를 타개하기 위해 국민대표회의 소집운동이 1921년부터 제기된다. 사회주의 진영은 말할 것도 없고 상해 임정에 참여하고 있던 항일민족운동의 대중적 지도자인 안창호, 여운형도 임정 기관지『독립신문』이나 연설을 통해 국민대표회의 소집을 촉구한다. 1922년에 개

1920년대 초반 상해파 고려공산당 간부들 사진(독립기념관 소장).
이극로, 이동휘, 박진만, 김립(앞줄 왼쪽부터), 김철수, 계봉우, 미상(뒷줄 왼쪽부터).
이극로는 1930~1940년대 조선어학회의 실질적 지도자이고, 이동휘는 한인사회당 위원장, 박진만은 한인사회당 모스크바 파견대표로 코민테른 집행위원으로 활약했다. 레닌과 대담하며 식민지 민족해방 운동자금을 획득하는 데 결정적인 역할을 수행한 인물이다. 뒷줄 김철수는 김립 피살 직후 독립운동자금을 관리했던 인물로 제3차 조선공산당 책임비서를 역임한다. 계봉우는 김립의 절친이자 김립의 권유로 한인사회당에 가입한 역사학자이다.

죄하고 싶었으나 국민대표회의 회의를 진행할 자금부족과 다른 사정으로 몇 차례 회의가 연기된 끝에 1923년 1월 상해에서 국민대표회의가 개최된다.

국민대표회의는 조선독립운동 역사상 한국-중국-만주-러시아-미국 등 각 지역을 대표하는 독립운동단체들이 대표성을 띠고 광범위하게 참가한 최초의 회의이자 거족적인 회의였다. 그랬던 만큼 조선 민족 전체의 역량을 집중시키고자 했다. 그 힘을 바탕으로 새로운 독립운동 방략을 세울 수 있기 때문이다. 따라서 망명지 이국땅에서 고립 분산된 채 고군분투하던 항일독립지사들은 민족주의-사회주의 좌우 이념을 떠나서 국민대표회의에 지대한 관심을 보였다. 국제공산당 코민테른 원동지부 역시 고려공산당(이르쿠츠크파)을 통해 개조파-창조파 논쟁에 깊숙이 개입한다. 실제로 국민대표회의에 참여한 운동단체 대표들의 이념적 성향을 보면 사회주의자들이 절대다수를 차지했다.[32] 이것은 2000년대 이후 공개된 러시아 코민테른 문서에서도 확인되는 사실이다.

문제는 상해 임시정부를 개조할 것인지 해체시키고 다시 임시정부를 재탄생시킬 것인지 논쟁이었다. 그 분열된 틈을 타고 임시정부를 고수하자는 임정고수파가 고개를 들었다. 개조파 맹장은 상해파 고려공산당 윤자영이었고 창조파 맹장은 이르쿠츠크파 고려공산당 윤해, 한명세 등이었다. 임정고수파는 김구, 이시영, 조소앙 등이었다. 민족주의의 거두 안창호와 진보적인 대중지도자 여운형 모두 상해 임시정부의 문제점을 통감했다. 그리하여 조선 민족 전체의 의사를 대표할 수 있는 각 지역, 각 단체의 대표들로 구성된 국민대표회의 개최를 거듭 촉구한다. 국민대표회의는 1923년 1월부터 6월까지 6개월 동안 거의 70여 회에 이를 정도로 회의를 소집하여 논쟁을 벌인다. 그렇지만 개조파와 창조파의 분열, 그리고 무장투쟁노선과 외교독립노선의 간극을 좁히지 못한 채 암투와 분열로 세월을 보낸다.

임시정부 개조파는 상해 임시정부를 고쳐서 쓰자는 논지였고, 창조파는 상해 임정을 해체하고 새로운 정부기구를 탄생시키자는 주장이다. 그러나 같은 사회주의자들 간 분열로 역사적인 국민대표회의는 조선 민족의 열망을 대변하지 못한 채 허망하게 끝나고 말았다. 어떻게 보면 같은 고려공산당(상해파-이르쿠츠크파) 간에 봉합되지 않은 채 이미 심각한 균열을 안고 시작된 논쟁이었다. 그것은 1922년 11월 코민테른 동양비서부가 양 파의 갈등을 중재하고 통합을 시도한 회의! 바로 상해파-이르쿠츠크파 고려공산당 간 통합을 시도한 베르흐네우진스크 회의가 좌절되면서 예견된 참사이기도 했다. 민족주의, 사회주의 인사들은 각기 개조파와 창조파로 분열된 채 극심한 논쟁과 휴회를 반복한다.

임정개조파에는 상해파 고려공산당 윤자영을 필두로 사회주의자 35명과 민족주의자 35명이 뜻을 같이했다. 반면에 창조파에는 창조파의 맹장 윤해, 신채호를 위시하여 이르쿠츠크파 고려공산당 장건상, 한명세, 오창환 등 사회주의자 18명과 이청천, 김규식, 원세훈 등 민족주의자 22명이 동참했다. 결국 1923년 6월 회의에선 창조파가 국민대표회의 주도권을 장악하자 개조파의 탈퇴로 국민대표회의는 독립운동 조직상의 분열이라는 쓴 맛을 남긴 채 통일된 모습을 만들지 못했다.

창조파는 이후 1923년 6월 7일 국민대표회의 의장인 윤해가 대회 폐회사를 선언한다. 물론 하루 전날 임정고수파인 김구는 상해 임정 내무총장 이름으로 국민대표회의를 불법으로 규정하고 즉각 해산을 명한다. 그러자 창조파는 1923년 8월 30일에 임시정부 본거지를 상해에서 블라디보스토크로 옮기고 새로운 정부인 국민위원회를 구성한다. 이에 이농휘는 개소파와 갈라선 창조파의 활동상을 맹렬히 비판한다. 결국 창조파는 독립운동 전체를 아우르지 못한 채 자신들만의 인물들로 정부 기능을 상정한 국민위원회를 조직한다. 국무위원으로 내무 신숙, 외무 김규식, 군무 이청천, 재무 윤덕보를 임명하고 코민테른의 승인을 받고자 시도하지만 실패한다.[33]

국민대표회의가 열린 6개월 동안 그들 숙식비의 대부분이 러시아 볼셰비키 정권에서 지원한 독립운동자금으로 충당한다. 한형권이 2차 자금으로 가져온 돈에서 충당한 것이다. 그럼에도 불구하고 분열된 모습에 러시아 소비에트 정권은 임시정부에 대한 지원을 중단하고 외교 관계를 완전히 단절하게 된다. 코민테른 동양비서부는 개조파-창조파 논쟁에서 초기 창조파의 노선에 지지를 보낸다. 그러나 국민대표회의가 분열된 채 창조파만의 자파 세력으로 국민위원회를 구성하자 코민테른은 정부 승인을 거부한다. 그러곤 창조파마저 소비에트 러시아로부터 강제 퇴출되고 말았다. 이후 상해 임정은 개조파가 장악하여 박은식을 2대 임시대통령으로 결정하고 이승만을 대통령직에서 탄핵한다. 그러나 국민대표회의가 좌절되면서 항일독립운동 역량은 전체적으로 집중, 강화되지 못한 채 독립운동전선은 더욱 분열되고 상해 임정은 일개 노쇠한 군소 운동단체로 전락한다.

김립의 비극적 죽음이 가져온 독립운동전선의 분열이자 뼈아픈 대목이 아닐 수 없다. 김립을 죽인 직접적인 세력은 상해 임시정부 경무국이지만 그들에게 살해 명분을 제공한 자들은 고려공산당 이르쿠츠크파였다. '김립을 극형으로 처단해야 할 인물'이라고 발표한 상해 임정의 포고문은 사실이 아님에도 이를 처음 퍼뜨린 세력이 상해파 고려공산당의 적수였던 이르쿠츠크파 고려공산당이었기 때문이다.

주석

1. 손봉석(2009). 「10만 원권 발행 보류, 진짜 이유는?」. 『경향신문』. 2009. 1. 22.
2. 이화수(2008). 「10만 원권에 이승만!, 5만 원권에 박정희!」. 『올인코리아』. 2008. 10. 14.
3. 『한겨레』. 2007. 8. 7.
4. 『동아일보』. 1945. 12. 27.
5. 김삼웅(1995). 『한국 현대사 뒷얘기』. 서울: 가람기획, 129쪽.
6. 『분단자료집』. 서울: 한백사. 1989. 33쪽.
7. 이동현(1990). 『한국 신탁통치 연구』. 서울: 평민사, 85쪽.
8. 김삼웅(1995). 『해방 후 정치사 100장면』. 서울: 가람기획, 31쪽.
9. 김구(2005). 『백범일지』. 서울: 돌베개. 305-307쪽.
10. 김구(2012). 『백범일지』. 서울: 나남. 313-314쪽.
11. 한형권(1948). 「革命家의 回想錄 - 레닌과 담판」. 『三千里』 제6호. 1948. 10. 1.
12. 박걸순(2009). 「연해주 한인사회의 갈등과 정순만의 피살」. 『한국독립운동사연구』 제34집, 247쪽
13. 정화암(1992). 『어느 아나키스트의 몸으로 쓴 근세사』. 서울: 자유문고. 117-118쪽.
14. 고숙화(1999). 「대한민국 임시정부 연표」. 『대한민국 임시정부수립 80주년 기념논문집(하)』, 735쪽. 한국사 데이터베이스에서 재인용.
15. 반병률(2005). 「김립과 항일민족운동」. 『한국근현대사연구』 제32집, 96쪽.
16. 임경석(2012). 「독립운동가 '김립' v.s 그를 비난한 '김구'」. 『서울신문』. 2012. 11. 19.
17. 한형권(1948). 위의 글.
18. 『不逞團關係 雜件-朝鮮人의 部-鮮人과 過激派2』(1922. 2. 14). 機密 제49호.
19. 『증인 여운형 신문조서』(1935. 10. 25). 경기도 경찰부. 〈김립이 독립운동자금을 빼돌렸다고 상해에 있던 조선인들은 다들 그렇게 알고 있었다.〉
20. 김구(2005). 『백범일지』. 서울: 돌베개, 311-313쪽.
21. 임경석(2018). 「독립운동가를 겪은 국가의 낙인」. 『한겨레21』 제1213호. 2018. 5. 24.
22. 허헌(1935). 「교우록」. 『삼천리』 제7권 제7호. 1935. 8. 1.
23. 반병률(2013). 「잊혀버린 진보적 항일 혁명가」. 『여명기 민족운동의 순교자들』. 서울: 신서원, 363쪽.
24. 강만길, 성대경(1996). 『한국 사회주의운동 인명사전』. 서울: 창작과비평사, 64-65쪽.
25. 반병률(2003). 「러시아에서 민족운동의 자취를 찾아서」. 『한국사 시민강좌』 33권. 일조각, 169쪽.
26. 『不逞團關係 雜件-朝鮮人의 部-鮮人과 過激派2』(1922. 2. 17). 機密 제58호.

27. 빈병률(2005). 앞의 논문, 64쪽.
28. 김철수.『김철수 친필 유고』, 356쪽. 반병률(2005), 앞의 논문, 99쪽에서 재인용.
29. 조철행(2013).「윤해의 독립운동」.『한국 인물사 연구』제20집, 288쪽.
30. 반병률(2013).「공산주의 조직의 형성과 변천에 대한 재해석」.『한국독립운동사연구』제45집, 227-230쪽.
31. 반병률(2010).「러시아(소련)의 대한민국 임시정부 인식」.『역사문화연구』제35집, 490쪽.
32.『코민테른 동양부 꼬르뷰로 제8차 회의록』. 1923. 4. 2. 한국사 데이터베이스에서 재인용.
33. 반병률(2010). 위의 논문, 510쪽.

2.

들꽃이 되어 불꽃처럼 살다 간
조선의용대 항일 여전사, 박차정

1. 문재인 대통령이 호명한 항일 여전사

99돌 맞는 3·1절 기념식사에서 문재인 대통령은 우리에게 생소한 독립운동가들을 호명한 적이 있다. 박재혁, 최수봉, 동풍신, 윤희순, 남자현, 정정화, 박차정 열사가 그들이다. 그래도 남자현 열사는 영화 〈암살〉2015에서 저격수 안옥윤(배우 전지현)의 모델로 조금 알려진 인물이다. 정정화 역시 망명 임시정부를 뒷바라지한 독립운동가의 어머니이자 '한국의 잔다르크'로 『장강일기長江日記』를 남긴 인물로 기억한다. 나머지 독립운동가들은 역사 교사나 전문가들이 아니면 처음 들어 보는 인물들이다. 윤희순은 최초의 여성 의병장이었고, 동풍신은 3·1만세운동 당시 함경북도 명천 만세시위를 주도한 인물이다.

남은 세 명의 인물! 박재혁, 최수봉, 박차정은 의열단원으로서 박재혁 열사는 부산경찰서장 하시모토를 폭살시킨 항일독립지사이다. 조선총독부를 폭파하려던 의열단 제1차 암살·파괴계획1920이 실패하고 의열단 동지들 대부분이 피검된 곳이 부산경찰서였다. 그래서 박재혁 열사는 의열단 동지들이 받았을 잔혹한 고문과 동지들 복수를 위해 부산경찰서장을 폭살시키고자 했다. 상하이에서 고서적상으로 변신한 채 나가사키長岐행 배에 봄을 실었다.
나가사키에서 시모노세키下關로 가
서 관부연락선을 타고 부산으로 입
항할 생각이었다. 그러나 관부연락선
은 타고 내릴 때 경찰의 감시와 수색
이 심하여 쓰시마섬을 거쳐 부산으
로 가는 배편을 이용했다. 박재혁 열
사는 부산 본가를 떠난 지 오랜만에
부산 집에서 하룻밤을 보냈다.

이튿날 고서적상으로 위장한 채
등짐을 지고 부산경찰서로 향했다.
경찰서 정문을 쉽게 통과하고 곧바로
2층 경찰서장실로 안내를 받았다. 박
재혁 열사는 등짐을 풀어 고서적을
들추어내는 척하면서 전단을 집어
하시모토 서장 얼굴에 뿌리고 준열하
게 꾸짖었다. "나는 상해에서 온 의
열단원이다. 네가 우리 동지들을 잡
아 우리 계획을 깨트린 까닭에 우리
는 너를 죽이는 것이다."[1] 그리고 나
선 폭탄을 힘껏 던져 하시모토를 폭
살시켰다. 선혈이 낭자한 속에서 박
재혁 열사 역시 중상을 입고 체포되
었다. 그는 일제가 주는 음식과 물을
일체 거부한 채 곡기를 끊고 26살에

3·1만세운동 당시 함경북도 명천군 시위
를 주도하다 피검된 동풍신(항일여성독립
운동가 기념사업회 소장).
동풍신은 체포된 후 징역 2년 6개월을 언
도받고 서대문형무소에서 17살에 옥사한
다. 아버지 동민수는 3·1만세시위 당시
헌병대 총격으로 피살된다. 1991년 아버
지 동민수와 함께 건국훈장 애국장이 추
서되었다.

부산경찰서장 하시모토를 폭살시킨 의열
단 박재혁 열사.
부산시 초량동 초량초등학교와 초량교회
사이 이바구길 초입에 박재혁 열사의 사
진과 기록이 전시돼 있다. 거사 직후 박재
혁 열사도 중상을 입고 일경에 체포되지
만 일제가 주는 곡기를 끊고 그대로 순국
한다. 박재혁 열사는 부산상업학교(옛 부
산상고, 현 개성고등학교) 재학 당시부터
항일민족운동에 투신하였다. 한시(漢詩)
에도 밝아 거사를 앞두고 일본에서 부산
으로 오기 전 읊은 시구는 초연함 속에서
도 박 열사의 고결한 성품을 느끼게 한다.

의연하게 순국한다. 최수봉 역시 밀양경찰서 폭탄 투척 사건으로 27살에 사형선고를 받고 1921년 대구형무소에서 처형된 인물이다. 박차정 또한 의열단원이자 조선의용대 대원으로서 중국 내 항일전선에서 일본군과의 교전 중 어깨에 총상을 입는다. 그리고 1944년 5월 27일 해방 1년 전 34살의 젊은 나이로 순국한다.

박차정의 치열한 삶의 흔적은 항일독립운동전선에서 그녀가 맡았던 직책만으로도 충분히 짐작할 수 있다. 동래청년동맹 집행위원, 근우회 본부 중앙집행위원 및 상무위원, 의열단 단원, 조선공산당 재건설동맹 중앙위원, 조선의용대 부녀복무단장 등이 그러하다. 흔히들 박차정 열사를 의열단 단장 약산 김원봉의 부인으로 기억한다. 그런데 식민지 민족해방운동 선상에서 여성이라는 이유만으로 잊히거나 축소된 인물들이 너무 많았던 게 우리의 부끄러운 현실이다. 그런 면에서 박차정 열사를 일제강점기 민족해방과 여성해방을 위해 자신의 전 생애를 불살랐던 열혈투사로 복기하는 게 마땅하다.

2. 광주학생운동 서울 학생시위를 주도한 박차정

부산 동래 출신인 박차정은 아버지 박용한과 어머니 김맹련 사이에서 5남매 가운데 넷째로 태어났다. 박차정의 가족은 일찍이 기독교 교인으로서 1918년 설립된 동래복음전도관(온천 중앙 성결교회 전신)에 출석하였다. 아버지는 근대 신문물에 일찍 눈을 뜬 개화기 지식인이었다. 동래지역의 신식학교인 개양학교와 서울 보성전문학교를 졸업하고 대한제국 탁지부 측량기사로 일했다. 그러다 총독부 식민통치에 강한 반감을 지녔던 항일우국지사로서 일제강점기 토지 측량에 대한 조선

민중들의 싸늘한 눈초리 속에서 일을 중단한다. 그는 3·1운동이 일어나기 1년 전인 1918년 1월 망국의 통분과 일제의 식민통치에 비분강개한 나머지 유서 한 통을 남기고 스스로 목숨을 끊는다. 박차정의 나이 8살 때였다. 17살 큰오빠 박문희가 받은 충격은 너무나 컸다. 박문희의 신학교 진학과 목회활동은 아버지의 죽음과 관련이 깊다.

어머니 역시 항일운동가 집안으로 민족의식이 투철했던 분이다. 남편의 자결 이후 5남매 자녀를 홀로 삯바느질을 하면서 강하게 키웠다. 한글학자이자 조선독립동맹 의장이던 김두봉이 4촌 동생이고, 약산 김원봉과 의형제를 맺고 제헌국회 국회부의장을 지낸 약수 김두전이 6촌 동생이다. 그리고 동래청년동맹 집행위원장과 경남청년연맹 집행위원, 동래노동조합 정치문화부 간사, 신간회 동래지회 사무재정부 간사를 맡았던 사회주의 성향의 박공표(일명 박일형)가 고종사촌 동생이다. 박일형은 당대 부산, 경남지역을 대표했던 사회주의 청년운동의 이론가이자 실천가였다. 사회주의 평론지 『전선全線』에 「농업생산성의 위기와 농촌구제책」을, 『비판批判』에 「변증법적 유물론 강화」라는 논문을 게재했을 뿐 아니라 부산, 경남지역 청년운동, 사회운동, 노동운동을 주도했던 실천적 항일투사였다.

친일 경찰 노덕술이 동래경찰서 사법주임(경부보)으로 재직할 당시 1928년 10월 박일형을 체포해 잔악한 고문을 가한 적이 있다. 박일형을 체포 취조하기 4달 전엔 노덕술이 부산제2상업학교(부산상고 전신, 현재 개성고등학교) 맹휴 사건 주동자를 찾는 데 혈안이 되어 있었다. 독서회 서클 흑조회(혁조회)를 이끌던 김규직을 체포해 잔혹한 고문 끝에 죽음에 이르게 했다. 사망 당시 김규직은 20살이었다. 흑조회(혁조회) 사건으로 함께 체포된 양정욱, 유진흥도 고문 끝에 병보석으로 석방됐지만 유진흥은 고문 후유증으로 석방 직후 20살의 나이로 바로 사망하였고, 양정욱도 시름시름 앓다가 22살의 나이에 사망하였다. 노덕술의 잔인한 악형에 의해 스무 살 초반 항일청년들이 3명씩이나 고문사한 것이다.

따라서 어린 시절 박차정의 집안 분위기와 성장 환경을 생각할 때 박차정이 일찍이 항일의식을 지니고 생활한 것은 자연스러운 일이다. 실제로 박차정은 14살이 되던 1924년 조선소년동맹 동래지부에 가입해 어린 시절부터 활동을 시작한다.[2] 1925년엔 부산 민족교육의 산실인 일신여학교(동래여고 전신) 고등과에 입학하였다. 박차정은 일신여학교 시절 일찌감치 항일의식을 작품으로 표현해 교지에 실은 적이 있다. 「철야徹夜」라는 단편소설인데 『일신日新』 제2집에 실려 있는 내용이다. 내용인즉 주인공 남매가 독립투사인 아버지의 죽음 이후 경제적 빈곤과 사회적 냉대 속에서도 추운 겨울밤을 꿋꿋이 이겨 내는 내용이다.

철애의 어린 동생 철호가 이불 속에서 핼쑥한 얼굴을 내밀며 누나 철애에게 걱정 어린 말을 내뱉는 대목이 나온다.

"누나, 선생님이 내일까지 수업료를 안 내면 정학시킨다고 그래요."(중략) 철애에게 무한한 괴로움을 주던 이 길고 긴 겨울밤도 철애를 이기지 못함인지 새벽 첫닭 울음소리가 이곳저곳에서 들리기 시작했다. 철애는 이 모든 걱정과 밤을 상대로 여태껏 싸우다가 이긴 듯이 만족한 얼굴로 "아! 벌써 날이 새는구나!" 하고 중얼거렸다.

이는 가족사의 고난을 민족의 고난에 찬 현실로 대입시켜 상징화한 자전적인 소설로 그 글을 썼을 때 박차정은 고작 15살이었다.[3] 이 작품에서 박차정은 주인공 철애의 독백을 통해 일본 제국주의를 '악마의 얼굴'로 묘사하며 '광명한 신사회 건설을 위해 저들과 맞서 싸워야 한다'고 다짐하는 대목이 나온다. 박차정이 어린 시절부터 다녔던 동래복음전도관에서 불렀던 '마귀들과 싸울지라 죄악 범한 형제여'라는 찬송가와 관련이 깊다.[4] 이 찬송가가 한국 교회에서 불리기 시작한 시기가 1919년인데[5], 성결교회에서 편찬한 『복음가』 책에 수록돼 있음을 볼 때 박차정이 '일본 제국주의=악마의 얼굴'로 표현한 대목은 매우 의미심장하다. 고난 속에서도 꺾이지 않는 항일독립 의지를 형상화한 작품으로 박차정의 어린 시절 높은 항일 의지와 문학적 감수성을 보여 준 사건이었다.

문학소녀로서 박차정의 문학적 감수성은 어린 나이임에도 탁월했다. 언니 박수정이 양산, 산청 등 경남지방에서 교사생활을 하다가 안타깝게도 젊은 나이에 병사한다. 박차정은 언니의 죽음을 슬퍼하면서 시 한 편을 1928년 일신여학교 교지에 남기는데, 「개구리 소리」가 바로 그 작품이다.

"天宮에서 내다보는 한 조각 半月이 고요히 大地 위에 비칠 때 우리 집 뒤에 있는 논 가운데는 뭇 개구리 소리 맞춰 노래합니다. 이 소리 들을 때마다 내 記憶이 마음의 香爐에서 흘러넘쳐서 悲哀의 눈물이 떨어집니다. 未知의 나라로 떠나신 언니, 개구리 소리 듣기 좋아하더니 개구리는 노래하건만 언니는 이 소리 듣지 못하고 어디 갔을까!"

젊디젊은 나이에 일찍 세상을 떠난 언니를 그리워하면서 습작하듯이 쓴 시인데 문학적 재능이 돋보이는 작품이다.

당시 일신여학교는 부산지역 민족운동과 여성운동 분야에서 뛰어난 인물을 배출한 항일민족교육의 요람이었다. 1921년 부산여자청년회를 설립해 초대 회장을 지낸 양한나[6]는 일신여학교 출신으로 여자청년회 설립 당시 일신여학교 교사로서 초량교회 신자였다. 김기숙(2대 회장), 여운영(3대 회장), 박덕술(4대 회장) 모두 일신여학교 출신들이었다. 여성 정치인 1호이자 3·1운동 당시 보안법 위반으로 1년 6개월 동안 감옥생활을 했던 최초의 야당 당수 정치인 박순천 여사도 일신여학교 출신이다. 실제로 부산지역 민족운동과 여성운동, 사회운동의 중심인물들 절대다수가 일신여학교 출신일 정도로 일신여학교는 항일민족교육의 산실이었다.[7]

일신여학교는 1915년 조선총독부 개정 교육령에 따른 교육과정과 달리 민족의식 고취와 관련된 조선어, 조선역사, 지리에 대한 수업을 유독 강조하였다. 그 당시 교사 구성을 보면 일신여학교가 어느 정도 민족교육을 중시한 정책을 폈는지 더욱 확연해진다. 부산지역 공립여고보의 경우 교장을 비롯해 80%가 일본인 교사였다. 반면에 일신여학교는 학교장이 선교사였고, 1940년까지 재직한 교사 49명 중 조선인이 36명으로 70%가 넘었다.[8] 부산지역 3·1만세운동의 효시 역시 일신여학교 교사와 학생들로부터 시작된 것도 평소 민족교육을 강조한 당연한 귀결이었다.

일신여학교는 부산 경남지역 최초의 근대 여성교육기관이자 해방 직전까지 부산 경남지방 최고의 여학교였다. 일신日新, Daily-New이라는 이름은 '매일 새로워진다'는 의미이다. 개화기 여성교육이 무시되던 시절 여성들도 교육을 받고 나날이 새로운 삶을 살아갈 수 있다는 신념에서 멘지스B. Menzies 등 호주 여성 선교사들이 1895년 설립한 학교이다. 1893년 시작할 때 3명이었던 고아 소녀들이 1895년 13명으로 늘어나자 호주 여선교사들은 부산시 동구 좌천동에 소학교 과정의 학교를 설립했다.[9] 3년 과정의 부산진 일신여학교의 출발은 그렇게 시작되었다. 1909년 총독부 학부의 허가를 받아 3개년의 고등과가 개설되었고 1925년에는 동래 일신여학교로 이전하였다. 따라서 박차정은 동래 일신여학교를 졸업한 것이다.

일신여학교 맹휴 사건에는 항상 박차정이 있었을 정도로 맹휴 사건과 박차정은 떼려야 뗄 수 없는 중심인물이었다.[10] 박차정의 항일의식이 어린 시절 빛났던 또 다른 배경으로 큰오빠 박문희를 언급하지 않을 수 없다. 일찍이 신학을 공부했던 박문희는 일본 메이지대 유학 후 부산 동래지역 청년운동과 민족운동의 핵심 인물로 등장한다. 1926년 1월 사상단체 혁파회革派會 창립을 주도하고[11] 1927년 민족협동전선체인 신간회 활동 당시 중앙집행위원을 역임할 정도였다.

박문희는 의열단 국내 비선책이 되어 1932년 의열단이 세운 조선혁명군사정치간부학교(난징 근교) 입교생 모집에 적극적으로 참여하기도 했다. 부산지역 청년운동과 노동운동가 5명을 의열단 군관학교인 조선혁명군사정치간부학교로 연결시켜 준 인물이기 때문이다. 박문희는 이 일로 1934년 1월 일경에 체포돼 징역 2년을 선고받고 옥고를 치른다. 박문희는 출옥 후 요시찰 대상으로 일경의 집요한 감시가 번득이는 속에서도 해방이 될 때까지 동아일보 동래지국을 맡아 항일투사로서 지조를 지킨다.

또한 박차정의 삶에 크나큰 전기를 마련해 준 인물이 세 살 많은 둘째 오빠 박문호이다. 박문호는 의열단원으로서 조선공산당 재건설동맹과 부설교육기관인 레닌주의 정치학교에 깊숙이 관련된 인물이다.[12] 둘째 오빠 박문호의 권유로 박차정은 1930년 3월경 중국 망명을 기획한다. 무엇보다 박차정은 조직과 선전에 남다른 재능을 보여 주었던 것 같다. 일신여학교 맹휴 당시 일경의 감시가 집요했음에도 밤에 노파로 변장한 채 동생을 대동하여 집집마다 방문하는 등 맹휴를 조직하고 지도했던 일화가 있을 정도이다.

1929년 3월 박차정은 일신여학교를 졸업한다. 4회 졸업생 21명 중 우등[13]이라는 우수한 성적이었다. 졸업 후 박차정은 본격적으로 민족운동, 사회운동에 뛰어든다. 박차정 자신에게 절대적인 영향을 끼친 두 오빠들 이외에 숙부 박공표(박일형)[14] 역시 박차정에게 사상적으로 지대한 영향을 주었다. 1919년 3월 졸업 직후 박차정은 박일형의 권유로 동래노동조합 조합원, 동래청년동맹 집행위원, 신간회 동래지회원, 근우회 동래지회원이 되어 민족운동에 성큼 뛰어든다. 1929년 5월 경북지방에 극심한 기근 문제가 발생한다. 문제 해결을 위해 신간회 동래지회, 동래청년동맹, 동래노동조합, 근우회 동래지회 등 4개 단체로 경북기근구제회를 발족시킨다. 여기서 박일형은 서무 업무를 맡고 박차정은 재무 업무[15]를 전담할 정도로 졸업 후 열정적으로 사회활동에 참여하였다. 그러다가 1929년 6월 근우회 제2기 대의원대회에서 근우회 전형위원, 중앙집행위원, 중앙상무위원으로 조직과 선전 업무를 담당하며 활동무대를 서울로 옮긴다.

실제로 1929년 광주학생운동 당시 박차정은 근우회 중앙집행위원 겸 상무위원으로서 1930년 1월 서울지역 2차 학생시위(일명 근우회 사건)를 배후 지도한 핵심 인물이었다. 당시 근우회 본부 중앙지도부(집행위원장 정종명)는 광주학생운동에 대해 소극적인 태도를 보였다. 광주학생운동에 대해 근우회 본부 차원에서는 어떠한 움직임도 없었다.[16] 광주학생운동에 대한 서울지역 학생시위의 배후로 일제는 처음에 근우회 지도부를 검거하였다. 정종명, 정칠성, 허정숙, 박차정 등이 체포되었지만 보안법 위반으로 최종 투옥된 사람은 박차정과 허정숙

두 사람이었다. 실제로 근우회 본부 중앙집행위원장 정종명은 광주학생운동에 대한 근우회의 대응을 묻는 허정숙에게 "원래 학생사건은 바로 끝나는 일이니 방관적 입장에서 사태를 지켜보는 것이 좋다"며 한 발 물러섰던 것이다.[17]

본부 태도에 실망한 박차정(중앙집행위원 및 조직선전부장)과 허정숙(근우회 서무부장)은 광주학생운동 시위가 서울지역 전역으로 들불처럼 확산되기를 소원하며 독자적으로 서울지역 여학생 시위를 조직했다. 허정숙과 박차정은 "대중적 위력으로 민족적 항의를 보여 줌으로써 구속 학생을 석방하고 민족적 기치를 들기 위해 시내 각 여학교의 시위를 적극적으로 지도하자"고 다짐했다.[18] 그리하여 박차정은 자신의 일신여학교 후배인 이화여고보 기독교학생회 회장 최복순을 허정숙의 집에서 만나 비밀리에 서울지역 2차 시위를 기획한다. 1930년 1월에 발생한 서울지역 2차 학생시위는 여학생이 중심이 되었다. 서울지역 2차 학생시위에는 이화여고보 310명, 동덕여고보 190명, 배화여고보 200명, 경성여자상업학교 282명, 숙명여고보 406명, 정신여학교 93명 등 서울지역 11개 여학교 전교생이 대부분 참여하였다.[19] 이는 1929년 12월 서울지역 1차 학생시위 당시 남학생 중심으로 시위가 전개된 것에 대한 깊은 자기 성찰의 결과였다.

일제는 박차정을 허정숙과 함께 학생시위 배후 인물로 체포해 보안법 위반으로 구금한다. 박차정은 서대문경찰서에 피검돼 있을 당시 임신이 불가능할 정도로 심각한 고문과 취조를 받았다. 서대문서에서 풀려나 한 달 동안 누워 지낼 정도로 몸이 심하게 상한 상태였다. 요양 차 오빠 박문희의 집과 부산 동래에 있었을 당시 둘째 오빠 박문호가 보낸 의열단 관련자와 접촉하게 된다. 박차정은 일제의 집요한 감시와 체포, 석방이 반복되던 와중에 조선의 국내 현실에서 활동의 한계를 절감하고 비밀리에 중국 망명을 기도한다.

3. 한 손엔 총, 다른 한 손엔 확성기를 든 항일 여전사

1930년 3~4월 어느 날 박차정은 서둘러 떠날 채비를 하고 일경의 감시를 따돌려 인천을 통해 중국 상해 망명에 성공한다. 제물포항에서 인육시장으로 팔려 가는 여인들 틈에 끼어 상하이를 거쳐 베이징에 도착한다. 박차정은 외당숙 김두봉과 둘째 오빠 박문호, 의열단장 김원봉의 뜨거운 환영을 받는다. 그리고 곧바로 조선공산당 재건설동맹 중앙부 위원으로 위촉된다. 일부 자료에는 박차정이 중국 망명 직후 베이징 화북대학에 입학하여 졸업했다고 하지만 이는 현실적으로 신빙성이 떨어진다. 왜냐하면 박차정의 중국 망명 시기는 1930년 3월 즈음이고 1931년엔 만주사변으로 베이징을 탈출하듯 하여 난징南京으로 근거지를 이동하기 때문이다. 더구나 박차정은 중국 망명 당시 서대문경찰서에서 받았던 경찰 신문과 심각한 고문 후유증으로 건강상태가 좋지 않았다. 따라서 2년도 채 안 되는 베이징 체류 기간 동안 베이징 소재 화북대학을 입학하여 졸업했다는 것은 현실성이 없다.

1929년 하반기 베이징에서 조직된 조선공산당 재건설동맹은 베이징에 중앙부를 두고 북경지부(1930년 8월), 만주지부(1930년 말), 조선지부(1931년 4월)를 두었다. 안광천이 조선공산당 재건설동맹위원장이 되고 중앙부 중앙위원으로 김원봉, 박건웅, 박문호, 이영준, 이현경(안광천의 아내), 박차정 6인이 선임되었다.[20] 망명 전 조선에서 전개한 박차정 열사의 사회운동, 여성운동, 광주학생운동 서울지역 학생시위 지도 등 항일투쟁 전력을 높게 인정받은 때문이다. 항일운동 시기 박차정은 여느 독립지사들처럼 일제의 첩보망을 피하기 위해 박철애, 임철애, 임철산 등 가명을 사용했다.

그런데 박차정은 일제의 감시를 피해 중국으로 망명한 일정 기간 동안 와병 중이었다. 중국 망명 직후 국내에서의 투쟁성을 인정받아 조선공산당 재건설동맹 중앙위원으로 선임된다. 그렇지만 조선공산당 재건설동맹 부설학교인 레닌주의 정치학교 일을 도와주는 것 이외에 박차정은 이 기간 뚜렷한 행적이 없다. 고문의 후유증을 앓고 있었거나 심각한 상태는 아닐지라도 와병 중이었음은 분명하다. 박차정이 중국으로 망명한 1930년 3월부터 중국관내 반反파시스트 통일전선체인 조선민족혁명당이 결성되기 1년 전인 1934년 8월까지 적어도 박차정은 간헐적으로 와병 중이었음이 확실하다. 1930년 2월 서대문경찰서에 피검되면서 받은 잔혹한 고문의 악형이 팔팔한 20살 나이임에도 그렇게 만든 것이다. 실제로 박차정은 심한 고문으로 석방 후 한 달 동안 몸져누울 정도였다.

이러한 사실은 의열단 군관학교 출신으로 상해에서 공작을 벌이다 체포된 의열단 상해 파견 책임자[21] 김공신의 경찰신문조서에서 확인된다. 김공신은 1934년 8월 20일경 난징으로 가서 김원봉을 만나 상해 상황을 보고한다. 그리고 와병 중이던 박차정의 간병을 며칠 간 맡았다. 이후 김공신은 상해로 복귀해서 공작하던 중 8월 말쯤 또는 9월 초쯤에 박차정의 모친 김맹련 여사를 만난다. 당시 김두봉의 집은 의열단 상해 통신연락장소로 쓰였다.[22] 김맹련 여사는 상해로 와 사촌동생 김두봉의 집에 체류하던 중 김공신의 도움으로 난징에 머물고 있던 김원봉의 집을 방문한다. 거기서 박차정은 어머니 김맹련 여사를 극적으로 상봉하고 눈물을 흘리며 감격했다.[23]

박차정은 중국으로 망명한 지 1년이 지난 1931년 3월 베이징에서

의열단장 김원봉과 결혼한다. 이후 박차정은 건강이 허락되는 한 남편 김원봉과 혁명사업을 함께했다. 김원봉이 중국 국민당 정부의 지원을 받아 1932년 난징 근교에 세운 조선혁명군사정치간부학교에서 여자부 교관이 되어 여자 독립군의 정치교양과 군사훈련을 담당하였다. 당시 박차정은 임철애라는 가명을 썼는데, 조선혁명군사정치간부학교 교가도 박차정 열사가 작사했다. 다음은 교가의 일부이다. "조선에서 자란 소년들이여! 가슴이 피 용솟음치는 동포여! 울어도 소용없는 눈물 거두고 결의를 굳게 하여 모두 일어서라! 한을 지우고 성스러운 싸움으로 필승의 의기가 여기에서 뛴다." 항일 혁명시인 이육사가 조선혁명군사정치간부학교 1기 졸업생임은 널리 알려진 사실이다.

1930년대 들어 일제의 만주침공과 전 세계적으로 파시스트가 등장함에 따라 통일전선론이 힘을 받고 있었다. 의열단도 한국독립당, 조선혁명당, 신한독립당, 대한독립당과 통합을 추진하여 1935년 7월 난징에서 조선민족혁명당(약칭 민혁당)을 결성한다. 이때 박차정은 민혁당 부녀부 주임 및 서기부장이 되었다. 그리고 이청천의 부인 이성실과 함께 난징조선부녀회를 조직하여 조선 여성들의 역량을 조선민족해방운동으로 결집시키고자 하였다. 난징조선부녀회는 '전 조선 여성은 총 단결하자! 민족혁명전선에 무장 참가하자! 남녀의 차별을 철폐하자! 각국 여성해방운동과 연대하자!'는 슬로건을 내걸었다.

박차정은 난징조선부녀회 성명을 통해 "우리 조선의 여성은 오랫동안 봉건적 제도의 속박으로 인권이 유린되어 왔고 다시 일본 제국주의에 의해 생존권마저 완전히 박탈당했다"고 선언하였다. 그리하여 "우리 조선 여성이 봉건적 노예제도의 속박에서 벗어나고 식민지 박해에서 벗어나 진정으로 해방되기 위해서는 일본 제국주의가 타도되어야 한다"고 역설하였다. 따라서 "조선의 혁명은 정치, 경제, 사회 각방면에서 진정한 자유·평등의 해방이 되어야 하고, 그러할 때 우리 여성들의 진정한 해방이 가능하다"고 천명하였다.[24]

1937년 중일전쟁이 발발하면서 조선민족혁명당은 조선민족해방운동자동맹(김성숙)과 조선혁명자연맹(류자명)과 연대하여 1937년 12월 한구에서 조선민족전선연맹을 결성한다. 박차정 열사는 한구에서 개최된 만국부녀대회에 한국대표로 참석하였다.[25] 그리고 조선민족전선연맹은 박차정, 허정숙을 중국국민협회에 파견하여 '일제의 제국주의 전쟁을 비난하고 민족협동전선의 강화와 한중연합에 의한 항일역량의 집중, 국제적 반일세력과의 연대'[26]를 위한 라디오 선전 활동을 전개한다. 당시 라디오 선전 당시 박차정 열사의 원고가 조선민족전선연맹 기관지 『조선민족전선』 창간호에 실려 있다.

1937년 중일전쟁 이후 일제가 난징을 함락하자 조선민족전선연맹은 무한武漢으로 옮겨 군대를 창설한다. 역사적인 조선의용대의 창설로 중국 관내 최초의 항일무장 군사조직이 탄생한 셈이다. 1940년 창설된 충칭重慶 임시정부 산하 한국광복군보다 2년 앞선 1938년 10월 10일에 창건되었다. 이 외에도 박차정은 도산 안창호 선생의 추도회를 개최하기도 했다. 도산 선생은 윤봉길 홍커우 공원 폭탄 투척 사건 및 수양동우회 사건 등으로 오랜 기간 옥고를 치르던 중 병보석으로 출옥했으나 곧 순국한다.

조선의용대 창설 이후 박차정은 조선의용대 부녀복무단장을 맡아 여성대원 모집과 여성대원 교육을 전담했다. 조선의용대 부녀복무단에는 22명의 여성대원들이 있었는데 박차정이 지휘 통솔하였다. 박차정은 중국 각지로 분산돼 일제와 전투 중이었던 조선의용대 각 지대를 지원 방문하여 보급품을 전달하는 등 대원들의 사기를 고무시켰다. 민족해방전쟁에서 박차정은 항상 선봉에 서서 전투적인 자세를 잃지 않았다. 일본군과의 전투상황에서 박차정은 한 손에 총검을 쥐고 다른 한 손에 확성기를 쥔 채[27] 앞장서서 대원들을 지휘 통솔하였다. 그럼에도 박차정은 조선의용대 대원들을 친동생처럼 따뜻하고 친언니처럼 인간적으로 대했다. 『격정시대』, 『최후의 분대장』을 쓴 조선의용대원 김학철은 생애 마지막 순간에 밀양시 부북면 야산에 있는 박차정의 묘를 찾아 조선의용대 시절을 회상하며 박차정의 인간적인 면모를 회상한 적이 있다.[28]

1938년 10월 무한이 일본군에 의해 함락되고 조선의용대는 계속 근거지를 이동하며 행군 중이었다. 1939년 2월 강서성 곤륜산에서 일본군과의 전투 중 박차정 열사는 어깨와 가슴 부위에 총상을 입는다. 전장에서 마땅히 치료를 받지 못한 채 여러 해 동안 남편 김원봉과 함께 충칭까지 부대 이동을 하면서 상처가 더욱 악화된다.[29] 결국 1944년 5월 박차정은 34세의 젊은 나이에 중국 땅에서 숨을 거둔다. 운명 직전 박차정 열사는 눈물을 흘리는 남편 김원봉에게 자신을 흠모하던 조선의용대 소년단 단장 최동선과 재혼할 것을 부탁 조로 유언을 남긴다.

박차정은 봉건 잔재와 제국주의 식민통치라는 이중, 삼중의 고통을 이고 살아갔던 조선의 여성 노동자와 농촌 여성들의 현실에 주목했다. 박차정에게 여성운동은 민족해방운동과 동시에 수행되어야 할 혁명적 과제였다. 34년의 짧은 생애 동안 노동운동, 여성운동, 항일민족운동의 선봉에 서서 박차정은 자신의 모든 것을 다 바쳤다. 광복을 맞아 피에 젖은 속적삼을 가슴에 품은 채 남편 김원봉은 귀국의 장도에 올랐다. 1945년 12월 김원봉은 슬픈 눈빛으로 아내 박차정의 유해를 자신의 고향인 밀양시 부북면 감전동 뒷산에 안장하며 통곡했다. 그리고 일본군과의 전투에서 총상으로 핏덩이가 말라붙은 아내의 속적삼을 소중히 보관하여 부산에 있는 박문하(박차정의 남동생, 의료업 종사)에게 건넸다.

4. 해방 후 50년 만에 독립유공자로 인정받은 박차정

해방된 지 50년이 지난 1995년 정부는 뒤늦게 박차정에게 건국훈장 독립장을 추서했다. 여성독립운동가로서는 유관순 열사와 동급인 건국훈장 독립장을 두 번째로 받은 것이다. 2001년 3월 부산시 금정구 만남의 광장(동래여고 옆)에 열사의 동상이 세워졌다. 2005년 7월엔 동래구 칠산동에 박차정 열사의 생가가 복원되었다.[30] 2008년엔 부산 동래문화회관에서 〈항일여성독립운동가 뮤지컬 박차정〉이 공연되었다.

2010년은 박차정 열사 탄생 100주년이 되는 해였다. 박차정 의사 숭모회에서는 대대적인 기념행사를 계획하였으나 부산시와 금정구청의 관심 부족과 예산문제로 공식적인 추모행사도 없이 흐지부지 지나가 버렸다. 2008년부터 추진된 박차정 의사 기념관 건립 공사 문제 역시 70억 원에 달하는 공사비를 마련하지 못해 진척이 없다. 박차정 열

총을 든 조선의용대 항일 여전사 박차정
동상(부산시 동래구 만남의 광장 소재,
동래여고 인근).
1995년 8월 정부는 박차정에게 건국훈
장 독립장을 추서하는데, 이는 유관순 열
사와 동급인 훈장이다. 2001년 3월에 일
신여학교 후신인 동래여고 근처에 동상을
세웠다. 총을 든 항일 여전사 동상으로는
국내 유일하다.

사의 조카 박의영 목사(72세, 부산 가나안 교회 목사)는 고모인 박차정 열사를 "조국 광복을 위해 자신의 행복보다는 거친 들꽃과 같은 삶을 선택한 항일 여전사였다"고 일갈하였다.[31] 그나마 2018년 4월 국가보훈처는 박차정 의사 생가를 현충시설로 지정[32]했다는 소식이다. 불행 중 다행이 아닐 수 없다.

박차정 열사가 시민 대중의 관심을 받기 시작한 것은 1000만 관객이 본 영화 〈암살〉[2015]이 개봉된 이후부터였다. 역사 교과서에 등장하는 인물도 아니기에 대중의 기억 속에 독립운동가 박차정은 없다. 조국 광복을 위해 평생을 헌신한 독립운동가이지만 박차정 열사의 생가를 찾는 사람은 평소 3명 정도였다.[33] 〈암살〉 개봉 이후 동래구 칠산동에 있는 박차정 열사 생가(동래고교 정문에서 50미터 위치)를 찾는 내방객이 평소보다 3~4배 늘었다. 〈암살〉 시나리오 역시 최동훈 감독이 부산에서 썼고 박차정 열사의 생가를 찾으면서 모티브를 얻었다.[34] 그런 점에서 서사적인 종합예술로서 영화의 마력은 역사 교과서나 학술대회, 그리고 어지간한 기념행사보다 훨씬 더 대중적이고 교육적인 힘을 갖는다. 실제로 〈암살〉에서 백범 김구가 약산 김원봉에게 '결혼식 못 가서 미안하다'고 건네는 대사가 나온다. 김원봉의 결혼식에서 신부는 바로 박차정 열사를 가리킨다.

일제강점기 시절 여운형, 이육사처럼 대부분의 독립운동가들에게 사회주의 내지 공산주의는 민족해방의 방편으로 차용한 이념일 뿐이다. 엄밀히 따져도 박차정은 남편 김원봉과 마찬가지로 공산주의자가 아니다. 사회주의자는커녕 진보적 민족주의자로 보는 게 학계의 정설이다. 오늘날 전 세계적으로 냉전체제가 해체된 지 30년이 되어 간다. 종전 후 극단적 반공주의로 숨 막히던 시절! 이승만 백색테러를 피해 부득이 북을 선택한 민족주의자들이 많았다. 조선어학회 간사장 출신 이극로, 이만규, 정열모 등이 그렇다. 이여성, 김약수, 김원봉 역시 마찬가지이다. 부득이 생존을 위한 불가피한 선택이었다. 그동안 월북했다는 이유만으로 또는 사회주의 냄새가 난다는 지독한 편견 때문에 축소되고 매장·왜곡된 측면이 너무 컸다. 아직도 김원봉은 남과 북에서 외면당한 채 독립유공자로 인정받질 못하고 있다. 박차정 열사 역시 독립유공자로 인정받기까지 50년의 세월이 흐른 뒤였다.

박차정의 큰오빠 박문희는 월남 이상재와 같은 기독교 민족주의자였다. 그러나 1950년 한국전쟁 당시 서울에서 부산으로 피난길에 오른 후 실종된다. 그럼에도 대한민국 정부는 수십 년 동안 월북자로 분류해 독립유공자로 인정하질 않았다. 이유는 간단하다. 박문희의 친척들이 북한정권 수립에 참여한 거물 정치인 김두봉, 김원봉으로 월북인사라는 것이다. 그리하여 박문희의 차남 박의영 목사는 연좌제에 걸려 아버지의 사진 자료조차 없애야 할 판이었다. 아들 박의영 씨가 고등학교를 다니던 때에도 중앙정보부나 경찰의 감시가 계속되었고 주1회 사찰이 이뤄졌다고 한다. 정작 박문희의 아내와 어머니는 큰아들 박문희가 부산 집으로 언젠가는 올 것으로 생각하여 밤마다 대문을 활짝 열어 놓았다고 한다. 그 추운 겨울에도 남편이, 아들이 살아 돌아올 것을 기다리며 1970년 죽는 날까지 실낱같은 희망을 놓지 않았던 것이다. 그러면서 박의영의 어머니와 할머니는 "너희는 어떤 일이 있어

도 정치하지 마라! 집안 망한다"고 다짐을 받곤 했다.[35]

극단적 반공주의로 인해 제대로 평가를 받지 못한 채 외면당하고 매장된 독립운동가들에 대해 역사적 재평가가 선행되어야 한다. 더 이상 사회주의 계열 독립운동가들에 대해 왜곡과 편견에 사로잡혀 그분들의 치열한 삶의 흔적을 애써 지우려 해선 안 된다. 일제 식민지 야만의 시절! 가장 치열하게 살다 간 순국선열들에 대해 이제 제대로 된 역사적 평가가 주어져야 한다. 그것이야말로 후손된 마땅한 의무이자 도리이다. 일제강점기 100만 원(오늘날 200~300억 원)이라는 최고의 현상금이 붙었고 일제가 가장 증오하며 체포하고자 혈안이 되었던 인물, 김원봉이 남과 북에서 모두 외면당하고 있는 현실과 결코 무관하지 않다. 모든 것이 분단이 가져온 역사의 비극이다.

『친일인명사전』에 등재된 친일 인사들 가운데 70명이 넘는 반민족 행위자들이 아직도 국립묘지에 안장돼 있다.[36] 16자 비문이 새겨진 '약산 김원봉 장군의 처, 박차정 여사의 묘'는 돌보는 이가 없어 봉분은 메말랐고 잡풀만 무성한 현실은 우리 현대사가 얼마나 굴절되고 비틀려 있는지를 반증한다. 친일 인사들의 묘를 국립묘지에서 파내고 박차정 열사의 묘를 국립묘지로 안장시켜 성스럽게 모셔야 옳다. 그리고 박차정 열사를 한국사 교과서에 당당히 기술함으로써 감춰지고 왜곡된 역사의 진실을 바로 세워야 한다. 유관순은 알아도 박차정을 모르는 우리의 현실은 역사 비틀기가 그동안 얼마나 심각했는지를 여실히 보여 주기 때문이다. 다가오는 2020년, 박차정 열사 탄생 110주년 되는 해엔 제대로 된 기념 학술대회 하나 정도는 있어야 부끄럽지 않을 것 같다.

주석

1. 박태원(2000). 『약산과 의열단』. 서울: 깊은샘, 51쪽.
2. 이송희(1996). 「박차정 여사의 삶과 투쟁-민족 해방과 여성 해방을 위해 투쟁한 한 여성의 이야기」. 『지역과 역사』 제1집. 부경역사연구소, 93-94쪽.
3. 이송희(1996). 앞의 논문, 94-95쪽.
4. 박선경92005). 『의열단에 가담했던 기독교인들의 신앙관 연구』. 계명대 박사 논문, 147쪽.
5. 조숙자(2003). 『한국개신교 찬송가 연구』. 장로회 신학대학 출판부, 85쪽.
6. 하정화(2010). 「역사 속 부산 여성을 말하다」. 『부산여성가족』 제6호. 부산여성가족개발원, 3쪽.
   〈양한나는 부산지역 기독교 초기 여성운동의 선구적인 인물로서 부산여자기독청년회의 여성계몽운동을 통해 소외된 여성과 고아를 위해 헌신했다. 조선의 여성들에게 민족정신을 일깨우는 여성교육의 산실이 된 부산여자청년회를 설립한 인물이다. 상해 임시정부 초대의원, 초대 수도여자경찰서장을 역임했다.〉
7. 이송희(2013). 「일제강점기 부산지역의 여성교육」. 『여성연구논집』 제24집. 신라대 여성문제연구소, 131쪽.
8. 이송희(1998). 「일제하 부산지역의 여성운동 I」. 『부산사학』 제34집, 49쪽.
9. 최경숙(2010). 「역사 속의 부산 여성」. 『부산여성사 II 연구보고서』. 부산여성가족개발원, 259쪽.
10. 강영심(2003). 「항일운동가 박차정의 생애와 투쟁」. 『여성이론』 제8권, 204쪽.
11. 강만길·성대경(1996). 『한국 사회주의운동 인명사전』. 서울: 창작과비평사, 190쪽.
12. 박문호는 동포의 밀고로 1931년 12월 중국 일본영사관 경찰에 체포돼 일본으로 압송, 징역 1년 6개월을 언도 받고 1933년 9월 만기 출옥한다. 그러나 1933년 10월 부산 동래 자택에서 레닌주의정치학교와 관련하여 서대문경찰서로 압송돼 잔혹한 고문을 받는다. 바로 3년 전 여동생 박차정이 고문을 받았던 장소였다. 이후 박문호는 서대문형무소로 이감돼 계속되는 고문의 악형 끝에 1934년 가석방되지만 고문의 후유증으로 시름시름 앓다가 1934년 27살의 젊은 나이로 순국한다.
13. 『동아일보』. 1929. 3. 12.
14. 김동천·강재순(1996). 「1920-30년대 초 기장지역 사회운동」. 『한국민족문화』 제8집, 143-144쪽.
   〈박공표(일명 박일형)는 기장 지역 3·1만세운동 주동자이자 1922년 기장 노동혁신회 창립 당시 핵심 간부로 활동한다. 동부리 노동야학을 통해 무산대중과 노동대중의 새로운 세상을 수립하는 것을 지향했으며 이후 기장 기독청년회, 기장 노동혁신회, 정진청년회 활동을 바탕으로 1928년 10월 동래청년동맹 집행위원장으로 맹활약하였다.〉 따라서 박차정의 동래청년동맹 가입은 전적으로 박일형의 권유에 따른 것이다.

15. 강대민(2006). 「박차정, 민족해방운동의 여성 투사」. 『내일을 여는 역사』 제23권, 183쪽.

16. 김성민(2003). 「광주학생운동의 확산과 서울지역 시위의 성격」. 『한국독립운동사연구』 제20집, 232-233쪽.

17. 김경일(1993). 「경성시내 여학생 만세소요 사건」. 『한국민족해방운동사자료집』 제10집. 서울: 영진문화사, 399쪽 ;

18. 신영숙(1996). 「일제 시기 여성운동가의 삶과 그 특성 연구」. 『역사학보』 제150집.

19. 김경일(1993). 앞의 책, 388-389쪽.

20. 『조선일보』. 호외. 1935. 8. 24.

21. 『김공신 의견서』(1935. 5. 22). 경기도 경찰부.
    김공신은 약산 김원봉이 난징 근교에 세운 조선혁명군사정치간부학교 1기 졸업생으로 의열단 상해파견원 총감독의 직책을 맡고 있었다.

22. 『김공신 제4회 신문조서』(1935. 5. 10). 경기도 경찰부.

23. 『김공신 제2회 신문조서』(1935. 3. 7). 상해 일본 총영사관 경찰부.
    김공신은 상해 일반 정세를 난징에 있는 의열단 본부에 수시 보고하고 국내 침투 공작의 임무를 띠고 상해로 잠입한 조선혁명군사정치간부학교 2기 졸업생들을 주거지를 알선하면서 안전하게 보살폈다. 그리고 안전한 배편을 주선해 국내 침투 공작을 주선했던 인물이다. 뿐만 아니라 부산 동래에서 보낸 박차정의 동생 편지를 박차정에게 전해 주거나 김두봉 앞으로 온 사전류 수십 권, 그리고 석정 윤세주가 부탁한 조선경제사와 공산주의 신간 서적 10여 권, 국내 잡지 신동아를 전해 주는 역할을 수행했다.

24. 김정명(1967). 『조선독립운동 2-민족주의운동 편』. 原書房, 573-574쪽.

25. 김삼웅(2008). 『약산 김원봉 평전』. 서울: 시대의 창, 318쪽.

26. 『조선민족전선』 창간호, 6-7쪽.

27. 심옥주(2014). 「박차정, 여성광복군에서 빛을 발하다」. 『독립기념관』 통권 제316호, 20쪽.

28. 강영심(2003). 앞의 글, 202쪽.

29. 김명섭(2016). 「역사고백: 박차정, 남편 김원봉과 함께 총을 들다」. 『단대신문』 2016. 5. 10.

30. 이윤옥(2011). 「부산이 낳은 대륙의 들꽃 '박차정'」. 『수원일보』 2011. 12. 13.

31. 천영철(2010). 「항일 여전사 박차정 의사 '쓸쓸한 100주년'」. 『부산일보』 2010. 5. 14.

32. 김삼태(2018). 「부산보훈청, 4월의 현충시설로 '박차정 의사 생가' 선정」. 『신아일보』. 2018. 4. 1.

33. 김승수(2015). 「총을 든 여자 독립군 박차정 의사의 생가를 가다」. 『CIVIC news』 2015. 8. 12.

34. 조소희(2015). 「영화 〈암살〉 뜨자 박차정 의사 생가도 떴다」. 『부산일보』 2015. 8. 12.

35. 전정희(2018). 「전도사 박문희와 부산 동래복음전도관」. 『국민일보』 2018. 1. 5.

36. 이종근(2015). 「'한 장의 다큐' 약산의 처, 박차정 여사」. 『한겨레』 2015. 11. 27.

3.

밀양 독립운동의 정신적 대부,
백민 황상규

1. 밀양 출신 독립운동가의 정신적 멘토

일제강점기 경북 안동은 한국 독립운동의 메카이다. 1910년 나라가 망하자 집단 망명을 단행해 1911년 신흥무관학교를 세우고 상해 임시정부 국무령을 지낸 석주 이상룡과 항일 혁명시인 이육사가 안동 출신이다. 의열단원으로 일본 왕이 살고 있던 궁성을 습격해 동경 이중교에 폭탄을 던지고 잔혹한 고문과 단식 투쟁 끝에 옥사한 김지섭, 영화 〈밀정〉[2016]의 소재가 된 의열단 제2차 암살·파괴계획(일명 황옥 경부 사건)의 주인공 김시현 역시 안동 출신이다.

마찬가지로 경남 밀양도 경북 안동 못지않은 한국 독립운동의 메카였다. 일제강점기 최고의 현상금이 내걸렸던 의열단장 약산 김원봉이 밀양 출신이다. 시인 이육사가 목숨만큼 소중하게 여겼던 절친[1]으로 조선민족혁명당의 정신적 지도자이자 조선의용대의 영혼, 석정 윤세주 역시 밀양 출신이다. 밀양경찰서에 폭탄을 던지고 대구형무소에서 처형된 의열단원 최수봉, 대종교 3대 교주이자 항일독립운동가 윤세복도 모두 밀양 출신이다. 항일 민족의식을 드높인 밀양의 대표적인 학교인 동화중학교 교장 전홍표를 비롯하여 의열단 창단의 핵심 인물인 황상규, 김대시, 윤치형, 김상윤, 한봉근, 한봉인 등 70명이 넘는 독립투사들[2]이 모두 밀양 출신들이다.

한국의 대표적인 아리랑은 정선아리랑, 진도아리랑, 밀양아리랑이다. 그런데 다른 아리랑과 달리 밀양아리랑은 1930년대 중국 만주와 러시아 블라디보스토크 지역 항일열사들에겐 「독립군아리랑」이 되어 군가로 애창되었다. 나아가 밀양아리랑은 1940년대 한국광복군에 겐 공식적인 군가인 「광복군아리랑」으로 애창되었다. 임시정부 국군인 한국광복군의 3대 군가 중 하나가 된 셈이다. 항일의 노래, 민족성을 담은 노래로 밀양아리랑의 파급력은 1950년 6·25 전쟁 당시 「파르티잔 아리랑」으로 중공군 군가집에도 실릴 정도였다. 밀양아리랑이 군가로서 널리 애창된 데에는 일자일음으로 구성되고 가사 전달이 잘되어 따라 부르기 쉬운 음악적인 요소도 있다. 그 외에 중국 만주지역에서 투쟁한 수많은 항일독립열사들 가운데 밀양 출신들이 유독 많았기에 그들에 의해 밀양아리랑이 군가로 채택되었을 가능성을 배제할 수 없다.[3]

실제로 조선의용대의 손꼽히는 이론가이자 휴머니즘 넘치는 선전선 동가였던 윤세주는 항일 근거지 연극단 단장으로서 밀양아리랑의 곡조에 독립군가 가사를 차용해 대원들의 어깨를 들썩이게 할 정도로 흥을 돋운 적이 많았다.[4] 1938년 2월에 창작된 항일 가요 「최후의 결전」은 조선의용군 분대장 김학철과 최채가 증언했듯이 석정 윤세주가 작사한 곡으로 해방 직후 남북 어디서나 남녀노소가 애창했던 곡이다.[5] 따라서 가히 한국 독립운동의 메카로서 밀양을 꼽는 데 이견이 없다.

특히 황상규는 1910~1920년대 밀양지역 독립운동과 사회운동을 이끌었던 실질적인 지도자이자 밀양 출신 독립운동가들의 정신적 지주

였다. 백민 황상규는 의열
단장 약산 김원봉의 고모
부이자 동화중학교 교사
시절 김원봉의 스승이었
다. 의열단원 최수봉, 윤세
주, 김상윤 모두 동화중학
시절 황상규의 제자였다.
황상규는 의열단 단원들의
정신적 멘토였고, 실제로
의열단 제1차 암살·파괴계
획[1920] 당시 젊은 의열단원
들과 함께 조선총독부 폭
파와 일본 고관 암살을 목
적으로 국내로 잠입해 몸
소 실행에 옮긴 인물이다.

사진 앞줄 가운데 앉은 이가 백민 황상규.
의열단을 만든 약산 김원봉의 스승이자 김원봉의 일생
에 정신적으로 가장 큰 영향을 끼친 백민 황상규는 밀
양 출신 항일민족운동가들의 정신적 대부였다. 1926년
출옥 직후 밀양청년회 집행위원, 신간회 밀양지회장을
역임한 것은 그런 사실을 방증한다.

거사 직전 의열단원들이 속속 체포돼 잔혹한 고문을 당했을 때 황
상규는 한마디도 발설하지 않았다. 백민 황상규를 비롯해 열혈 항일
지사들을 고문한 자는 친일 경찰의 대명사 김태석 경부였다. 김태석은
악명이 하늘을 찔러 대한민국 임시정부가 '7가살七可殺'대상으로 처
단[6]하고자 지목했던 인물이다. 김태석은 황상규가 묵언으로 저항하자
혀를 펜치로 잡아 빼는 악형을 가했다. 황상규는 스스로 자신의 혀를
깨물지언정 끝내 한마디도 자백하지 않았다. 결국 일제 고등계 경찰들
이 받아 낸 진술은 황상규 자신의 입을 통해서가 아니었다. 갖은 고문
과 악형 끝에 다른 의열단원들로부터 받아 낸 진술들로서 황상규의
피의 사실을 적시했다.[7] 황상규는 대중의 벗으로 성품이 지극히 강직

했고 용감했다.[8] 나아가 '관운장'이라는 별명을 늘을 만큼 기개가 웅장했다.[9]

실질적으로 의열단 창립 당시 백민 황상규가 창립을 기획하고 주도했음을 규명한 연구물[10]이 아니더라도 황상규는 한국 근대사 연구, 특히 1910년대 작탄炸彈·의열 투쟁에서 주목해야 할 인물임에 틀림없다. 1910년대 국내 최대의 항일 비밀결사체로 전국적인 조직을 갖춘 대한광복회 활동 당시 대한광복회 총사령 박상진의 '심복'[11]으로 열성을 다한 인물이 바로 황상규이다. 또한 1920년대 밀양지역 민족운동과 사회운동 그리고 신간회 본부 서기장 겸 중앙집행위원으로서 맹활약을 펼친 인물이 황상규이다.

비록 역사의 주류에서 비껴간 인물이지만 41세의 짧은 생을 오롯이 민족의 독립에 바쳤다. 치열함을 넘어 처절하게 자신의 전 생애를 민족해방의 제단에 바친 황상규의 삶의 자취를 더듬어 보는 것은 의미있는 노력이라 생각한다. 항일독립운동전선에서 삶의 치열함과 처연한 죽음들이 어디 한둘뿐이겠냐마는 그래도 오늘을 살아가는 우리들이 복기해야 할 이유는 분명하다. 망각되거나 희미해져 가는 역사적 인물의 흔적을 되살려 재조명하는 것은 오늘의 시점에서 우리 후손된 의무이기 때문이다.

2. 대한광복회, 북로군정서 활동과
초대 의열단장(?) 황상규

황상규는 1890년 경남 밀양에서 2남 3녀 중 장남으로 태어났다. 삼국지 관우를 연상시키는 풍모로 별명이 '관운장'이었고, 호는 '백의민족' 또는 '헐벗은 민초'라는 뜻이 담긴 백민白民이었다.[12] 일제 식민지 농촌의 빈곤한 현실 속에서 황상규는 정규 교육을 받질 못했다. 초등 과정을 제대로 마치지 못한 채 밀양 진성학교進成學校와 동화同和중학교를 몇 년 다닌 것이 전부일 정도로 독학으로 지식을 섭렵했다.

1908년 18살 황상규는 밀흥야학교 교장이던 김주익(김원봉의 부친)의 누이동생과 결혼한다. 19세 되던 1909년 밀양읍내 노동야학인 밀흥야학교 체조 교사로 부임해 200명에 이르는 학생들을 가르쳤다. 여기에는 처남(김주익)-매제(황상규)의 인척관계도 어느 정도 작용했을 것으로 판단된다. 이후 황상규는 1910~1911년 밀양군내 고명학교와 동화중학교에서 역사를 가르치는 등 1900년대 구한말 독립정신과 애국정신을 고취시키는 교육구국운동에 진력했다. 밀양군내 민족주의 교육운동의 산실이었던 동화중학교에서 가르친 제자가 바로 의열단원인 김원봉, 윤세주, 김상윤, 최수봉 등이다. 황상규의 나이 20세에 동화중학교 교사가 되어 약산 김원봉을 가르치며 그에게 정신적으로 영향을 미친 셈이다.

황상규는 스물을 갓 넘긴 시점에서 밀양-대구-마산을 잇는 항일지하조직인 '일합사一合社'에 가입한다. 일합사는 밀양 사람이 중심이 돼 '조국의 독립을 위해 청춘의 일편단심을 합한다'는 의미의 친목단체로 위장한 항일 비밀결사조직이었다. 밀양의 3·1만세운동은 일합사가 존재했기에 가능했다. 3·1만세운동이 터졌을 때 밀양에는 일합사 이외에도 결사단, 방화단 등 항일 비밀결사단체가 활동하고 있었다.[13] 일합사의 핵심 인물은 구영필, 김대지를 비롯하여 황상규, 윤치형, 안확, 이각, 이형재, 명도석 등이었다.[14] 1918년 평양경찰서는 비밀결사체인 조선국민회 회원 서광조와 강석봉을 취조한다. 그러던 중 일합사를 창립한 구영필에 대한 첩보를 얻게 되고 가택수색 끝에 「合社進行策」이라

는 문서가 발견되면서 그 실체가 드러나게 된다.[15]

그 후 황상규는 1913년에 채기중, 유창순, 한훈, 장두환, 정만교, 김상오, 정진화, 이각, 정운홍, 류장렬과 함께 경북 풍기군에서 조국광복운동을 목표로 하는 항일 비밀결사체인 대한광복단(일명 풍기광복단)을 조직한다.[16] 풍기광복단은 초기 구성인자들 대부분이 의병 출신들이다. 그들은 구한말 일제와 의병전쟁을 벌이다 1909년 일제의 잔혹한 '남한대토벌' 작전에 쫓겨 산간 오지인 경상북도 풍기로 흘러 들어왔다. 경북 풍기는 전국 8도에서 이주민이 모여들던 곳으로 특히 평안도 이주민들이 정착하여 사회경제적으로 생활기반을 닦은 공간이다. 그런 연유로 의병전쟁에서 쫓긴 항일지사들이나 의병들이 자신의 정체를 은폐하기엔 최적의 공간[17]이었다.

1910년대를 관통해 일본 제국주의는 조선인의 기본적 자유권을 철저히 유린하는 무단통치를 자행했다. 총독부 기관지인 『매일신보』 이외에 신문 발행은 허락되지 않았고, 조선인이 만든 단체는 친일조직인 '대정친목회'가 유일했다. 뿐만 아니라 조선인의 자유권적 기본권인 집회, 결사, 언론의 자유를 억압한 채 탄압으로 일관했다. 따라서 1910년대 국내 항일독립투쟁은 105인 사건(1911~1912)으로 그 실체가 드러난 신민회처럼 지하 비밀결사조직으로 일관할 수밖에 없었다. 1913년 경상북도 풍기에서 채기중이 중심이 되어 결성된 대한광복단 역시 비밀결사체였다. 의병장 민종식, 이강년 부대에서 국권회복을 위해 일제와 치열하게 전투를 치렀던 유창순, 한훈, 강순필 등 의병 출신들이 초기 구성인자들이다. 따라서 대한광복단은 일제의 폭압적인 식민통치에 맞서 국권회복을 목표로 재만 독립군 양성과 연계돼 군자금 모금을 수행했던 국내 비밀결사조직이다.

1915년 풍기의 대한광복단은 대구에서 조직된 박상진의 조선국권

대한광복회 총사령 박상진.
박상진은 의병장 왕산 허위의 제자이다.
판사 시험에 합격했으나 거부하고 군자금
조달과 친일파 처단을 수행하며 독립운동
에 매진한다. 1910년대 중후반 국내 유일
한 전국적인 지하 비밀결사조직인 대한광
복회를 대구에서 조직해 총사령을 맡았
다. 친일 부호 장승원(수도경찰청장 장택
상의 부친)을 처단하는 등으로 일제에 피
검돼 사형선고를 받고 대구형무소에서 처
형되었다. 김원일의 대하소설 『늘푸른 소
나무』(1993)에 대한광복회 활동과 박상
진의 활약상이 일부 소개되었다.

회복단과 결합해 '대한광복회'로 조직을 확대 발전시킨다. 물론 조선국권회복단의 박상진과 풍기광복단의 채기중은 서간도 경학사와 신흥중학교 출입이 잦았다.[18] 따라서 대한광복회는 그 둘의 접촉 또한 자연스럽게 이루어진 결과물이었다. 1915년 음력 7월 15일 대구 달성공원에서 시회詩會를 가장하여 풍기광복단과 대구의 조선국권회복단은 두 단체를 결합하여 대한광복회를 조직한다. 이 자리에서 박상진, 황상규, 우재룡, 채기중 등은 "우리들은 대한의 독립된 국권을 광복하기 위하여 죽음으로써 결심하고 원수 일본을 완전히 구축하기로 결의하고 천지신명에게 맹세한다"[19]고 선서문을 작성, 서약하면서 혈맹을 맺었다.

따라서 황상규는 대한광복회 출범 당시 풍기광복단의 채기중, 유창순, 유장렬, 한훈 등과 함께 창단 인사로 가입해 활동을 했다. 대한광복회에서 황상규의 역할과 구체적인 활동상을 알 수 있는 사료는 거의 발견되지 않는다. 그러나 대한광복회 강령에서 알 수 있듯이 황상규는 친일 부호의 의연금 모금과 일본인이 불법 징수하는 세금을 탈취함으로써 군자금 수합에 진력을 다했을 것이다. 그리하여 만주 군관학교를 통해 독립군을 양성하는 일에 혼신을 다했을 것이다. 또한 국권회복과 공화주의를 표방한 대한광복회 4대 강령인 '비밀, 폭동, 암살, 명령'[20]을 묵묵히 실행에 옮겼을 것이다. 수시로 일본인 고관과 민족반역자를 처단하고 부장력이 완비되는 대로 일제를 섬멸키 위해 살육전을 준비했을 것이다.

대한광복회 총사령 박상진은 혁신유림 출신들의 영향을 받은 것도 있지만 복벽주의가 아닌 공화주의 실현을 지향했다. 고헌 박상진은 일찌감치 한말 의병장 왕산 허위의 제자[21]로서 양정의숙에 재학할 당시 1908년 서대문형무소에서 순국한 스승 허위의 시신을 수습한다.[22] 이후 양정의숙에서 근대학문인 법률을 공부해 판사시험에 합격한다. 그러한 근대학문과 신흥무관학교 등 만주로의 기행, 그리고 신해혁명의 주인공 손문과의 조우 등이 박상진으로 하여금 복벽주의에서 공화정을 지향하는 의식의 전환을 겪게 했을 것이다. 박상진은 국권회복을 위해 1912년 상덕태상회(대구)를 설립해 상업조직을 기반으로 1915년 조선국권회복단을 조직하고 곧 이어 풍기광복단과 결합해 대한광복회를 창설한 것이다. 대한광복회는 1918년 박상진 등 주요 지도자들이 일제에 피검될 당시 경상도, 전라도, 충청도, 강원도, 경기도, 평안도 등 함경도를 제외하고 전국적인 조직으로 발전한다.[23] 1910년대 중후반 전국적인 항일지하조직을 갖춘 유일한 국내 비밀결사체였다.

박상진을 총사령으로 조직된 대한광복회는 신흥무관학교의 재만 독립군 기지(신한촌)와 연계돼 활동하였다. 대한광복회는 일제와의 독립전쟁을 목표로 군대식으로 조직된 신한촌의 국내 조직이었다. 달리 말하자면 대한광복회가 추진한 독립군 무관양성기관이 신흥무관학교였고,[24] 대한광복회의 해외 분신이 신한촌이기도 했다.[25] 따라서 독립군 양성과 무기 구입을 주된 조직의 목적으로 삼고 군자금 모금활동을 활발히 전개했다. 행형부行刑部를 두어 민족반역자나 군자금 출연을 거부하는 친일 부호를 수시 수처에서 처단했다. 일본인이 불법 징수한 세금을 탈취하거나 친일 부호들에게 의연금 거출을 통지하고 실행에 옮겼다. 모금된 군자금은 만주 신한촌 독립군 양성 기관에 지원하거나 권총 등 무기를 구입했다. 박상진의 대구권총사건,[1916] 조선총독암살기도사건,[1916] 칠곡의 친일 부호 장승원 처단,[1917] 아산의 도고면장 박용하 처단,[1918] 영주 대동상점사건[1918] 등이 대표적인 대한광복회활동들이다.

그런데 1917년 경북 칠곡의 친일 부호 장승원(해방공간 미군정하 수도경찰청장 장택상의 부친) 처단 이후 그 배후로 박상진이 체포되고 대한광복회 조직이 노출된다. 1918년 1월 24일 충청도 아산 도고면장 박용하 처단 3일 뒤에 대한광복회 충청도 지부 책임자인 장두환이 피검되면서 대한광복회 활동은 심대한 타격을 받고 조직 전체가 위기에 직면한다. 실제로 대한광복회 가운데 충청도 지부의 활동이 가장 활발했고, 충청도 지부장(장두환)이 체포되면서 대한광복회 조직이 해체된다.[26] 1918년 대한광복회 조직이 파괴된 이후 충청도 독립지사들에 의해 대한광복회 명맥이 간신히 유지될 정도로 충청도 지부는 대단히 중요한 하부 조직이었다.

1918년 대한광복회 지도부가 속속 체포되고 일제의 추적과 검거의 대상이 되면서 사실상 조직 활동이 와해된다. 당시 체포를 면한 우재룡, 권영만, 한훈은 3·1운동 이후 다시 활동을 재개했다.[27] 1920년 1월 상해 임시정부의 지시에 의해 조직된 '서울주비단' 조직 구성에서 대한광복회원이 다수 참여한 사실은 이를 방증한다. 서울주비단은 군자금 모금 등 임시정부를 지원하기 위한 항일단체로서 김동진(김좌진의 동생), 우재룡, 권영만이 서울주비단 회원이었고, 만주 독립운동단체와의 연결고리는 김좌진이었다.

일제의 체포령이 떨어진 상태에서 위기의식을 느낀 황상규는 검거를 피해 1918년 2~3월경 대한광복회 만주 지부(대한광복회 부사령 김좌진)로 기민하게 피신한다. 김좌진은 충남 홍성 출신으로 1916년 대한광복회에 가입하는데, 대한광복회 부사령 이석대가 전사하자 1917년 8월 박상진, 김한종에 의해 만주로 파견돼[28] 대한광복회 부사령직을 수행하고 있었다. 1910년대 일합사-풍기광복단-대한광복회로 이어지는 의협투쟁의 한길에서 백민 황상규는 20대 자신의 젊음을 오롯이 조국 광복에 바쳤다. 일제의 검거망을 피해 북만주 길림으로 망명을 결행한 것 역시 오로지 빼앗긴 조국을 되찾고자 하는 열망 때문이었다. 당시 북간도 지역은 서간도와 달리 일찌감치 조선의 이주민이 정착한 공간이었다. 구한말 시기엔 서간도 지역과 비교가 안 될 정도로 항일운동이 활발하게 펼쳐진 공간이었다.[29] 한 집안의 장남이자 여러 명의 자녀를 둔 가장으로서 해외 망명길에 오르는 것 자체가 민족독립이라는 신념에 찬 결단이 아니고서는 설명할 길이 없다. 실제로 황상규는 자신의 둘째 딸 기화가 1918년 3월에 사망하지만 10년이 지난 1928년에 이르러서 신고 의무를 이행한다.[30]

29살이 되던 1919년 2월 황상규는 여준, 조소앙, 박찬익, 손일민 등과 함께 '대한독립의군부'를 조직하고 최연소 간부로서 중앙위원과 재무부장의 직책을 맡는다. 그리고 1919년 2월 조용은(조소앙), 조용주 형제가 기초한 대한독립선언서(무오독립선언서)에 서명한다. 대한독립선언서는 우리나라 최초의 독립선언서로 우리나라가 '자주독립국가이자 민주의 자립국가'임을 선포한 선언서이다. 대한독립선언서는 동양평화를 위해 일본의 개오改惡를 촉구한 기미독립선언서나 국제시회에 호소하는 방식을 취한 대한국민의회의 선언서와 달리 '육탄혈전으로 독립을 완성할 것', 즉 '당위론으로 일제와의 독립전쟁[31]'을 명기하고 있다.

대한독립선언서(무오독립선언서)는 신채호, 김규식, 이동휘, 김동삼,

김좌진, 이시영, 안창호, 유동열, 이승만, 조소앙 등 해외 망명 독립운동 지도자들 39인이 연서명한 것으로 황상규도 동향 출신인 손일민과 함께 참여한다. 20대 후반 대한독립의군부 중앙위원이자 재무책임자로서 황상규의 위상과 역할을 가늠해 볼 만한 사건이다. 실제로 황상규는 1919년 상해 임시정부가 수립되자 재정위원에 임명돼 군자금 수합에 주력, 당시 18만 원이라는 거액을 모금하기도 했다. 특히 식민지 수탈의 첨병인 동양척식회사 관리인 양인보를 설득해 경남 창녕군 동척 소작료 1년 치를 고스란히 임정 군자금으로 헌납케 한 일화는 유명하다.[32]

1919년 4월 대한독립의군부는 군정사 주비원을 설치하여 무장독립투쟁을 도모하는 중에 조선독립군정사(통칭 길림군정사)를 조직하였다. 조선독립군정사(통칭 길림군정사)는 교육국, 군무국, 재무국을 두었는데 황상규는 군자금 출납업무를 담당한 재무국 회계과장을 맡았다. 조선독립군정사는 장차 무장독립투쟁을 수행하기 위한 군사조직이었다. 무오독립선언서에 명문화되었듯이 일제와의 육탄혈전을 벌이고자 한 항일단체였다. 즉 소수 정예의 결사대로 목표 지점에 폭탄을 터뜨리는 작탄炸彈투쟁을 감행함으로써 식민통치기구를 파괴하고 고관들을 암살하고자 했다.[33] 조선독립군정사의 작탄투쟁노선은 대한광복회 의협·작탄투쟁을 계승한 것으로 그대로 향후 의열단의 의열투쟁으로 계승된다.

1919년 5월 대종교 계열의 항일단체 중광단은 조직을 확대 개편하면서 대한정의단(단장 서일)을 발족시킨다. 단군신앙을 모태로 하는 대종교는 일제강점기 시절 항일독립운동의 구심체 역할을 수행했다. 명망 있는 독립운동가들 대다수가 대종교인이었던 것은 우연의 일치가 아니다. 중광단 단장, 대한정의단 단장, 북로군정서 총재를 역임한

대한광복회 부사령(만주 책임자) 김좌진. 청산리 전쟁에서 대승을 거둔 북로군정서 사령관 김좌진은 아나키스트였다. 김좌진은 공산주의자에게 피살되는데 거기에는 아나키스트-코뮤니스트 간 갈등과 적개심이 격화된 시대 배경을 안고 있다. 항일지하비밀결사 대한광복회 조직이 노출되고 일경에 쫓기면서 박상진의 심복 황상규는 김좌진이 있는 만주로 극비리에 탈출한다. 만주에서 북로군정서 결성에 참여하고 군자금 출납을 맡았다.

서일은 나철(1대 교주), 김교헌(2대 교주)과 함께 대종교 삼종사로 불렸다. 밀양 출신 대종교 3대 교주 윤세복 외에도 황상규, 신규식, 김두봉, 박찬익이 대종교인이다. 박은식, 이상설, 신채호, 김좌진, 홍범도, 안희제, 이범석 등 대다수 항일독립투사들도 대종교인이었다.[34]

대한정의단은 김좌진의 노력에 힘입어 외곽 군사조직인 대한독립군정회와 조선독립군정사(통칭 길림군정사)의 통합을 시도했다. 1919년 10월 통합을 위한 왕청현 서대파 연석회의에 황상규는 여준, 박찬익과 함께 길림군정사 대표로 참여한다. 그리하여 1919년 12월 대한독립군정회와 길림군정사는 통합하여 '대한군정부'를 출범시킨다. 그러나 상해 임시정부가 존재하는 한, 정부라는 명칭을 쓰는 것이 혼란을 초래할 수 있어 임정 국무원 포고 제205호에 의해 대한군정부는 대한군정서(일명 북로군정서)로 개칭했다. 대한군정서(북로군정서) 총재는 서일이고 군사부 사령관은 김좌진이 맡았다. 바로 청산리 전쟁을 승리로 이끈 독립군 부대 북로군정서가 탄생한 것이다. 황상규(일명 허탁)는 북로군정서 길림분서(일명 길림군정서) 재무부장의 직책을 맡아 독립군자금 출납업무를 관장했다.[35]

무장독립투쟁을 열망하며 군자금 모금과 만주 신한촌 독립군 기지(신흥무관학교) 지원에 혼신을 다했던 대한광복회 시절의 황상규는 북로군정서 시기에도 변함없이 강렬한 무장투쟁노선을 견지한다. 청산리 전쟁을 승리로 이끈 이장녕(참모장), 이범석(연성대장), 최해(여단장), 오상세(중대장), 백종렬(소대장) 등 북로군정서 중견간부들이 신흥무관학교 출신들로 채워진 것은 그런 점에서 지극히 자연스러운 현상이었다. 황상규가 1919년 1월 조선독립의군부 발족을 위해 북만주 길림에서 활동하던 시절, 김원봉의 중앙고보 동창이던 김두전(김약수)은 군대 양성을 위해 둔전 후보지 물색 차 길림에 왔다가 황상규를 만난다.

일찍이 황상규는 자신의 조카 김원봉(약산)의 중앙고보 시절 절친한 선후배인 김두전(약수), 이명건(여성)에게 '조국을 잊지 말라'며 조국의 '산처럼若山, 김원봉, 물처럼若水, 김두전, 별처럼如星, 이명건' 살라는 뜻에서 아호雅號를 각각 지어 주었다. 실제로 김두전과 김원봉은 황상규가 맺어 준 의형제 사이였다.[36] 이들 세 사람은 조국의 독립을 위해 한점 부끄럼 없이 살자고 다짐했다. 세 친구는 1918년에 중국 난징에 있는 금릉대학에 함께 입학하기도 했다. 1919년 2월 김약수는 둔전 물색에 실패하지만 우여곡절 끝에 황상규에게 군자금 1만 원이라는 거금을 건네주고 봉천으로 돌아가 김약산, 이여성과 재회한다. 만주 봉천에서 김약산, 김약수, 이여성 세 친구가 재회했을 때 국내에선 거족적인 3·1만세시위가 발생했다. 이여성과 김약수는 청년과 민중을 조직하고 교육하겠다며 국내로 들어갔지만, 김약산은 자신의 고모부이자 동화중학 시절 스승이던 황상규를 만나러 북만주 길림으로 향했다.

길림에서 황상규를 만난 김원봉은 군대를 양성하여 일본 제국주의를 섬멸하기 위해 전쟁을 준비하는 것이 지난한 과제임을 깨닫는다. 군사학 지식을 습득하기 위해 일부러 독일이 세운 덕화학당을 다닌 약산이지만 일제와의 전면전은 주체적인 준비 단계에서 비현실적이었다. 남의 나라 중국 땅에 독립전쟁의 기반을 마련하고 단시일 내에 군대를 양성한다는 것이 어려운 과제임을 깨닫는다. 결국 일제와 무장투쟁을 준비하며 대한독립의군부-길림군정사-북로군정서 재무 책임을 맡고 있던 고모부 황상규와의 현실적인 논의는 김원봉의 생각을 바꿔 놓았다.[37] 일제와의 전면전보다 무장 게릴라 투쟁을 통해 적의 심장부를 강타하여 민중의 저항의식을 지속적으로 고취시키는 방향으로 노선을 선회한다.

김원봉은 황상규와 깊은 대화 끝에 지시를 받고 곧장 신흥무관학교로 가서 단기 속성반에 입교해 군사훈련을 받는다. 군사훈련을 마친 김원봉은 밀양 출신 신흥무관학교 졸업생들과 경상도 열혈 청년들로 1919년 11월 길림에서 의열단을 조직한다. 의열단은 1920년대 전반기, 이름만 들어도 순사가 놀라 도망갈 정도로 일제의 간담을 서늘하게 만들었다. 실제로 의열단은 일제 군경과 고위 관리들에겐 염라대왕과 같은 존재였다. 그런 의열투쟁 단체인 의열단의 탄생에는 백민 황상규의 창단 기획과 지도가 담겨 있었다. 그런 점에서 의열단 창단 기획과 준비의 주역이자 의열단 산파의 주체는 백민 황상규로 보아야 한다는 유력한 설이 있다.[38] 통상적으로 의열단 창단을 주도한 인물은 약산 김원봉으로 알려져 있다.

그렇게 된 연유에는 의열단이 비밀결사조직이라 일제가 남긴 경찰 심문조서 기록이나 해방 직후 소설가 박태원이 쓴 『약산과 의열단』에 전적으로 의존한 탓이다. 일제 경찰의 심문조서는 사실 그대로 믿을 수 있는 자료는 아니어서 엄밀한 분석이 필요하다. 또한 『약산과 의열단』은 약산 김원봉의 구술에 전적으로 의존하여 기술한 책이다. 특정인의 구술에 의존했다는 사실과 함께, 해방 직후 좌우 이념 대결 속에서 발간된 점 그리고 민주주의민족전선 공동의장이라는 김원봉의 해방공간 정치 지형의 특성을 감안해 읽어야 한다. 지하 항일단체라 의열단 자체의 기록문서가 남아 있을 수 없는 한계에도 불구하고 생존한 의열단 관련자들의 증언이나 수기를 통해 유추해 보는 것도 중요하고 이 역시 충분히 고려해야 할 일이다.

의열단 강령이 된 신채호의 『조선혁명선언』[1923]을 도왔던 1920년대 초 의열단 선전의 핵심 멤버이자 아나키스트 류자명은 자서전 『나의 회억』에서 황상규, 박재혁을 창단 멤버로 기술했다. 윤치형도 "의열단은 시초 어디까지나 황상규 선생의 지도하에 조직되었다"[39]고 회고했다. 의열단 부단장을 지낸 이종암의 동생 이종범이 쓴 『의열단 부장 이종암전』(일명 『의열단 10년사』)에도 1919년 11월 9일 밤 창단 모임에 참여하지는 못했지만 의열단 창단과 관련한 인물로 황상규가 언급되었다. 그런가 하면 제3차 조선학 국제학술토론회에서 「의열단의 조직과 김대지」[1980]를 발표한 김창수는 의열단 창단까지 중요한 역할을 수행한 인물로 김대지를 꼽는다. 반면에 의열단 제1차 암살·파괴계획[1920] 관련자인 이일몽은 경찰 조사에서 의열단 창단 시점에서 곽재기(일명 곽경)가 임시 단장[40]이었다고 진술한 적이 있다.

정리하자면 의열단 결성의 주역을 김원봉 중심설, 황상규-이종암 중심설, 김대지 중심설로 분류할 수 있다.[41] 그러나 1919년 11월 9일 의열단 결성 당일 황상규는 북로군정서 일로 부득이 회합에 참석하지 못했다. 석정 윤세주 역시 당일 심하게 앓고 있어서 회합에 불참했다. 그렇지만 박태원의 『약산과 의열단』, 이종범의 『의열단 부장 이종암전』에서는 윤세주가 창단 당시 회합에 참여한 것으로 기술되어 있다.[42] 의열단 창단 멤버와 초대 단장이 누구인가에 대해서는 학설이 엇갈리는 게 현실이다.

일제강점기 35년 동안 일제가 가장 증오했고 가장 우선적으로 체포하고 싶었던 인물은 약산 김원봉이다. 일제가 내건 현상금 액수가 오늘날 화폐가치로 환산했을 때 무려 200~300억 원에 이르는 최고의 거액이었기 때문이다. 임시정부 주석 백범 김구보다 훨씬 큰 현상금 액수가 내걸린 인물이 김원봉이다. 이런 사실은 일제 경찰의 1차 심문 자료와 박태원의 『약산과 의열단』에서 일관되게 의열단장을 김원봉으로 적시하고 있다는 점에서도 강력한 근거로 작용해 왔다고 볼 수 있다. 그러나 의열단 창단 당시 김원봉의 나이는 고작 21살이었다. 그런가 하면 약산 김원봉은 의열단 창단 이전 시기, 뚜렷한 항일투쟁의 전력이 거의 없는 형편이었다. 따라서 일합사-풍기광복단-대한광복회-만주로의 망명과 대한독립의군부 창설-무오독립선언서 서명 등 백민 황상규의 치열한 항일투쟁의 전력은 김원봉과 비교가 되지 않는다.

실제로 백민 황상규는 일제의 고문 후유증(폐결핵)으로 폐결핵이 복막염으로 악화돼 결핵성 질환으로 사망한다.[43] 죽어도 집 밖에서 독립운동을 하다가 죽을지언정 집 안에서 평안히 죽지 않겠다는 평소 결기를 드러냈지만 1931년 9월 2일 밤 11시 30분경 자택에서 운명한다. 당시 황상규의 사망 사실을 알린 신문기사에는 황상규를 '의열단 초대 단장'[44] 또는 '의열단 제1세 단장'[45]으로 기사 제목을 뽑고 있다.

그렇다면 과연 의열단 초대 단장은 누구였을까? 이 문제에 대한 해답의 실마리를 김영범 교수는 '황상규 내정-김원봉 천거설'로 설명한다. 즉 의열단 창립 당시 황상규가 불참했음에도 의열단 창단을 실질적으로 기획, 주도한 황상규가 초대 의열단장으로 추대되어 내정되었다는 것이다. 그리고 이후 황상규 본인의 의사를 물어 그 문제를 확정짓기로 하고 확정 진까지는 당시 26세로 최연장자인 곽재기를 임시 단장으로 선임했다는 해석이다. 이후 황상규 본인에게 의사를 물은즉 황상규가 결단을 내려 단장직을 고사하고 의열단 고문 등으로 김대지, 윤치형과 함께 2선으로 물러났다고 보는 관점이다. 즉, 강도 일본을 향해 암살, 파괴 등 무장 유혈투쟁을 전개할 결사체로서 신흥무관학교를 졸업한 의혈청년들의 조직 기풍에 맞게 자신의 조카 김원봉을 천거함으로써 김원봉이 의열단장으로 선출되었다는 학설이다. 매우 설득력 있는 학설이자 논리가 정연한 주장이다.

실제로 21살의 김원봉이 젊은 나이에 의열단 단장이 될 수 있었던 것은 김원봉의 일생에 가장 많은 영향을 끼친 백민 황상규의 도움[46]이 있었음은 부인할 수 없다. 실제로 황상규의 지시를 받아 김원봉이 규합해 온 열혈 청년들은 신흥무관학교 출신들이다. 의열단 창단 멤버 가운데 신흥무관학교 출신인 김원봉, 이종암, 윤세주, 강세우, 권준, 이성우, 한봉근, 한봉인, 김상윤 등 9명이 중심축이었고, 나머지 열혈 청년들은 서상락, 배중세, 신철휴 등 경상지역 출신들로서 이들이 초기 의열단 핵심이었다.[47]

1919년 거족적인 만세시위 운동이었음에도 기미독립운동은 7,500명이 넘게 일경에 피살되는 참담한 현실로 막을 내리면서 운동 전반에 패배주의가 스며들었다. 그러한 참혹한 상황과 패배주의를 훌쩍 뛰어넘었던 것이 1920년대 무장독립투쟁노선이다. 일본군과의 전투에서 대승을 거둔 봉오동, 청산리 전투가 그렇고, 1920년대 전반기 암살·파괴로 맹위를 떨친 의열단의 의열투쟁이 그 표본이다. 일본군과의 청산리 전투에서 대활약을 한 독립운동단체가 북로군정서이고 황상규는 그 조직의 중심에 몸담고 있었다. 나아가 황상규는 의열단 창단을 기획하고 주도하면서 밀양 출신 독립운동가들의 정신적 지도자로서 진면목을 유감없이 발휘했다. 의열단 창단과 관련된 황상규, 김대지, 윤치형, 김원봉, 윤세주, 한봉근, 한봉인, 김상윤 등 무려 8명이 밀양 출신으로 압도적이었던 점이 그 사실을 방증한다.

백민 황상규는 의열단 제1차 암살·파괴계획[1920] 당시 몸소 젊은 의열단 동지들과 함께 국내로 잠입한다. 식민통치의 심장부인 조선총독부를 맨 먼저 폭파하고자 했다. 그리고 제일선에서 조선 민중을 수탈했던 식민지 수탈기구인 동양척식회사 경성지점과 총독부 기관지 경성일보사를 폭파하려는 계획이었다. 의열단의 첫 작품인 이 계획이 성공했더라면 그 반향은 국내, 국외를 넘어 상상할 수 없을 정도로 컸을 것이다. 그러나 불행히도 이 거사 작전은 경기도 경찰부 제3부 고등계 김태석 경부의 촉수에 걸려들고 만다. 1차로 폭탄 3개가 1920년 3월 중순 무렵 상해에서 대련을 경유 안동현 이병철의 집에 반입된 뒤 경남 밀양의 김병환에게 밀송된다. 그러나 이 사실이 김태석 등 일제 고등계 경찰에 탐지된 것이다.[48] 이후 5월 중순경에도 폭탄 13개와 권총 2정을 국내로 반입하려던 작전은 실패로 끝난다. 결국 황상규, 윤세주, 곽재기, 이성우 등 의열단원 26명이 피검돼 경성지방법원 검사국으로 송치된다.

일차로 폭탄과 권총을 국내로 반입하고 지방에 은닉하는 데는 성공한다. 그렇지만 거사가 지연되면서 내부 밀고자에다 고등계 경찰, 그리고 그들의 손과 발이 된 숱한 밀정의 촘촘한 그물망에 걸려든다. 결국 국내로 잠입해 거사일 단행을 기다리던 의열단 동지들이 하나둘 피검되는 상황에 직면한 것이다. 상해에 잔류해 있던 의열단장 김원봉은 즉시 계획을 실행에 옮길 것을 주문하고 또다시 기한을 정해 거사 지시를 강한 어조로 명령한다. 하지만 김상윤, 서상락 등 극히 일부의 의열단원들을 제외하고 황상규, 윤세주, 이성우, 이종암, 곽재기, 한봉근 등 국내에 잠입한 동지들은 모조리 일세의 검거망에 걸려들어 체포된다.

1920년 제1차 암살·파괴 작전이 실패한 원인을 일제의 삼엄한 감시망과 운동자금의 부족에서 찾기도 한다.[49] 그런가 하면 의열단 활동과 관련 깊은 주변 인물의 내부 배신자 또는 셀 수 없이 새끼를 친 밀정과 그 끄나풀들 때문이기도 하다. 실제로 의열단 부단장 이종암은 구영필을 의심했다.

　구영필은 1910년대 밀양의 항일비밀결사 '일합사' 창단의 핵심 인물이다. 그는 한때 윤치형, 김대지, 황상규, 김병환 등과 함께 독립운동에 매진했던 인물이다. 상해 임시정부 재무위원 및 의정원 의원을 역임했고, 황상규가 조선독립군정사(길림군정사) 재무국 회계과장을 담당할 때 군무국 군수과장을 맡았던 인물이다. 구영필은 의열단원인 밀양 출신 한봉근, 한봉인의 삼촌인 한춘옥의 사위이기도 하다. 그런데『의열단 부장 이종암전』에서 의열단 부단장 이종암은 구영필을 변절한 내부 밀고자로 비난하는 대목이 나온다.[50] 구영필이 1920년대 거액의 독립운동자금을 빼돌려 첩을 두고 방탕한 생활을 하다가 신민부 보안대장 문우천 등 항일지사들에게 처단된다.[51] 구영필은 의열단원이었다가 변절하여 1차 암살·파괴계획[1920] 당시 김병환, 윤세주가 일경에 체포되는 데 정보를 제공한 인물이었다.[52]

　변절한 내부 밀고자 구영필이 아니더라도 일제의 앞잡이 역할을 충실히 수행한 밀정과 끄나풀들은 셀 수 없이 많다. 일제의 앞잡이들은 염탐 사실을 단돈 2원, 3원, 5원에 일경에 팔아넘긴 인간 말종들로 동족의 피를 빨아먹는 흡혈귀였다. 그리고 결정적으로 의열단 제1차 암살·파괴 작전이 실패한 주요 요인은 일제의 손발이 되어 식민통치의 주구 역할을 자처한 악질 친일 경찰들 때문이다. 김태석 경부(경기도 경찰부), 김덕기 경부(평안북도 경찰부), 최석현 경부(경상북도 경찰부) 등 백민 황상규를 비롯해 다수의 의열단 동지들을 체포하는 데 눈에 핏발을 세운 자들이 바로 그들이기 때문이다. 실제로 김태석은 1949년 '반민특위' 재판 당시 반민족행위자(친일파) 가운데 최고형인 무기징역형과 재산 50만 원 몰수형을 언도받는다.[53] 그럼에도 재판 과정에서 황상규를 부도덕한 인물로 음해하며 자신의 반민족행위를 합리화하는 발언을 서슴지 않았다.

의열단이 제일 먼저 공격할 목표 지점은 식민통치의 심장부인 남산 왜성대 조선총독부를 폭파하는 것인데, 거사를 앞두고 1920년 6월 16일 윤세주, 곽재기, 이성우, 신철휴, 김수득 등은 서울시 종로구 인사동 중국 음식점 2층에서 모임 도중 전부 체포된다. 인사동 피검 사실을 언급한 신철휴의 증언에 신빙성 여부를 떠나 거사 기일이 늦춰지고 여러 사람이 움직이다 보니 의열단의 움직임이 일경에 포착된 탓이다. 아니면 내부 밀고자나 밀정들의 촉수에 걸려 폭탄과 총기가 국내로 밀반입된 정황을 눈치챈 김태석 경부(경기도 경찰부 형사과장)에게 정보가 새어 나가면서 거사 직전 일경에 체포되는 비운을 맞았을 수도 있다. 황상규 역시 1920년 6월 하순 피검돼 주범 격으로 7년 징역형을 언도받고 복역한다. 그러다 1924년 일반감형을 받아 1926년 4월 24일 마포 경성형무소에서 의열단원 김기득[54]과 함께 출옥한다.[55] 30대 전반기 6년을 황상규는 꼬박 감옥에서 보낸 것이다.

3. 신간회 활동과 황상규의 죽음

1926년 4월 24일 6년의 형기를 마치고 경성형무소를 출옥한 황상규는 곧장 고향 밀양으로 내려갔다. 한 집안의 장남이자 가장이 독립운동의 큰 뜻을 품고 떠난 지 8년여 만에 귀향한 것이다. 본래 황상규 가계는 빈한한 가정이었기에 가장이 없는 집안의 궁핍함은 말로 다할 수 없을 정도였다. 차녀와 아홉 살 차남의 죽음은 영양실조이자 질병을 제때 치유하지 못한 탓이었다. 황상규는 아비로서 참담한 심정이었다. 더구나 출옥 당시 심각한 고문 후유증과 징역살이로 몸도 온전치 못한 상태였다. 그럼에도 가정의 빈궁함을 일으켜 세워야 할 처지여서 한동안 몸과 마음을 보전하며 가장으로서 역할에 충실했다.

출옥한 지 채 1년이 되지 않은 시점인 1927년 3월 황상규는 출옥 동지 윤치형, 윤세주와 함께 밀양청년회 집행위원으로 선출된다. 거기에는 밀양 청년운동을 주도했던 김병환의 역할이 컸다. 김병환은 일찍이 신진 사상 연구를 통해 조직된 힘으로 사회변혁을 꿈꾸며 1925년 5월 사상단체 '오륙회'를 결성한 인물이다. 오륙회를 근간으로 1925년 11월 '밀양청년회'를 탄생시킨다. 따라서 1927년 4월 황상규, 윤치형, 윤세주 등 의열단 핵심 인물들이 밀양청년회 집행위원으로 선출된 것은 의열단 관련자로서 옥고를 치른 김병환 스스로 보여 준 태도에 기인한다.

왜냐하면 김병환은 1920년 의열단 제1차 암살·파괴계획 당시 폭탄을 자신의 창고에 은닉한 혐의로 옥고를 치르고 1923년 12월 감옥에서 나왔다. 1925년 11월 밀양청년회 집행위원장으로 선출되지만 다시 의열단 부단장 이종암이 주동이 된 경북의열단 사건에 연루돼 옥고를 치르다가 1926년 11월 출소했기 때문이다. 의열단 핵심 인물들이 밀양 청년운동의 중심으로 우뚝 선 것은 향후 밀양 청년운동에 혁신과 새로운 기운을 불어넣기에 충분했다. 전투적 민족주의자이자 좌파 민족주의자들인 황상규, 윤세주, 윤치형의 귀환은 밀양청년회 활동에 큰 기대감을 갖게 만들었다.

1927년 5월 백민 황상규는 밀양 청년운동의 대부 김병환[56]과 함께 밀양군청 이전 반대 대책위 활동을 주도하여 관철시킨다. 군민 다수의 이해와 편리보다 일본인 및 조선인 지주 몇몇의 이익을 위해 군청을 밀양역전으로 이전시키려던 계획을 철회시킨 것이다. 이후 11월엔 밀양농잠학교 동맹휴학 당시 교섭위원으로 활동했고, 밀양공립보통학교 운동장 보수 공사 중 학생 사망 사고가 발생하자 재발 방지와 학교장의 사과문을 받아 내는 등 지역 주민의 요구를 적극 관철시켰다. 나아가 밀양군내 교육 시설과 교육 환경 개선 투쟁 당시 교섭위원으로 활동하며 경남도 교육 당국에 개선 사항을 적극 건의하기도 했다.

이 외에도 밀양여자청년회가 운영한 밀양여자야학 공간 확보에 노력하는 등 밀양지역 사회운동, 청년운동, 교육 계몽운동에 중심적으로 참여하며 활약했다. 또한 열악한 재정난에 허덕이던 중외일보를 항일 민족지로 키워 내려는 안희제의 중외일보 주식회사 전환 운동에 적극 동참하여 중외일보 창립총회에 참석했다.[57] 황상규는 밀양에서 유일하게 중외일보 주식을 사서 항일 언론투쟁에도 적극 동참하는 등 지사적 풍모를 잃지 않았다. 1929년에는 사회 각계 유지를 망라한 조선어 국어사전 편찬회가 조직되는데, 황상규 역시 동참했다.[58]

무엇보다 출옥 이후 황상규의 적극적인 항일독립운동은 신간회 활동에서 찾을 수 있다. 민족주의와 사회주의 계열의 좌우 협동전선체인 신간회 중앙본부가 1927년 2월 출범하자 황상규는 이에 주목한다. 신간회는 1920년대 후반 조선 사회 노동자, 농민, 수공업자, 인텔리겐치아 및 자본가 계급까지 포괄하는 광범위한 민족통일전선체였기 때문이다. 그리하여 1927년 12월 황상규는 신간회 밀양지회장으로 선출돼 총무 간사로 뽑힌 윤세주와 함께 신간회 활동에 열정을 쏟는다. 신간회 밀양지회 창립과 활동의 중심 역시 황상규, 윤세주 등 의열단 출신들이 지도부를 구성했다. 그리하여 밀양은 전국 다른 지역과 달리 신간회 결성이 먼저 이루어지고 청년동맹이 뒤에 결성되었다. 통상적으로 당시 지역 운동의 경향은 청년동맹이 결성되고 이를 기반으로 신간회 조직이 결성되던 추세였다. 그만큼 밀양지역은 의열단의 영향력이 주도적이고 활동적이었다.

황상규가 신간회 밀양지회장으로 선출된 후 불과 며칠 만에 회원 수가 50명에서 130여 명으로 급증한다.[59] 이후 황상규의 신간회 밀양지회는 1인 1구좌 밀양협동조합을 창립한다. 황상규는 1928년 3월 협동조합 창립총회에서 3대 조합장으로, 윤세주가 전무이사로 선임된다. 지역 주민과의 소통, 신뢰와 협력, 그리고 단결의 매개 활동으로 협동조합 활동은 밀양 주민의 소비경제 활동의 편익 증진에 기여한다. 나아가 봉건적인 밀양 유림들이 밀양유림친목회 활동을 시작하고 밀양읍주지密陽邑州誌 간행을 시도하자 신간회 밀양지회는 이를 반反봉건운동 차원에서 일부 혁신유림들과 연대해 반대운동을 주도한다.

1907년 밀양지역 국채보상운동을 주도한 층은 당시 여론 주도층이던 지역 양반 사족 문중들이거나 개명開明 유림들이었다. 오랫동안 그들의 회합장소가 연계소蓮桂所였는데, 신간회 밀양지회가 1928년 초 연계소에 사무실을 설치하면서 밀양지역 민족운동의 중심으로 우뚝 선다. 20세기 초까지 밀양지역 사회운동의 중심은 지역 양반 계층이었다. 그러나 1900년대를 지나면서 근대 사립학교 설립을 주도하는 등 밀양지역 부농층과 향리층의 진출이 두드러진다. 그러다가 1910년대 일합사-풍기광복단-대한광복회 등 항일 비밀결사 활동과 3·1운동의 발발은 밀양지역 여론 주도층에 일대 변화를 가져온다. 1920년대 사상단체 오륙회-밀양청년회 활동-신간회 활동을 통해 성장한 신진 항일세력들은 일제의 식민통치에 비타협적으로 저항하며 밀양지역 여론을 주도한다. 적어도 1920년대 밀양지역의 경우 여론 주도층의 변화에서 봉건지배계층인 사족 향반의 쇠퇴와 신진 항일세력의 진출이라는 뚜렷한 대조를 보여 준다.

1928년 4월 신간회 밀양지회는 밀양지역 현안으로 떠오른 국농소國農沼 소작쟁의 사건 해결을 위해 노력하지만 이렇다 할 성과를 내지 못한다. 의열단 투쟁의 경험을 바탕으로 전투적 열정과 지사적 풍모로 해결할 수 있을 것으로 기대했다. 그렇지만 국농소 소작쟁의 사건을 접하는 황상규, 김병환, 윤치형, 윤세주 등 지도부는 대중운동 노선에 입각해 적극적으로 지도해 내질 못한 채 한계를 드러낸다. 국농소 소작쟁의 사건 자체가 지주와 소작인 간의 분쟁이라기보다 신구 소작인 간의 분쟁으로 그 해결의 접점을 찾기가 어려웠기 때문이다. 이후 신간회 밀양지회는 지역 현안과 전국의 현안에 관심을 보이면서 분주한 움직임을 보였다. 신간회 밀양지회장 황상규 역시 관북 이재민 동포구제회를 조직하고 모금운동과 신간회 제2회 정기대회 사회를 본다. 그리고 신간회 창립 2주년 기념식 거행 후 밤 10~12시까지 진행된 신임 간사회의를 주재한다. 1928년 8월에는 재경 밀양 유학생 친목회, 김해청년동맹, 밀양청년동맹 등과 함께 경남축구대회를 개최하여 동지들 간 친목을 다졌다.[60] 신간회 밀양지회는 밀양학생회와 밀양청년동맹과 함께 밀양 유학생 간담회를 개최[61]하는 등 연일 강행군을 지속했다.

1929년에도 신간회 밀양지회는 교양 강좌 개최와 경북한재구제 모금 음악회를 개최한다. 신간회 밀양지회는 밀양지역 청년·농민·노동·여성운동을 추스르고 지역 부문 운동과 연대하면서 밀양지역 민족운동의 중심 역할을 수행한다. 신간회 중앙본부는 1929년 일제의 탄압으로 전체대회를 개최하지 못하자 대의민주주의 형태인 복대표대회를 개최한다. 황상규는 밀양, 양산, 울산 3개 신간회 지회를 대표하는 1인 복대표로 선출된다. 그리하여 1929년 6월 28~29일 서울 YMCA에서 개최된 복대표대회에 참석한다. 이후 신간회 전형위원으로 선출되고[62] 압도적 득표[63]로 신간회 제2기 중앙집행위원회(위원장 허헌) 서기장에 당선된다. 백민 황상규는 신병을 앓고 있었기에 고문 후유증을 이유로 고사 의사를 밝히지만 받아들여지지 않았다. 그리하여 신간회 2기 집행부 핵심인 허헌과 황상규는 2인 쌍두마차가 되어 신간회를 이끌면서 다가올 광주학생운동 사건(1929년 11월)의 중심에 서게 된다.

백민 황상규는 신간회 중앙본부 중앙집행위원이자 서기장, 서무부장을 겸해 1인 3역을 소화하며 맹활약했다. 또한 140개가 넘는 다양한 색깔의 신간회 지회를 통할해야 할 위치에 있었다. 오늘날 사회운동 단체와 비교할 때 황상규의 직책은 사무총장 내지 사무국장의 직책을 수행한 것이다. 아예 홀로 서울 송현동(광화문 옆 동십자각 근처)에 셋집을 얻어 일에 매진했다. 본부 지방 순회강연에 참여하고 회의 준비와 진행, 기록을 하고, 회의 결과를 지회에 하달하고 지회 요구 사항을 접수해 답변을 주는 등 분주한 일상을 보냈다.

사진 앞줄 오른쪽에서 두 번째 인물이 백민 황상규.
'육탄 혈전으로 조국의 독립을 완수하라'고 절규했던 백민 황상규. 의열단의 의열투쟁은 대한광복회 시절 황상규의 작탄투쟁의 연장선상에서 이해할 수 있다. 실제로 황상규는 의열단 제1차 암살·파괴계획(1920) 당시 국내로 잠입해 식민통치의 심장부인 조선총독부를 폭파할 생각이었다.

1929년 7월에는 일제가 의도적으로 방화한 '갑산 화전민 사건'이 발생하자 신간회는 진상 보고대회를 개최해 일제의 만행을 폭로하고자한다. 신간회 본부는 천도교 기념관에서 김병로, 황상규, 안철수, 이주연을 연사로 초청해 언론 탄압 비평 대연설회를 개최하려 했으나 종로경찰서가 금지한다.[64] 그러자 1929년 8월 5일 신간회 본부 차원에서 제7회 상무위원회를 열어 진상조사와 손해배상, 책임자 처벌 등 5개항에 대해 총독부에 항의하기로 했다.[65] 이후 양일간 열린 신간회 내부토의를 거쳐 황상규는 김병로, 이관용과 함께 총독부 항의 차 3인 항의위원으로 참여[66]하기도 했다. 그 와중에 신간회 밀양지회와 밀양청년동맹 사이에 갈등이 폭발하자 급히 내려가 갈등을 조정하는 등 눈코 뜰 새 없는 나날을 보냈다. 그러다가 1929년 11월 광주학생운동이발발하자 신간회는 적극 진상조사에 나선다. 위원장 허헌, 서기장 황상규, 재무부장 김병로 3인으로 진상조사단을 구성해 11월 5일 광주로 급파된 것이다.

광주로 내려간 황상규 외 조사단은 환영 나온 신간회 나주지회장이자 본부 중앙집행위원인 김창용의 안내로 11월 5일 광주 광양여관에 투숙한다.[67] 그리고 11월 6일과 7일 이틀 동안 광주고보 학부형들을 만나고 광주중학교, 광주고보, 도청, 광주경찰서와 광주지검을 방문했다. 광주중학교 일본인 학생들은 훈방한 반면 조선인 학생만을 신체 구속한 처사에 울분을 토하며 항의했다. 경찰과 검찰을 항의 방문한 뒤 황상규는 허헌 위원장과 함께 광주학생운동의 주동자 장석천을 만나 운동자금 제공과 서울에서도 시위운동을 전개하는 등 향후 계획을 협의했다.[68] 11월 7일 오후 7시 기차로 상경한 뒤 황상규는 제20차 중앙상무위 회의에서 사건 진상을 보고하고, 진상보고서 작성 발표와 광주학생사건을 대하는 일제의 태도를 비판하는 대연설회 개최준비에 돌입한다. 그 와중에 황상규는 11월 20일 서울에서 황태성[69]과 함께 신간회를 찾아온 장석천을 다시 만나 서울의 시위운동을 협의했다.

광주·전남 지역에선 학생맹휴와 시위가 계속되었고, 11월 20일 이후 장석천과 황태성은 15회에 걸쳐 경신학교, 배재고보, 경성 제2고보, 중동학교, 보성고보, 휘문고보 학생들과 만나 시위 참여를 독려했다. 당시 서울지역 학생운동가들은 서울지역에서 학생시위는 현실적으로 어렵다고 난색을 표했다. 그렇지만 광주학생시위를 주도한 장석천이 상경하여 각 학교를 돌며 적극 독려하고 조선학생전위동맹과 조선공산청년회가 주도하면서 12월 2일 격문을 살포하고 시위에 돌입했다.[70] 1929년 12월 5일부터 16일까지 전개된 서울 학생시위는 30개 학교 1만 2,000명이 넘는 학생이 참여했다. 서울 1차 학생시위 이후 1930년 1월 15일부터 18일까지 20여 개 학교 7,000명이 넘는 남녀 학생연합으로 서울 2차 학생시위가 전개된다.

서울 2차 학생시위는 이화여고보, 숙명여고보, 동덕여고보, 배화여고보 등 11개 여학교 전교생 대부분이 참여한다.[71] 이는 서울 1차 시위가 남학생 중심으로 전개된 데 대한 여학생들의 반성의 결과였다. 서울 2차 학생시위를 기획하고 주도한 인물[72]은 김원봉의 두 번째 부인이 된 박차정이다. 박차정은 허정숙과 함께 "대중적 위력으로 민족적 항의를 보여 줌으로써 구속학생을 석방하고 민족적 기치를 들기 위해 시내 각 여학교의 시위를 적극적으로 지도하자"고 결의한다.[73] 그리하여 박차정은 서울 2차 학생시위(일명 근우회 사건) 당시 일신여학교 후배인 이화여고보 기독학생회장 최복순과 접촉하며[74] 서울지역 여학교 대표를 조직한다. 박차정은 2차 서울 학생시위의 배후 인물로 허정숙과 함께 보안법 위반으로 체포돼 극악한 고문을 받았다.[75] 서대문경찰서에서 받은 악형으로 인해 박차정은 석방 후 한 달 동안 누워 지냈다. 평생 임신을 할 수 없을 정도로 육신이 망가진 상태였다.[76] 그 와중에 박차정의 둘째 오빠이자 의열단원인 박문호의 권유로 박차정은 비밀리에 인천을 거쳐 중국 베이징으로 망명한다. 서울 학생 시위 이후 광주학생운동은 전국적인 시위 양상으로 확산된다.[77]

일본 제국주의의 불공평한 처사가 지속되자 광주학생운동은 민족 감정을 자극, '민족 차별교육 철폐', '일본인 교사 축출', '식민지 노예교육 반대'라는 슬로건 아래 전국적으로 확산된다. 급기야 광주학생운동이 전국적인 항일민족운동으로 승화되자 신간회 허헌, 황상규, 한용운 (경성지회장) 집행부는 12월 14일 안국동 네거리에서 민중대회를 개최하기로 결정한다. 그러나 일제의 탄압으로 대회 전날 새벽, 허헌 집행부를 비롯하여 신간회 간부 수십 명이 피검된다. 대회는 무산되고 신간회는 지도부 피검으로 일시 기능이 마비된다. 허헌을 비롯해 조병옥, 홍명희, 이관용, 한용운 등 지도부 대부분이 체포됐지만 황상규와 김병로는 체포를 면했다.

백민 황상규는 이미 1929년 12월 5일 무렵 낙향하여 신병 치료 중이었다. 1930년 3월 무렵에 그는 매우 위독한 상태였다. 광주학생운동을 항일민족운동으로 승화시키기 위한 민중대회 사건 전날 전격 체포돼 투옥 중인 허헌 위원장이 옥중에서 보낸 편지에는 황상규의 병환이 매우 위중한 상태임을 보여 준다.[78] 폐결핵, 복막염이라는 고문 후유증에 시달리면서도 계속되는 비상 상황에서 운동을 멈출 수 없었기 때문이다. 1927년 출소한 지 1년이 안 된 시점에서 밀양 사회운동의 중심으로 성큼 뛰어들었던 황상규였다. 그리고 신간회 밀양지회장의 중책을 맡아 밀양지역 사회운동을 이끌며 민족운동의 중심에 우뚝 섰다. 숨 돌릴 틈도 없이 1929년엔 신간회 중앙본부 중책을 맡아 민족주의 좌파의 맹장으로 맹활약했다. 일제의 탄압이 가중되면서 황상규의 공석과 함께 신간회는 내분에 휩싸인다.

1930년 1월부터 김병로 등 온건 타협 노선의 대행 체제가 지속되었기 때문이다. 공식적으로는 1930년 11월 제3기 신간회 중앙본부가 일제의 삼엄한 감시하에 김병로 체제로 출범한다. 신간회 전체대회가 일제의 탄압으로 개최가 불허되자 차선책으로 중앙집행위원회를 개최한다. 신간회 중앙집행위원 가운데 12명이 수감 중이고 5명이 소재 불명이며 16명만이 참석한 가운데 개최된 중앙집행위 회의는 경찰과 헌병이 출동한 상태[79]에서 집행부가 구성될 정도로 대표성을 상실한다. 더구나 깊은 중병으로 위독한 상태인 황상규가 재차 중앙집행위원으로 선출될 정도로 활동성과 전투성을 상실한 모습이었다. 그러자 신간회 경성지회가 즉각 반발하면서 신간회 해소론이 증폭된 것이다. 본래 신간회 해소론은 신간회 활동기 당시 제기된다.

1928년 코민테른 12월 테제에서 신간회 주도세력에 대해 의혹과 불신을 표명한다. 나아가 코민테른의 산하단체인 프로핀테른(노동조합인터내셔널)은 1930년 9월 테제를 통해 신간회를 민족개량주의 단체로 성격을 규정한다.[80] 특히 제3차 조선공산당의 중심이었던 ML계 사회주의자들에 의해 1930년 4월에 문제를 제기하면서 수면 위로 떠오른다. 현 단계 식민지 조선 혁명의 성격을 부르주아 민주주의 혁명으로 규정하면서 김병로 대행체제인 신간회 중앙본부 구성원들을 반혁명세력으로 규정한 것이다. 민족해방운동의 도상에서 민족개량주의 내지 혁명적 대중의 적으로 규정한 것이다.[81] 백민 황상규의 투병생활로 인해 그 빈자리가 커지기 시작하고, 일제의 탄압이 가중되면서 민족유일당 역할을 자처한 좌우 통일전선체 신간회는 그렇게 해소 운명에 직면한다.

신간회 밀양지회는 1931년 1월 제4회 정기대회에서 공식적으로 신간회 해소론에 반대를 표명한다. 그러나 1910년을 전후해 태어난 밀양지역 청년들은 일찍이 1923년 밀양 소년무적단, 용승단, 역전소년단 활동을 통해 1924년 사회운동단체로서 밀양소년회 활동을 시작한다. 밀양소년회는 사회과학 서적을 통해 이론적으로 무장했고 1930년 밀양지역 청년운동의 중심으로 진입한다. 실제로 1930년 밀양청년동맹은 집행위원을 대폭 교체하는데 한봉삼, 최종득, 안영달, 황룡암, 서명수, 박경수, 윤차암 등이 그들이다.[82] 그들은 밀양 민족운동의 중심세력이었던 밀양공립보통학교 선후배로서 신간회 해소론에 적극 지지의사를 표명한다. 따라서 1930년대 들어서 밀양지역 민족운동의 중심은 황상규, 윤세주 등 의열단 계열이 물러나고 새로운 사회사상으로 이론학습을 거친 밀양소년회 출신들로 이행됨을 목격할 수 있다.

백민 황상규는 낙향하여 투병한 지 1년 9개월이 지난 1931년 9월 2일 밤 자택에서 숨을 거둔다. 의열단 제1차 암살·파괴계획 당시 황상규는 조선인 고등계 경찰 김태석에게 체포된다. 김태석 경부는 황상규를 천장에 매달고 혀를 3촌이나 잡아 빼는 등 초죽음에 이를 정도의 극악한 악형을 가했다.[83] 그러한 극심한 고문후유증이 폐결핵과 복막염으로 악화돼 한창 일할 41세에 운명한다. 6년 동안 옥고를 치르고 출소한 지 1년도 채 안 돼 밀양지역 민족운동의 중심에 우뚝 섰던 백민 황상규! 쉼 없이 민족해방의 한길에서 한 치도 흔들림 없이 자신의 신념대로 뚜벅뚜벅 자신에게 주어진 길을 걸어갔던 위대한 항일독립투사의 죽음 앞에 밀양지역은 깊은 슬픔에 빠졌다.

장례일인 1931년 9월 6일 영결식장이 있던 밀양읍 내이동엔 1만 명이 넘는 조문 행렬로 인산인해를 이루었다. 전국 각지에서 동지들이 운집한 장례식에 경찰은 철옹성 같은 경계[84]를 펼쳤다고 한다. 실제로 조문 행렬이 어느 순간 대중봉기나 시위 행렬로 변할까 봐 일제 경찰은 전전긍긍했다. 밀양경찰서 관내 전 병력을 동원한 것도 모자라 경북도경에 응원병력을 요청할 정도였다. 백민 황상규의 장례가 밀양 13개 사회단체연합장으로 치러졌다. 장례 당일 마산, 김해, 대구, 양산, 진주, 부산 등 경상도 각지로부터 온 수많은 조문과 조전, 만장들로 가득했으며, 영결문 낭독 때 조문객들은 통곡했다. 독립운동의 큰 별이 진 것에 대한 슬픔이자 밀양 출신 독립운동가들의 정신적 지주를 상실한 것에 대한 깊은 슬픔이었다. 장례 이튿날인 1931년 9월 7일 서울 천도교 수운회관에서도 안재홍, 김병로, 권동진 등 100명이 넘는 항일지사들이 참석한 가운데 추도식이 엄숙히 거행되었다.[85]

4. 의열단 단장 김원봉의 스승, 백민 황상규

1910년대 의혈·작탄투쟁을 기도하며 풍기광복단-대한광복회-길림군정사 활동을 수행한 황상규는 의혈·작탄 투쟁의 명맥을 잇는 의열단을 창단·기획한다. 1920년대 전반기 일제의 간담을 서늘하게 만들었던 의열단의 탄생에 황상규의 역할은 지대하다 못해 결정적이었다. 의열단을 머릿속으로 기획하고 산파 역할을 수행한 주체가 백민 황상규였다. 의열단 창단 이후 첫 거사인 제1차 암살·파괴계획에서도 그는 몸소 국내에 침투, 작전 성공을 위해 열정을 쏟았다. 내부 밀고자와 일제 고등계 경찰 김태석의 촉수에 탐지돼 거사일인 1920년 7월 10일을 며칠 앞둔 6월 하순 황상규는 경기도경 고등과 일본인 경찰에 의해 전격 체포된다.

빈한한 농촌 출신으로 어려서 거의 독학으로 새로운 지식을 섭렵했던 황상규. 그는 19살에 밀홍야학교 체육교사와 이후 고명학교, 동화중학교 역사 교사를 하며 교육구국운동에 매진한다. 20대 초반 항일비밀결사 일합사에 가입하고 24살에 풍기광복단-대한광복회 회원이 되어 항일독립운동에 진력한다. 대한광복회 총사령 박상진 등 지도부가 피검돼 처형되고 조직이 노출되자 일경의 수배를 따돌려 1918년 2~3월경 북만주 길림으로 망명길에 오른다. 1919년 길림에서 김좌진과 함께 조선독립군정사-북로군정서를 결성하고 재무책임자로 군자금 수합과 출납을 담당한다. 그리고 자신의 처조카 약산 김원봉으로 하여금 의열단 창단을 지도하고 신흥무관학교를 방문케 하여 의열단원들을 규합하게 한다. 황상규의 20대 시절은 비밀 지하 활동을 통한 의협·작탄 투쟁과 망명, 그리고 다시 무장투쟁으로 점철된다.

제1차 의열단 암살·파괴계획이 실패하고 피검돼 6년의 옥고를 치른다. 출옥 후 백민 황상규는 밀양지역 청년운동과 신간회 밀양지회장이 되어 지역사회 운동의 중심에서 맹활약한다. 일제에 피검돼 30대 전반기를 옥중생활로 보낸 셈이다. 1927년 37세의 나이에 밀양지역 민족운동과 사회운동에 다시 투신한 이후 39세가 되는 1929년 12월 신간회 서기장과 서무부장 활동을 접고 악화된 병고를 안고 낙향한다. 그 뒤 1년 9개월의 투병 생활에도 불구하고 고문 후유증을 이겨 내지 못한 채 쓸쓸히 운명한다. 평소 독립운동을 하다 죽을지언정 집 안에서 평안히 죽지 않겠다던 자신의 예언과 달리 황상규는 41세로 요절한다. 황상규가 운명한 직후 집안에는 일흔이 넘은 노모와 출가한 상녀, 아버지의 대를 이어 항일독립운동에 뛰어든 장남과 6살 된 막내아들을 둔 부인만 남았다. 그리고 가정에 궁핍함을 남겼을 뿐이다.

한국독립운동사에서 대한광복회, 의열단, 북로군정서 및 신간회 활동 등 걸출한 족적을 남긴 인물임에도 한국사 검인정 8종 교과서 어디에도 백민 황상규에 대한 언급이 단 한 줄도 없다. 지조와 신념, 그리고 강직한 풍모를 지닌 선비형 용장으로 한국독립운동사에 큰 획을 그은 인물임에도 대중의 기억 속에서 잊힌 인물이다. 의열단 단장 약산 김원봉의 동화중학교 시절 스승이자 석정 윤세주 등 밀양 출신 독립운동가의 정신적 대부인 백민 황상규의 위상을 오늘날 재조명하는 것은 그런 점에서 역사적 의의가 자못 크다고 할 것이다.

1. 김용직·손병희 편(2004). 『이육사 전집』. 깊은샘, 180쪽.
2. 이병곡(2017). 「해천 문학제」. 『밀양문학』 제30집, 187쪽.
3. 서정매(2012). 「밀양아리랑의 변용과 전승에 관한 연구」. 『한국민요학』 35집, 132-141쪽.
4. 김영범(2013). 『의열단, 민족혁명당, 조선의용대의 영혼, 윤세주』. 역사공간, 206-210쪽.
5. 김덕균(1991). 「윤세주의 항일가요 최후의 결전에 대하여」. 『한국음악사학보』 제7집, 6쪽.
6. 친일인명사전편찬위원회(2009), 『친일인명사전』, 655-656쪽.
　　〈김태석은 한성사범학교 졸업 후 평양보통학교 등 교사를 하다가 교직을 떠나 1912년 함북 웅기경찰서 통역생으로 경찰에 투신한 지 1년 만에 경찰 중견간부인 경부에 올랐다. 이후 경찰 입문 8년 만에 경시로 승진한다. 김태석은 사이토 총독에 폭탄을 던진 강우규 의사를 가가호호 탐문 끝에 체포하여 사형언도를 받게 했던 인물이다.〉
7. 김영범(2017). 「독립운동가 백민 황상규의 생애와 초상」. 『지역과 역사』 제40호, 220쪽.
8. 『동아일보』. 1931. 9. 4.
9. 『조선일보』. 1931. 9. 4.
10. 김영범(1997). 『한국 근대민족운동과 의열단』. 창작과비평사.
11. 채광식(2001). 『소몽 채기중 선생 전기』. 소몽선생숭모회, 92쪽.
12. 김영범(2017). 앞의 논문. 201쪽.
13. 김승(2004). 「한말·일제하 밀양지역 민족운동과 사회운동」. 『지역과 역사』 15호. 208쪽.
14. 김승학(1970). 『한국독립사(하)』. 독립문화사, 205쪽.
15. 平安南道 警務部(1918). 「國權恢復ヲ標榜スル秘密結社發見處分ノ件」. 『不逞團關係雜件朝鮮人ノ部在內地』. 1918. 4. 8.
16. http://db.history.go.kr
17. 조동걸(1983). 「대한광복회의 결성과 그 선행 조직」. 『한국학논총』 5권. 국민대 한국학연구소, 107쪽.
18. 조동걸(1983). 앞의 논문, 116쪽.
19. 한국민족운동연구소(1971), 『독립운동공훈사』, 137쪽.
20. 권대웅(2002). 「대한광복회의 조직과 활동」. 『대한광복회와 1910년대 독립운동』. 대구 경북지역 독립운동사 연구발표회, 23쪽.
21. 조동걸(2010). 「한국독립운동사 총설」. 『우사(于史) 조동걸 전집』, 107쪽.
22. 태지호 외(2016). 「지역 역사 인물의 문화콘텐츠 기획에 관한 연구」. 『문화정책논

총』 30(1), 255쪽.

23. 조동걸(1983). 앞의 논문. 120쪽.

24. 이성우(2002). 「대한광복회와 만주」. 『대한광복회와 1910년대 독립운동』. 대구경북지역 독립운동사 발표회, 47쪽.

25. 조동걸(1981). 「신한총 건설과 대한광복회」. 『나라사랑』 41호. 외솔회. 53쪽.

26. 이성우(2000). 「대한광복회 충청도 지부의 결성과 활동」. 『한국근현대사연구』 12집, 59쪽.

27. 이성우(2003). 「주비단의 조직과 활동」. 『한국근현대사연구』 제25집, 329쪽.

28. 이성우(2015). 「광복회 연구 쟁점과 관련자료의 성격」. 『한국근현대사연구』 74집, 270쪽.

29. 조동걸(2010). 「독립군 전투사」. 『우사(于史) 조동걸 전집』, 27쪽.

30. 김영범(2017). 앞의 논문, 209쪽.

31. 조동걸(2010). 「3·1운동의 역사」. 『우사(于史) 조동걸 전집』. 역사공간, 28-29쪽.

32. 천화숙(1992). 「의열단 성립과 인물 중심으로 본 제(諸) 창단설」. 『인문논총』 제1권, 280쪽.

33. 김영범(2015). 「황상규: 육탄혈전으로 조국의 독립을 완성하라」. 『순국』 통권 288호, 42쪽.

34. 이동언(2011). 「서일의 생애와 항일무장투쟁」. 『한국독립운동사연구』 38집, 47-48쪽.

35. 김영범(2017). 앞의 논문, 211-213쪽.

36. 김영범(1992). 「의열단 창립과 초기 노선에 대하여」. 『한국학보』 제69집, 160쪽.

37. 김삼웅(2008). 『약산 김원봉 평전』. 시대의 창. 64-67쪽.

38. 김영범(2017). 앞의 논문, 214쪽.

39. 윤치형(1963). 「서훈공적조서」. 김영범(2017). 앞의 논문, 214쪽에서 재인용.

40. 김영범(2017). 앞의 논문, 215쪽.

41. 천화숙(1992). 앞의 논문, 267쪽.

42. 박태원(2000). 『약산과 의열단』. 깊은샘, 33쪽.

43. 『조선일보』. 1931. 9. 5.

44. 『조선일보』. 1931. 9. 4.

45. 『조선일보』. 1931. 9. 5.

46. 김삼웅(2008). 앞의 책. 44쪽.

47. 전성현(2011). 「일제강점기 경남지역의 의열투쟁과 지역성: 1920년대 초 의열단의 활동을 중심으로」. 『한국독립운동사연구』 제38집, 118쪽.

48. 『高等警察要史』. 1920. 7. 31.

49. 박태원(2000). 앞의 책. 47쪽.

50. 이종범(1970). 『의열단 부장 이종암전』. 광복회, 279-283쪽.

51. 『동아일보』. 1926. 10. 18.

52. 김승(2004). 앞의 논문, 212쪽.

53. 『자유신문』. 1949. 6. 15.

54. 의열단원 김기득은 1920년 9월 의열단원 박재혁 열사의 하시모토 '부산경찰서장 폭살 사건' 당시 공범으로 체포돼 극심한 고문을 받았던 인물이다. 의열단 제1차

암살·파괴(1920) 당시 윤세주와 함께 서울에서 피검돼 옥고를 치렀다.

55. 『시대일보』. 1926. 4. 25.

　『동아일보』. 1926. 4. 25에서는 김기득이 아니라 김태희와 함께 만기 출옥한다고 기사화돼 있다.

56. 김병환은 밀양 청년운동뿐만 아니라 밀양지역 사회 운동의 중심적인 역할을 수행하였다. 독립운동의 연락 거점인 미곡상을 운영하면서 밀양 3·1만세운동 주도, 밀양구락부장, 의열단 거사 참여, 밀양 사상단체 오륙회 조직, 밀양군청 이전 반대 대책위원, 신간회 밀양지회 부회장, 밀양차가인동맹 집행위원장으로 활동하는 등 밀양지역 사회운동의 거목이었다. 그런 연유로 해방 직후 밀양군 인민위원장으로 추대된다.

57. 京鍾警高秘 제15854호(1928. 11. 24). 「주식회사 중외일보 창립 총회의 건」. 『사상문제에 관한 조사서류 5』.

58. 『신한민보』. 1929. 11. 28.

59. 『동아일보』. 1927. 12. 22.

60. 『중외일보』. 1929. 8. 23.

61. 『중외일보』. 1929. 8. 24.

62. 京鍾警高秘 제8559호의 3(1929. 6. 30). 「신간회 대표위원회의 건」. 『사상문제에 관한 조사서류 7』.

63. 김영범(2017). 앞의 논문, 234쪽.

　〈37인 위원의 무기명 투표 결과 황상규(23표), 김병로(12표), 조만식(1표), 김항규(1표)로 압도적이었다. 서기장은 신간회 제1기 부회장의 지위에 해당한다.〉

64. 『동아일보』. 1929. 8. 4~5.

65. 『동아일보』. 1929. 8. 9.

66. 『신한민보』. 1929. 9. 5.

67. 「김창용 신문조서」(제2회). 『한민족 독립운동사 자료집』 제50권. 한국사데이터베이스 재인용.

68. 「장석천 신문조서」(제4회). 『한민족 독립운동사 자료집』 제50권. 한국사데이터베이스 재인용.

69. 황태성은 박정희의 친형 박상희의 절친으로 항일독립지사이다. 박상희 역시 항일독립지사로 황태성, 박상희는 박정희가 존경했던 인물이다. 그러나 5·16 군사 쿠데타 직후 김일성의 특사로 내려온 황태성을 박정희는 처형한다.

70. 김성민(2003). 「광주학생운동의 확산과 서울지역 시위의 성격」. 『한국독립운동사연구』 제20집, 225-228쪽.

71. 김경일(1993). 「경성시내 여학생 만세소요사건」. 『한국민족해방운동사자료집』 제10집, 388-389쪽.

72. 강대민(1996). 「박차정의 생애와 민족해방운동」. 『문화전통논집』 제4집. 경성대 향토문화연구소, 7쪽.

73. 강영심(2003). 「항일운동가 박차정의 생애와 투쟁」. 『여성이론』 제8권, 209쪽.

74. 김성민(2003). 앞의 논문, 232쪽.

75. 이송희(1996). 「박차정 여사의 삶과 투쟁」. 『지역과 역사』 제1집. 부경역사연구소, 99쪽.

76. 김승수(2015). 「총을 든 여자독립군 박차정 의사의 생가를 가다」. 『CIVIC news』. 2015. 8. 12.
77. 김성민(2009). 「광주학생운동의 전국적 양상과 이념」. 『한국독립운동사연구』 제 32집, 222-242쪽.
78. 허헌(1930). 「在獄巨頭의 最近 書翰集」. 『삼천리』 제9호.
79. 『동아일보』. 1930. 11. 11.
80. 박한용(2000). 「1930년대 혁명적 노동조합운동」. 『진보평론』 제5호, 365, 370쪽.
81. 김인식(1991). 「신간회 운동기 ML계의 부르주아 민주주의 혁명론」. 『중앙사론』 7 집. 142쪽
82. 황룡암은 황상규의 장남으로 일찍이 사회운동에 뛰어들었고, 해방 직후 여운형의 건국준비위원회가 출범하자 황용암은 건준 밀양지회를 창립하였으며, 해방 후 김원 봉의 비서로 활약했다. 안영달은 백산 안희제의 아들이라는 증언이 있다. 윤차암은 윤세주의 장조카로 밀양소년단 단장을 역임했다.
83. http://db.history.go.kr 「반민특위 재판 김태석 사건 단기 4282년 特刑 제5호」 황옥의 증언.
84. 『동아일보』. 1931. 9. 9.
85. 『동아일보』. 1931. 9. 10.

4.

항일전선의 고결한 영혼, 석정 윤세주

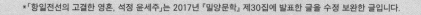

*「항일전선의 고결한 영혼, 석정 윤세주」는 2017년 『밀양문학』 제30집에 발표한 글을 수정 보완한 글입니다.

1. 「청포도」의 항일 혁명시인이 바라던 손님, 윤세주

육사는 시 「광야」에서 "…지금 눈 내리고 매화 향기 홀로 아득하니 내 여기 가난한 노래의 씨를 뿌려라. 다시 천고의 뒤에 백마 타고 오는 초인이 있어 이 광야에서 목 놓아 부르게 하리라"며 '백마 타고 오는 초인'을 노래한다. 여기서 천고의 뒤에 '백마 타고 오는 초인'은 육사가 만주 전투지구에서 만난 허형식 장군을 가리킨다.[1] 허형식은 육사의 외당숙이자 1930년대 항일무장투쟁의 백미인 동북항일연군 제3로군 참모장이다. 30년대 항일무장투쟁에서 일제 관동군이 양정우, 조상지와 함께 허형식을 독립운동의 거물로 취급했던 인물이다.

마찬가지로 육사는 시 「청포도」에서 "…내가 바라는 손님은 고달픈 몸으로 청포를 입고 찾아온다…"고 노래했다. 항일 혁명시인 이육사가 그토록 바라던 '고달픈 몸으로 청포를 입고 찾아오는 손님'은 누구일까? 17번의 투옥과 매일같이 대나무로 훑듯이 잔혹한 고문으로 피에 젖은 옷가지를 받아 내던 이육사. 일본 영사관 감옥에서 온몸이 피로 낭자한 채 두 눈 부릅뜨고 순국한 이육사가 "내가 그를 맞아 이 포도를 따 먹으면 두 손은 함뿍 적셔도 좋으련…"이라고 노래한 '고달픈 손님'은 과연 누구일까?

최근 도진순 교수는 '청포를 입고 고달픈 몸으로 찾아오는 손님'이 혁명가의 이미지를 상징한다고 봤을 때 석정 윤세주일 가능성이 크다고 분석적으로 논구한 적이 있다. 적어도 육사의 「청포도」가 민족해방을 위한 투쟁에서 석정 윤세주로 대표되는 혁명가, 바로 '해방전선의 귀한 손님을 위한 향연'을 노래한 것임을 부인할 수 없다는 해석이다.[2]

이육사와 윤세주는 시공간적으로 활동무대가 비슷했다. 육사가 대구에서 청년운동을 할 때 석정은 밀양에서 밀양청년회 활동을 하였고, 둘 다 중외일보 기자로서 언론 활동을 했다. 의열단 단원이자 1932년 난징 교외에 설립된 의열단 군관학교 '조선혁명군사정치간부학교' 제1기생으로 함께 활동한 것도 그러하다. 실제로 육사에게 의열단장 김원봉을 소개하고 조선혁명군사정치간부학교 입교를 권유한 인물이 석정 윤세주이다.[3] 물론 펑티엔(봉천)에서 윤세주를 만난 이후 육사는 베이징(북경)에 머문 적이 있었다. 베이징 체류 당시 육사는 윤세주를 만난 것 이외에 의열단 북경 책임자인 김시현도 만났다. 의열단의 제2차 암살·파괴계획(일명 황옥 경부 사건)을 소재로 한 영화 『밀정』 2016에서 김우진 역(영화배우 공유)의 바로 그 인물이다. 육사와 같은 안동 출신인 김시현은 베이징 지역에서 한인 청년들을 모집하는 의열단 책임자였기에 육사와의 만남과 입교 권유는 특별히 남달랐을 것이다.[4]

육사는 수필 『연인기』에서 석정 윤세주를 '목숨만큼 소중한 친구'로 묘사한 적이 있다. 육사가 1933년 조선혁명군사정치간부학교를 졸업하고 국내 침투 공작을 위해 상해에 머물던 시절의 이야기이다. 석정 윤세주와 작별을 아쉬워하고 '평생 잊지 못할 하루를 기념'하면서 마지막 만찬을 나누는 장면이 이렇게 묘사돼 있다.

"그 뒤 나는 상해上海를 떠나서 조선으로 돌아오게 되었고, 언제 다시 만날는지도 모르는 길이라 그곳의 몇몇 문우들과 특별히 친한 관계에 있는 몇 사람이 모여 그야말로 최후의 만찬을 같이하게 되었는데, 그중 S에게는 나로부터 무엇이나 기념품을 주고 와야 할 처지였다. 금품을 준다 해도 받지도 않으려니와 진정을 고백하면 그때 나에게 금품의 여유란 별로 없었고, 꼭 목숨 이외에 사랑하는 물품이라야만 예의에 어그러지지 않을 경우이라 나는 하는 수 없이 그 귀여운 비취인 한 면에다 '贈 S, 1933. 9. 10. 陸史'라고 새겨서 내 평생에 잊지 못할 하루를 기념하고 이 땅으로 돌아왔다."[5]

난징 골동품점에서 우연히 구입한 비취인장을 육사는 애지중지했고 매우 소중히 간직했다. 육사에게는 '목숨 이외에 사랑하는 물품'에 상응한 비취인장을 자신의 절친 윤세주에게 징표로 주었다. '贈 S'에서 S는 윤세주의 호 '석정'의 이니셜임엔 이론의 여지가 없기 때문이다.[6] 이육사에게 윤세주는 정신적으로 그리고 정서적으로 긴밀한 유대 관계에 놓여 있었음에 틀림없다. 의열단이라는 항일 비밀결사 활동이나 지하공작 활동으로 점철된 신산한 삶이 육사의 시 작품 속에서 자주 발견되는 점이 이를 방증한다.

육사의 「노정기路程記」[1937]라는 작품은 일본 제국주의 식민통치라는 엄혹한 시절 국내 침투 공작 및 비밀 지하활동을 배경으로 한 내용이다.

'목숨이란 마-치 깨어진 뱃조각', '남들은 기뻤다는 젊은 날이었건만/밤마다 내 꿈은 서해를 밀항하는 정크와 같아/소금에

쩔고 조수潮水에 부풀어 올랐다/(중략) 쫓기는 마음! 지친 몸이길래/그리운 지평선을 한숨에 기어오르면'(이하 생략).

긴장과 불안의 연속이자 절체절명의 시대인식 속에서 쫓기는 삶을 형상화한 대목으로 항일 혁명시인의 신산한 삶을 집약적으로 표현한 대표작이다.[7] 그런데 육사 자신 못지않게 아니 그 이상으로 화북지방에서 치열하게 무장투쟁을 전개하고 있던 윤세주를 생각하며 읊은 한시 작품『주난흥여酒暖興餘』또한 그러한 소회를 담고 있다.『주난흥여』는 28자의 짧은 7언 절구의 작품이다.

酒氣詩情兩樣, 斗牛初轉月盛欄, 天涯萬里知音在, 老石晴霞使我寒.

여기서 마지막 결구에 나오는 '老石'은 '늙은 돌, 이끼 낀 돌, 늙은 바위'로 해석한 것이 기존의 태도이다. 최근 도진순 교수의 연구에서 '老石'은 그런 뜻이 아니라 앞 구절 '天涯萬里知音在'의 '知音'과 연결된 표현으로 보았다. 즉 '老石'의 '老'는 오래된 친구나 존경하는 벗에게 붙이는 접두사이고 '老石'의 '石'은 석정石正 윤세주를 가리킨다.[8] 따라서 이 한시 작품은 1940년대 초 한글로 작품을 발표하지 못하게 했던 가혹한 식민지 현실 속에서 자신의 감정을 한시를 통해 우회적으로 드러낸 작품이다. 육사가 신석초 등 시우들과 술자리 속에 읊은 『주난흥여』는 1차 시회를 마치고 주연 자리를 옮겨 밤하늘 별을 바라보며 읊은 작품이다.

천애만리 멀리 떨어진 중국 화북지방에서 치열하게 무장투쟁을 벌인 '목숨처럼 소중한 친구' 석정 윤세주를 생각하며 읊은 작품이기 때문이다. 내용인즉 초여름 밤하늘 빛나는 별을 보니 이역만리 멀리 떨어진 중국 화북지방에서 목숨 걸고 일본군과 치열하게 무장투쟁을 벌이는 오랜 친구 석정石正 윤세주가 생각나고 그의 평소 '맑고 곧은 기상晴霞'을 생각하니 '술이 확 깨고 정신이 번쩍 들었다使我寒'[9]는 소회를 읊은 것이다. 도진순 교수는 육사 모친 허길의 별세와 1942~1943년 별자리 분석을 통해 기존 연구자의 통설인 1943년 작품이 아니라 1942년 6월 하지 전후에 나온 작품이라고 주장한다. 도 교수의 주장이 맞는다면 육사가 『주난흥여』를 읊으며 자신의 소회를 밝힐 당시 석정 윤세주는 이미 순국한 뒤였다. 1942년 5월 일제 관동군 40만 대군의 소탕전에 맞서 석정 윤세주는 타이항산 반反소탕전에서 6월 초 장렬히 전사했기 때문이다.[10]

육사가 1940년 7월 『인문평론』에 발표한 「교목喬木」을 음미하면 절대 극한의 환경 속에서도 시인 자신의 혁명 의지를 굽힐 줄 모르는 강인함과 견고함[11]으로 표현하고 있다. 육사의 표현대로 금강심이 묻어나는 정감을 주기 때문이다. 「교목」은 민족과 운명을 함께하려는 항일지사의 꺾일 줄 모르는 정신을 드러낸 것으로 이 작품 역시 절친 석정 윤세주를 생각하며 그에게 바친 작품이다.

　　푸른 하늘에 닿을 듯이 / 세월에 불타고 우뚝 남아 서서 / 차라리 봄도 꽃피진 말아라 / 낡은 거미집 휘두르고 / 끝없는 꿈길에 혼자 설레이는 / 마음은 아예 뉘우침 아니리 / 검은 그림자 쓸쓸하면 / 마침내 호수 속 깊이 거꾸러져 / 차마 바람도 흔들진 못해라 -SS에게

여기서 'SS'는 육사와 깊은 정신적 유대관계를 맺은 석정 윤세주를

석정 윤세주의 절친이자 항일 혁명시인 이육사.

의열단원이자 항일 혁명시인 이육사는 윤세주를 자신의 목숨만큼 소중한 친구로 묘사했다. 이육사는 윤세주와 함께 의열단 군관학교인 조선혁명군사정치간부학교 1기생으로 입교해 훈련을 받았다.

가리킨다.[12] 21세기 오늘날 석정 윤세주는 검인정 고교 한국사 교과서에 극히 지엽적으로 소개될 뿐 본문 내용으로 다루지 않는 인물이다.[13] 조선의용대(군) 역시 1990년대 후반부터 한국사 교과서에 몇 줄 소개되기 시작했을 뿐 석정 윤세주에 대한 언급은 전무하거나 미미한 실정이다.

어린 시절 석정 윤세주는 밀양이 낳은 항일전선의 뛰어난 인물 전홍표 동화중학교 교장 선생님에게 정신적으로 깊은 감화를 받았다. 의열단장 김원봉, 밀양경찰서에 폭탄을 던진 최수봉을 비롯해 김소지, 박소종, 정동찬 등 밀양 출신 독립운동가들 상당수가 전홍표 교장으로부터 가르침을 받은 동화중학교 출신들이다.[14] 실제로 의열단 창단 멤버 13명 가운데 김원봉, 윤세주, 한봉근, 한봉인, 김상윤 5명이 동화중학교 출신들이다.[15]

1919년 3월 12일 밀양 장날 단상에 올라 수천 명이 모인 만세시위를 주도한 인물이 석정 윤세주이다. 나아가 의열단 고문으로서 의열단 창단과정에서 약산 김원봉에게 지대한 영향을 미친 인물이 백민 황상규인데, 황상규는 안동 못지않은 경북지방 독립운동의 메카인 밀양 출신 독립지사들의 정신적 지주이자 멘토였다. 의열단원이었던 김원봉, 김상윤, 최수봉, 윤세주가 동화중학교 시절 그의 제자들이었다.[16] 그런 황상규가 신간회 밀양지회장이었을 당시 총무간사로서 그를 도와 신간회 밀양지회 활동을 열정적으로 이끌었던 걸출한 독립운동가가 바로 석정 윤세주이다.

또한 석정 윤세주는 1919년 의열단 창단 멤버로서 최연소 참여자이기도 했다. 그는 같은 밀양 출신인 의열단장 약산 김원봉의 오른팔이었다. 약산과는 '동전의 양면'[17]과도 같았고 '입과 입술의 관계'[18]처럼 최측근으로서 1930년대 민족혁명당과 조선의용대의 탁월한 이론가였다. 1930년대 중반 반反파시스트 통일전선이라는 세계정세와 시대정신을 먼저 읽고 향후 조선독립운동의 전략과 운동노선을 고민했던 적극적인 통일전선론자이자 실천적 투사였다. 따라서 치열하게 항일전선의 한길을 걸어갔던 조선독립운동의 빛나는 별이자 고결한 영혼, 석정 윤세주의 삶을 오늘날 다시 회상하고 널리 확산시키는 것은 그 의의 또한 크다고 할 수 있다.

2. 19살 최연소 의열단원 윤세주

경남지역 3·1만세시위의 출발점은 밀양 장날인 3·13 만세운동으로부터 시작한다. 3·13 밀양 만세운동을 최초로 주도한 인물은 석정 윤세주이다. 그는 종형제 윤치형과 함께 고종 황제의 인산일에 참여 차 서울에 들렀다가 3·1만세시위 현장을 환희와 감격 속에 생생히 목격한다. 윤세주는 고향으로 돌아와 자신이 느꼈던 희열과 흥분을 스승인 전홍표를 찾아가 전했다. 그 자리에서 윤세주는 서울 만세시위의 생생한 현장을 격정적으로 전하면서 밀양에서도 만세운동을 일으켜야 한다고 역설했다. 이후 윤세주는 전홍표 교장의 조언을 받아 밀양 청년회 활동을 이끌었던 김병환, 이장수, 정동찬, 정동준, 박만수, 지종관, 김상이, 김소지, 박상오, 윤치열 등 19명의 동지들과 비밀리에 거사를 준비한다.

야밤을 틈타 밀양 면사무소에 몰래 들어가 등사판을 훔쳐 칠흑같이 어두운 밤에 산속으로 들어갔다. 불빛이 새 나가지 않도록 병풍을 둘러친 뒤 독립선언서와 태극기 수백 장을 인쇄하여 윤세주의 집에 숨겨 두었다. 드디어 3·13 밀양 장날, 오후 1시 30분쯤[19] 장꾼으로 위장한 밀양 청년 동지들이 수천 명에 이르는 군중 속으로 파고 들어갔다. 밀양 청년 동지들이 '조선독립만세'라고 쓴 대형 만장을 군중 속에서 높이 드리우는 순간, 윤세주는 단상으로 쏜살같이 뛰어올랐다.[20] 그는 독립선언서를 격정적으로 낭독하고 두 손에 태극기를 움켜쥔 채 '조선독립만세'를 힘차게 선창하였다. 그러자 밀양 장터에 모인 수많은 군중들이 따라서 '조선독립만세'를 외치며 행진 대오가 형성되었다. 순식간에 시위 대오는 거대한 파도가 되어 우레와 같은 함성으로 '조선독립만세'를 외치며 밀양읍내로 시위행진에 돌입했다. 당일 밀양 경찰과 헌병들은 총칼로 위협해 보았지만 중과부적이었다.

크게 당황한 일제는 부산헌병대와 수비대에 급전을 보내 지원을 요청했다. 지원 병력이 도착하자 일제 헌병 경찰은 총칼을 앞세워 총을 쏘면서 무자비하게 탄압, 검거했다. 3·13 밀양 장날 시위는 오후 5시에 강제 해산당했고, 시위 주동자 색출에 나선 일제는 저녁 9시경 주동자 7명을 체포하였다.[21] 석정 윤세주는 그날 시위를 주도했음에도 다행히 피검을 모면했다. 석정의 나이 19살! 너무 어린 나이였기에 일본 경찰들은 그를 시위 주동자라고 전혀 생각하지 못했다.[22]

3·13 밀양 장날 시위를 시작으로 밀양 공립보통학교 학생들의 시위(3/14), 밀양 유림들의 만세시위(3/15), 밀양읍 군중 수만 명이 참여한 시위(3/20), 밀양 표충사 스님들의 만세시위(4/4) 등 밀양 만세운동은 4월 이후까지 이어졌다. 특히 4월 7일 밀양 장날 시위는 매우 격

렬했다. 3,000명이 넘는 밀양 군중 시위를 진압하는 과정에서 10명이 넘는 사상자와 364명이 일제에 피검되었을 정도였다. 시위대는 보안법 위반으로 처벌받았는데 밀양 관내 주민이 압도적으로 많았다.[23] 밀양 만세시위의 물꼬를 트고 만세시위를 선도적으로 이끌었던 윤세주는 종형제 윤치형과 함께 가장 높은 형량인 1년 6개월을 언도받았다. 1919년 4월 14일 부산지방법원 밀양지청에서 열린 궐석재판이었다. 이미 윤세주는 체포를 피해 일제의 삼엄한 검거망을 뚫고 만주 길림으로 탈출한 뒤였다. 망명 당시 석정 윤세주의 나이는 만 19살이었다.

1919년 11월 9일 밤 만주 길림성 파호문 밖 평화로 57번지 중국인 반潘씨의 집에 13명의 조선청년들이 모였다. 김원봉이 제시한 13명은 다음과 같다.[24] 김원봉, 윤세주(일명 윤소룡), 이성우, 곽경(일명 곽재기), 강세우, 이종암(일명 양건호), 한봉근, 한봉인, 김상윤(일명 김옥, 김상옥), 신철휴, 배동선(일명 배중세), 서상락 외 1명.[25] 이름만 들어도 공포와 전율로 일제의 간담을 서늘하게 만들었던 1920년대 의열투쟁의 선봉 조선의열단이 탄생되는 순간이었다.

강세우, 권준, 김원봉, 윤세주, 이성우, 이종암, 한봉근, 한봉인, 김상윤 등 신흥무관학교 출신들을 중심축으로 하고, 서상락, 배중세, 신철휴 등 경상지역 출신들이 의열단의 핵심이었다.[26] 13명의 창단 멤버 가운데 김원봉, 윤세주, 이성우, 한봉근, 한봉인, 김상윤 등 무려 6명이 밀양 출신으로 압도적이다. 이들은 밤새워 토론 끝에 11월 10일 바로 그 자리에서 공약 10조와 7가살七可殺, 5파괴伍破壞를 결정하였다. 물론 공약과 7가살, 5파괴의 초안을 잡은 사람은 약산 김원봉이다.[27] 공약 가운데는 (제2조) '조선의 독립과 세계의 평등을 위하여 신명身命을 희생하기로' 한 내용이 들어 있다. 또한 마땅히 죽여야 할 7가살 가운데는 조선총독부 이하 고관과 일본군 수뇌, 매국노, 친일파 거두, 적탐敵

探 곧 밀정을 표적으로 겨냥했다. 파괴해야 할 일제 식민통치 기구로는 식민통치의 심장부인 조선총독부를 제일 첫 번째로 꼽았다. 다음으로 수탈기구인 동양척식회사, 그리고 총독부 기관지인 매일신보사와 일제 중요기관과 경찰서를 파괴해야 할 목표물로 설정했다.

초대 의열단 맏형 격인 의백義伯, 곧 의열단장은 약산 김원봉이 추대되었다. 김원봉의 동화중학교 스승이자 고모부인 백민 황상규가 초대 의열단장이라는 주장[28]도 있지만 전문연구자들은 약산 김원봉이 초대 의열단장이라는 데 무게를 두고 있다.[29] 기존 통설은 김원봉의 증언을 토대로 해방 직후 출간된 월북 작가 박태원의 『약산과 의열단』에 기초해 초대 의열단장으로 김원봉이 널리 회자되어 왔다.[30]

그런데 의열단의 산파역은 백민 황상규이고 그의 지도와 지시를 받고 처조카인 김원봉이 창단 동지들을 규합했다는 학설이 제기되었다. 의열단 창립 기획은 황상규이고 김원봉은 황상규의 '조수'였다고 보는 분석적 연구가 최근에 나왔다. 김영범 교수(대구대 사회학과)는 아울러 다양한 자료를 제시하며 의열단 창단 당시 창단 멤버는 13명이 아니라 10명이었다는 주장도 함께 제기했다. 항일운동의 고참 경력자인 황상규, 배중세, 이일몽, 윤치형이 2선으로 물러서고 황상규가 의열단 단장 직을 고사했다는 주장이다. 다시 말해 의열단이라는 '신생 결사대 기풍에 맞는 신흥무관학교 출신 단원', 김원봉이 의열단 지도자로 적합하다며 황상규의 천거를 받았다는 해석이다.[31]

의열단의 명칭 역시 김원봉의 작품이다. 공약 10조 가운데 '천하의 정의正義의 사事를 맹렬히 실행하기로 한다'(제1조)에서 정의의 '의義'와 맹렬의 '열烈'을 취해서 의열단이라 명명했기 때문이다.[32] 의열단은 수영, 테니스 등 운동을 통해 항상 최상의 컨디션을 유지하였고 매일 사격연습을 했다. 한마디로 죽음을 앞두고 특별한 신도처럼 생활하였다. 젊은이들은 독서도 하고 쾌활함 속에 자신에게 맡겨진 특별한 임무 수행에 알맞은 심리상태를 유지하기 위해 오락도 했다. 의열단원의 생활은 명랑함과 심각함이 기묘하게 혼합된 것이었다. 스포티한 멋진 양복을 입었고 머리를 잘 손질했으며 때로는 결벽할 정도로 말쑥하게 차려 입었다. 사진 찍기를 좋아했고 프랑스 공원을 산책하는 것을 즐겼으며 생명이 지속되는 한 열정적으로 살았다.[33]

의열단 창단 당시 석정 윤세주는 가장 나이가 어렸다. 의열단 제1차 암살·파괴계획1920 당시 윤세주는 19살이었지만 수창手槍과 폭탄을 휴대하고 국내에 침투해 파괴공작을 용감하게 자원한다. 의열단 선배 동지들이 걱정 반 우려 섞인 목소리로 만류하자 석정 윤세주는 다음과 같이 단호하게 잘라 말했다.

> "나는 다른 사람보다 더 묘한 방법으로 적탐敵探의 주의를 능히 피면避免할 수 있고, 만일 불행히 피포被捕된다 하더라도 나는 의지가 견결하므로 우리의 비밀을 누설하지 아니하겠다."[34]

윤세주는 제1차 암살·파괴계획의 실패로 체포돼 일제의 간악한 고문을 받았다. 피검 순간부터 고문수사가 끝나는 날까지 시종 함구한 채 한마디 말도 하지 않았기에 의열단원 누구보다 고초가 극심했다. 1심 재판에서 일본인 판사가 8년형을 언도하자 윤세주는 법정이 떠나갈 듯한 웅변조로 판사를 향해 폭포수처럼 준열하게 경고했다.

> "우리의 제1차 계획은 불행히도 파괴되고 무수한 동지들이 피포, 판죄判罪되었지만 피포되지 않은 우리의 동지들은 도처에 있으니 반드시 강도 왜적을 섬멸하고 우리의 최후 목적을 달도達

到할 날이 있을 것이다."[35]

감옥생활 동안에도 윤세주는 매일 아침 일본인 간수에게 경례하는 것을 거부했다. 성품이 천성적으로 온화하고 조용하며 관용적이었지만 불의에 굴하지 않는 강직한 성품 탓에 서대문형무소 감옥 규칙에 철저히 저항하며 오히려 일인 간수들을 제압했다.[36] 그럼에도 윤세주는 수형생활 동안 절도, 강도, 살인죄로 들어온 조선인 죄수들을 무한한 동포애로 따뜻하게 감싸 안았고, 쉼 없이 교육함으로써 그들의 삶을 변화시켰다. 윤세주가 형기를 마치고 1927년 출옥했을 때 죄수들 가운데는 멀리서 그를 찾아와 혁명공작에 참가한 사람이 적지 않았다고 「석정 동지 약사」에서 김원봉은 밝히고 있다.[37] 석정 윤세주는 수형생활을 마치고 출옥 후 가까운 친지들에게 식민지 감옥의 실상을 다음과 같이 들려준 적이 있다.

"옥중 실상을 보고 민족의 비애를 느꼈다. 옆에는 변기를 두고 곰팡내 나는 묵은 조밥에 냄새 나는 콩을 섞어 주는 밥이 역겨워 못 먹으면, 뒤에 들어온 죄수는 그것도 모자라서 서로 더 먹겠다고 아우성이어서 순식간에 없어지더라."[38]

윤세주에겐 선고공판에서 징역 7년이 언도되었는데, 윤세주는 항소하지 않고 원심 판결대로 수형생활을 했다. 그는 수형생활 동안 스스로 꾸준히 학습을 했다. 7년의 복역 기간 동안 윤세주는 와세다 대학 통신강의록을 구독하여 독학했었다. 독학을 통해 자신의 세계관과 선진 지식의 확충, 그리고 민족주의 이론을 확립했다.[39] 윤세주에게 수형생활은 갖은 악형과 고문 속에서도 항일혁명을 실천하는 독립지사로서 더욱 자신을 견고하게 그리고 보석처럼 단련시킨 소중한 시간이었다.

의열단의 제1차 암살·파괴계획[1920]이 실패로 돌아간 원인은 삼엄한 일제 감시망을 뚫고 무기와 탄약을 국경을 넘어 밀반입하는 어려움과 운동자금의 부족에서 찾기도 한다.[40] 하지만 의열단과 관련이 있는 인물 주변의 내부 밀고자 내지 수없이 새끼를 치는 밀정과 그 끄나풀들 때문일 수 있다. 그들은 단돈 2원, 3원 또는 5원에 염탐한 사실을 일제에 넘겨주는 인간 말종들이자 동족의 피를 빨아먹는 흡혈귀이다.[41] 그리고 무엇보다 의열단 활동이 실패로 돌아간 중요한 요인으로는 김태석 경부(경기도 경찰부), 김덕기 경부(평안북도 경찰부), 최석현 경부(경상북도 경찰부) 등 석정 윤세주를 비롯해 다수의 의열단원들을 체포하는 데 혈안이 된 악질 조선인 친일 경찰과 관련이 깊다.

제1차 암살·파괴를 위해 국내 책임자이자 부단장인 곽재기와 석정 윤세주, 이성우, 배중세, 신철휴 등 의열단원은 미리 국내로 잠입하는 데 성공했다. 폭탄과 권총을 임시정부 외교차장인 장건상의 도움으로 안동현 세관에 있는 영국인을 거쳐 만주 안동(단둥)현에서 이병철이 경영하던 천보상회를 통했다. 천보상회는 조선과 중국을 연결하는 지점이자 국경도시인 안동현 소재 의열단 연락기관이었다. 안동현 천보상회 이병철은 밀양청년회장이자 미곡상을 경영하던 김병환 앞으로 수수 20가마니 속에 폭탄을 갈라 넣어서 화물로 위장해[42] 부산진역 운송점으로 보냈다. 그리하여 곽재기는 국내 밀양 동지이자 미곡상을 운영하는 김병환의 창고에 숨겨 두는 데 성공했다.[43] 의열단원들이 제일 먼저 시도한 거사는 식민통치의 심장부인 조선총독부를 폭파하는 일이었다. 그러나 1920년 6월 16일 거사를 앞두고 윤세주, 곽재기, 이성우, 신철휴, 김수득 등은 서울시 종로구 인사동 중국 음식점에서 회합 도중 모두 피검되고 만다.[44] 여러 사람이 움직이다 보니 폭탄과 총기가 국내로 밀반입된 정황을 눈치 챈 김태석 경부(경기도 경찰부 형사과장)에게 정보가 새 나가고 의열단의 움직임이 포착된 탓이다.

석정 윤세주는 3·1만세시위 주동자로 궐석재판을 받은 1년 6개월 형까지 가산돼 1927년 2월에 출옥했다. 윤세주가 출옥할 당시 서울에선 좌우 민족협동전선체인 신간회가 결성되었다. 출옥 후 두 달이 조금 지난 1927년 4월 29일 밀양청년회 정기총회에서 석정 윤세주는 밀양청년회 상무집행위원 겸 체육부 위원으로 선임된다. 1928년에는 밀양청년회 집행위원장을 맡는다. 이는 밀양 청년들이 석정 윤세주에 대한 인격적 존경심과 활동의 기대감을 드러낸 것이다.[45] 밀양청년회 활동으로 마을 주민의 편의를 위해 군청 이전 반대운동을 이끌었는데, 무엇보다 1927년 당시 항일독립운동의 국내 통일전선체인 신간회의 지방조직인 밀양지회를 구축하는 데 열성을 다했다. 1927년 12월 19일 신간회 밀양지회가 창립될 때 윤세주는 창립 경과보고를 하였다. 이후 임원 선거에서 황상규(회장), 김병환(부회장)과 더불어 윤세주는 조직부 총무 간사로 선출된다.

1928년 7월 정기총회에서 윤세주는 집행위원장으로 선출되는 등 신간회 밀양지회에서 중추적인 활동을 담당한다. 마암산 원유회, 상식 강의, 경북지역 가뭄 피해 구제 음악대회 개최를 결의하는 등 열정적으로 활동한다. 그러나 1929년 들어 신간회 해소 찬반 논란이 공론화되자 1929년 12월 임시대회를 개최하여 신간회 해소 반대를 결의하려 했지만 일제의 탄압으로 1930년 2월 하순에 대회를 강행한다. 윤세주는 회장 황상규와 마찬가지로 신간회 해소 반대를 적극적으로 주장했다. 그러나 좌파의 중상모략과 함께 우파 민족주의자들의 유일한 합법 공간인 신간회가 1931년 5월 해체돼 버린다. 신간회 본부 중앙집행위원 및 서기장을 역임한 백민 황상규 또한 신간회가 해체된 지 넉 달 뒤에 일제 감옥에서 얻은 병고로 순국하고 만다.[46]

의열단, 중외일보 기자 출신 석정 윤세주. 이육사와 함께 의열단, 조선혁명군사정치 간부학교 1기생으로 조선의용대의 정신적 지도자였던 석정 윤세주는 1942년 5월 40만 대군으로 이루어진 관동군의 소탕전에 맞서 싸우다 6월 초 중국 산시성 타이항산 전투에서 장렬히 전사한다. 윤세주는 휴머니즘 넘치는 탁월한 전술 이론가이자 선전선동에 능했던 웅변가였다. 그가 연단에 서면 좌중은 숨소리를 죽이고 경청했는데 석정의 언변은 좌중을 웃고 울리는 달변가였다.

신간회 해산 뒤에 석정 윤세주는 독립신문 경남지국장과 중외일보 기자로서 언론활동에 투신하거나 경남주식회사 사장을 하면서 일경의 감시를 피했다. 그러나 요시찰 인물로 일경의 지속적인 감시와 간섭, 그리고 국내 항일투쟁의 한계를 절감하고 1932년 3월 가족 몰래 두 번째 중국 망명길에 오른다. 난징에서 김원봉과 11년 만에 해후했을 때 석정 윤세주는 다음과 같이 자신의 소회와 포부를 밝혔다.

"지난 과거에는 열정과 용기만을 갖고 독립을 위해 싸웠지만 이제부터는 나의 혁명적 인생관·세계관 등 과학적 혁명이론으로 재무장하여 실천함으로써 정확한 혁명운동을 추진할 것이다."

과거 의열단 투쟁이 보여 준 개인적인 항일테러나 암살, 파괴 활동으로 독립을 전취하는 데엔 한계가 있음을 고백한 것이다. 석정 윤세주는 약산 김원봉의 생각과 마찬가지로 의열단 투쟁이 과거 개인적·비조직적인 투쟁이었음을 솔직히 인정했다. 그리하여 향후 독립운동은 정치·군사조직으로서 정치투쟁, 집단적인 무장투쟁노선이어야 함을 천명한 것이다.

따라서 윤세주는 1932년 10월 20일 중국 국민당 정부의 지원을 받아 개교한 '조선혁명군사정치간부학교'에 절친 육사와 함께 1기생으로 입학한다. 조선혁명군사정치간부학교 교장인 김원봉으로부터 교관 자리를 제의받았지만 학생 신분으로 자원하여 6개월 동안 정치경제학, 사회발전사, 중국혁명사, 철학이론, 군사실기를 학습한다. 이는 '학생 대중보다 10살 위이지만 그들과 같이 생활하고 같이 학습하여 이론을 다시 정리하겠다'[47]는 의지를 피력한 것이자 자신의 부족한 학습을 보충하려 했던 것으로 사료된다. 특히 군사실기로는 통신법, 선전법, 연락법, 탄약, 뇌관, 도화선 등 폭발물 취급 및 투척법, 요인 암살, 사격술, 위장 및 변장술, 무기운반법, 철로폭파법, 서류은닉법 등을 습득했다.[48]

윤세주는 1933년 4월 졸업 후에 제2기, 제3기 정치학, 철학 분야 교관이 되어 유물사관, 조선혁명사 강의를 통해 독립군 간부를 양성하는 우수한 정치교관이자 선전교육가로 성장하였다.[49] 석정 윤세주는 조선혁명군사정치간부학교 제1기 학생 시절 입교생을 대표해 답사를 했다. "교장 선생님을 비롯한 내빈 여러분의 훈화를 몸에 배게끔 하여 실천궁행에 매진할 각오로 우리 생도 일동은 한뜻으로 전심 노력하겠다"고 다짐했으며, 실제로 교육받는 동안 다른 생도들의 수범이 되는 모범적 태도를 견지하였다.[50] 그리하여 석정 윤세주는 사실상 다른 학생들을 영도하고 교육하는 위치에 있었다. 제2기, 3기 정치학, 철학 교관 시절에는 전체 학생들로부터 무한한 사랑과 존경을 한 몸에 받았다.[51]

윤세주는 향후 독립운동은 중국 관내 운동세력의 연합된 힘을 바탕으로 일제로부터 민족해방을 전취하는 통일전선운동 노선으로 전략을 수정해야 함을 역설한다. 통일전선운동의 결실인 조선민족혁명당의 결성(1935년 7월)과 조선민족전선연맹의 결성(1937년 12월), 조선민족전선연맹의 무장부대이자 외곽 군사조직인 조선의용대의 결성(1938년 10월) 등은 모두 석정 윤세주의 열정과 영혼이 빚어낸 결정체였다.

3. 조선민족혁명당, 조선의용대의 영혼, 윤세주

일본 제국주의는 1931년 만주를 침략해 이듬해 괴뢰국가인 만주국을 세운다. 일제의 만주 침공은 제1차 국공합작의 실패와 함께 조선독립운동가들에겐 정세의 주요한 변화로 다가왔다. 독립운동 근거지가 심각하게 훼손되었을 뿐 아니라 독립운동 각 진영 간 분열과 파쟁이 지속되어 단일한 항일투쟁의 대오를 형성하지 못한 국면이 지속되었다. 중국 공산당의 지휘를 받는 1930년대 동북항일연군의 무장투쟁을 제외하고 강력한 민족통일전선이 구축되질 못했다. 약산 김원봉과 석정 윤세주는 목전의 침략세력인 일제에 맞서 좌우가 연합한 민족 단일의 통일전선체를 구축하고자 열망했다. 이를 위해선 무엇보다 중국 관내 독립운동 각 당파 간 장기간 존재했던 분파행위를 해소하고 의열단 중심의 통일전선체 구축이 시급했다.

김원봉은 자신의 생각을 가장 잘 구현할 수 있는 석정 윤세주를 조직의 대표로 파견했다. 윤세주는 의열단 조직 내 탁월한 이론가이자 상대를 설득하고 설복시키는 뛰어난 언변으로 협상 능력이 출중했다. 그리하여 윤세주는 통일전선운동의 첫 번째 결실인 '한국대일전선통일동맹'을 1932년 결성해 1934년 2차 대표자 대회에서 중앙집행위원으로 선임되었다. 당시 통일전선체인 한국대일전선통일동맹에 참가한 단체로는 한국독립당, 신한독립당, 조선혁명당, 조선의열단, 대한인국민회, 하와이동지회, 한국동지회, 광복동지회, 대한인동지회, 뉴욕대한교민단 등 20여 개에 이르러 한국독립운동의 내적 동력을 크게 고무시켰다.

1935년 여름 일제는 만주 침략에 그치지 않고 중국 침략을 화북지방으로 확대했다. 그에 따라 일본의 눈치를 보며 전면전을 피하던 중국은 일본과의 관계가 악화되고 조선 독립운동세력 또한 새로운 전환기에 직면했다. 1932년에 결성된 한국대일전선통일동맹은 통일전선체이지만 각 단체의 연락기구 수준에 지나지 않았다. 따라서 약산과 석정은 한국대일전선통일동맹을 토대로 전 민족의 혁명역량을 집중시킬 수 있는 더욱 강력한 통일정당체를 구축하고자 했다. 그러한 노력의 결실이 1935년 7월 '조선민족혁명당'의 결성이었고 그 중심에 석정 윤세주가 있었다. 어떤 의미에서 윤세주는 한국대일전선통일동맹과 조선민족혁명당의 결성을 이끈 중심축이자 주요한 영도자였다.[52]

약산 김원봉과 석정 윤세주의 조선의열단이 분산된 독립운동세력의 강력한 통일전선체를 구축할 수 있었던 데엔 이념적 중간파로서의 특징을 간직한 때문이었다. 왜냐하면 1920년대 후반 독립운동세력은 민족주의 우파와 사회주의 좌파로 양분된 채 극심한 대립 양상을 보여 왔다. 그러나 의열단은 무정부주의자가 다수여서 이념적으로 중간파적 역할을 수행할 수 있는 위치에 있었다. 따라서 의열단은 전 민족적인 협동전선 내지 통일전선체 구축의 접착제 역할을 훌륭히 수행할 수 있었던 것이다.[53] 1935년 7월 4일 중국 난징에서 열린 대표자 대회에서 의열단, 조선혁명당, 한국독립당, 신한독립당, 대한독립당 5단체의 해체와 동시에 '조선민족혁명당'의 창건을 선언했다. 따라서 1935년

7월 조선민족혁명당의 창건은 통일전선운동의 소중한 결정체였다. 물론 조선민족혁명당을 주도했던 중심세력은 구舊의열단원들, 바로 김원봉, 윤세주였다.

조선민족혁명당(약칭 민혁당)은 창당 당시 선언문에서 민족해방운동의 맥을 3·1운동(1919)-국민대표대회(1923)-촉성회 유일당 건설운동(1928)-민혁당 창당(1935)으로 연결 지으며 비로소 우리 민족이 통일된 독립운동 지도부를 갖추었다는 사실을 강조했다. 또한 당 강령으로 '일제 타도, 자주독립국가 건설, 봉건세력과 모든 반혁명세력 타도, 민주집권의 정권 수립, 민중무장 실시, 토지의 국유, 대규모 생산기관과 독점기업의 국영화'를 내용으로 하는 신국가 건설론을 내걸었다.[54] 민혁당의 강령은 의열단의 정치 강령을 거의 그대로 반영한 것이다. 약산 김원봉이 민혁당 총서기를 맡았고, 석정 윤세주는 15인으로 구성된 중앙집행위에 피선되어 민혁당의 주요 인물로 부각했다.

1930년대 중국 관내 단일한 항일투쟁의 대오이자 통일전선적 정당인 민혁당의 출발은 좋았다. 그러나 해체를 선언했던 기존 정당들이 독립적인 개별 활동을 고집하면서 발전이 순탄치 않았다. 문제는 창당 과정에서 걸림돌이 되었던 사상의 문제, 바로 이념이 논쟁을 촉발시켰다. 민혁당 창당과정에서는 윤세주가 좌우 편향적인 노선을 비판하고 각 운동 진영을 설득시킴으로써 논쟁은 수면 아래로 가라앉았다.

석정의 논리는 명쾌했다. 사회주의 성향을 보이는 의열단의 투쟁 경력을 문제 삼는 보수 우파에 대해선 "민족을 보존하기 위한 그들의 투쟁과 공로를 인정하나 '보편적인 역사 발전에 대한 인식'이 부족하다"고 일갈하였다. 마찬가지로 보수 우파와의 합당을 '혁명운동의 포기'라고 비판했던 사회주의 좌파에 대해선 "혁명사상계의 진보적·계몽적 역할과 공로를 인정하나 마르크스-레닌주의를 교조적으로 이해하여 우리 민족이 처한 식민지적 특수성을 몰각하고 러시아의 경험을 그대로 우리 역사에 적용하려는 교조적인 경향"이라고 비판했다. 석정 윤세주의 부지런함과 인내심, 상대를 설복시키는 관용적 자세와 대화 기술, 그리고 정확한 정세 판단 능력과 민첩함이 민혁당 건설이라는 역사적 과업을 달성할 수 있었다. 1930년대 중국 관내 독립운동세력의 통일전선운동에서 윤세주는 기라성 같은 존재였고 통일전선운동의 견인차적 존재였다.[55]

민혁당 창당 이후 숱한 논란 끝에 급기야 한국독립당과 신한독립당이 탈퇴함으로써 민혁당은 의열단이 주도한 정당이 되었다. 석정 윤세주는 민혁당 창당 직후부터 시종일관 통일전선운동 노선에 입각하여 당원 및 지도자로서 역할을 충실히 수행했다. 1935년 10월 민혁당 훈련부장이 되어 조선혁명간부학교 사업과 민혁당 한글판 기관지 『민족혁명』을 창간하여 편집책임자가 되었다. 1936년 1월 창간호에는 「우리 운동의 새 출발과 민족혁명당의 창립」, 「우리 운동의 새 출발과 그 이론적 기초」라는 자신의 논문을 실었다. 제3호에는 「본당 창당의 역사적 의의」라는 글을 기고하여 통일전선운동의 정당성을 논함으로써 민혁당의 탁월한 이론가로 자리매김했다.[56] 1936년 4월 민혁당은 김원봉, 윤세주의 노력에 힘입어 중국 화중지방과 화동지방, 화서, 화남, 화북지방 등 7개 지역에 민혁당 지부를 설립함으로써 명실공히 중국 관내 2개의 제일 큰 독립운동단체로 성장했다.[57]

민혁당이 창당된 지 2년이 지난 1937년 7월 일제는 중국 전역을 침략해 들어가는 중일전쟁을 도발했다. 전면전인 일본의 중국 침략! 바로 중일전쟁은 중국 관내 조선인 독립운동가들이 세계정세의 변화 가운데 그토록 바라던 결과였다. 실제로 중국 관내 조선인 독립운동가들은 마음속으로 크게 환호하고 새롭게 조성된 객관적 정세를 다시 없는 기회로 생각하여 적극 활용했다.[58] 객관적 정세의 급격한 변화가 조선 독립운동 진영의 통일전선운동에 호기로 작용했기 때문이다. 실제로 일본 제국주의라는 외부의 적을 향해 중국 국민당과 공산당의 제2차 국공합작이 이루어졌을 뿐 아니라 조선혁명, 즉 일제로부터 민족해방이라는 시대의 과제를 크게 앞당길 수 있는 절호의 기회[59]가 도래한 탓이다.

중일전쟁 이후 장제스의 국민당 정부는 더 이상 일본의 눈치를 볼 상황이 아니어서 조선 독립운동가들에 대한 정치적·군사적 지원에 매우 우호적이었다. 중일전쟁 발발 이전까지만 해도 국민당 장제스는 조선인 무장부대 건설을 부정적으로 보았다. 그 이유는 군사 강국인 일본과의 마찰을 우려했을 뿐 아니라 내부의 적 마오쩌둥의 공산당 세력과도 대적해야 했기 때문이다. 실제로 국민당 장제스는 '국내의 적을 일소한 다음 일제의 침략을 막는다'는 '안내양외安內攘外' 정책을 고집했다. 그는 오히려 공산당 근거지인 연안을 공격하는 데 더 골몰했다. 심지어 외국 기자와의 접견에서 '일본은 피부병이고 공산당은 심장병이다'라고 말할 정도였다. 그리하여 국민당 정부의 장제스는 조선 독립운동세력의 군사조직은커녕 항일 조선인 운동단체에 대한 지원 사실조차 공개되는 걸 꺼려 왔다.[60] 그러나 1936년 장학량의 서안사변과 1937년 중일전쟁은 그 모든 주·객관적 정세를 단번에 급변시킨 세계사적 사건으로 작용했다.

약산 김원봉은 자신과 친형제처럼 지낸 '유력한 오른팔'[61]인 윤세주와 함께 중일전쟁 발발 직후 중국 관내 조선 청년들에게 항일무장투쟁에 적극 동참할 것을 호소하였다. 민혁당의 「동지, 동포에게 고하는 글」이 발표되자 상하이, 난징, 광둥, 베이징, 우한과 멀리 미국 등지에서 백 수십 명의 조선 청년들이 난징 화로강 묘오율원의 이연선림으로 집결했다. 중국 관내 최대의 항일독립운동단체로서 민혁당은 국민당 정부와의 협상과 장제스의 직속기구인 남의사藍衣社 三民主義力行社로부터 지원을 받았다. 그 결과 1937년 8월 30일 강서성 성자현에 있는 중앙육군군관학교 성자분교 특별훈련반에 조선 청년들을 입교시켜 군사훈련을 받을 수 있었다.[62] 조선 청년들이 처음 편입된 4중대의 경우 약 과반수가 중국인이었고 교관 또한 모두 중국인이었다.[63] 이후 꾸준한 교섭과 노력으로 100여 명의 조선인 학생들로 구성된 독립 중대를 편성했다.

석정 윤세주는 중앙군관학교 성자분교 교관이 되어 조선 청년들에게 '조선민족해방운동사'를 강의했다. 석정은 중국인 교관 대신 조선 독립지사들을 초청해서 강의를 맡겼다. 상해 임정 자매학교인 인성학교 교장이자 주시경의 수제자인 한글학자 김두봉으로 하여금 '한글과 조선역사'를 맡아서 가르치게 하였다. 또한 국내 조선공산당 사건으로 6년 동안 옥고를 치르고 허정숙과 함께 망명한 ML파 공산주의자 한빈에게 '정치경제학, 세계 공산주의운동사'를, 그리고 윤봉길 의사에게 폭탄을 제공했던 중국군 대좌 김홍일에게 '군사학' 교관을 맡겼다. 윤세주는 성자분교 졸업생들을 곧장 '조선민족전선연맹'에 가입시키는 한편 민혁당에도 입당시키는 등 열정적으로 임무를 수행했다.[64]

약산과 석정은 중일전쟁이라는 정세 변화를 맞아 중국 관내 통일전선운동을 배가하여 1937년 말 '조선민족전선연맹'을, 그리고 이듬해 한중 항일민족연합론에 입각해 1938년 10월 10일에 '조선의용대 Korean Volunteer'를 창설하였다. 조선민족전선연맹은 의열단(김원봉, 윤세주), 조선민족해방동맹(김성숙, 박건웅), 조선혁명자연맹(류자명) 등 좌파 3단체의 통일전선체였다. 조선의용대는 조선민족전선연맹의 군사조직으로 중국 관내 최초의 조선인 무장부대로 창설되었다. 충칭 임시

조선혁명군사정치간부학교 3기 학교 터(난징 부근).
1932년 9월 의열단 제6차 정기대표회의에서 식민지 민족해방운동의 전위 혁명역량을 양성하기 위해 의열단 군관학교인 조선혁명군사정치간부학교 설립을 결의한다. 중국 국민당 장개석의 지원을 받아 의열단 군관학교인 조선혁명군사정치간부학교는 1932년부터 1935년까지 1기생 26명, 2기생 55명, 3기생 44명 모두 125명의 졸업생을 배출하였다. 공식 명칭은 '중국국민정부 군사위원회 간부훈련반 제6대'이나 교육과정, 군사훈련 그리고 졸업생 임무 배치 등 학교 운영의 전반적인 것은 의열단 자율적으로 운영하였다.

정부의 김구가 1940년 9월 17일에 만든 한국광복군보다 2년 앞서서 창건한 조선인 최초의 항일무장부대인 것이다. 조선민족전선연맹과 마찬가지로 조선의용대 역시 김원봉이 주도했지만 윤세주의 땀과 눈물, 그리고 영혼의 숨결이 곳곳에 배어 있음을 부인할 수 없다.

조선의용대는 중일전쟁 이후 국제지원군의 형태로 창설되는데, 조선의용대의 골간[65]은 '조선혁명군사정치간부학교 졸업생들이자 민혁당 당원들이었다. 물론 그들을 길러 낸 인물은 민혁당과 조선의용대의 영혼, 석정 윤세주이다. 조선의용대(조선의용군)는 한국현대사에서 너무도 중요한 위상을 간직한다. 왜냐하면 조선의용대는 이후 한국광복군 제1지대와 화북지대로 나뉘어 각기 일제와 용맹하게 싸우다가 해방을 맞는다. 해방 후 조선의용대 총대본부인 한국광복군 제1지대(지대장 김약산)는 대한민국 군군으로 편입된다. 반면에 조선의용대 화북지대는 조선의용군이 되어 일제 관동군과의 끊임없는 전투 끝에 해방을 맞고 조선인민군으로 편입된다.

예를 들면 조선의용군 제3지대는 해방 후 북만주 일대에서 연대 규모로 급성장하는데, 그것은 당시 조선 청년들의 경우 조선의용군에 대해 환상에 가까울 정도로 존경심[66]을 품고 있었기에 가능했다. 해방 직후 800명에서 수만 명 규모로 단기간에 조선의용군 병력의 급격한 확대는 어쩌면 당연한 현상이었다. 해방 직후 조선의용군은 800명 정도였는데 동북 만주지역으로 이동하면서 병력이 급격히 늘어났다. 조선의용군이 중국 국공내전에 참전하고 입북했을 때 조선의용군 병력은 5개 사단 6만 명을 넘어섰다. 추가 입북한 조선의용군 병력까지 합하면 10만 명에 가까웠다.[67] 실제로 6·25전쟁 당시 북한 인민군 21개 보병 연대 가운데 47%인 10개 연대가 조선의용군 출신 대원들이었다.[68] 구체적으로 조선의용군 제3지대는 국공내전 와중에 중국인민해방군 제164사단이 되는데, 사단의 중심 뿌리는 북만주 조선인이었다. 이들은 이후 1949년 7월 입북 후에 인민군 제5사단(사단장 김창덕)으로 편제되고, 6·25전쟁 당시 동해안으로 남진해 포항, 영덕 지구에서 국군과 격렬한 전투를 벌인다.[69]

중국 국공내전에 참전한 풍부한 전투경험을 갖고 있는 조선의용군 출신은 입북 후 북한 인민군 제6사단(사단장 방호산)으로 편성된다. 이들 6사단, 즉 방호산 부대는 6·25전쟁 개전 초기 개성 점령 후 계속 서해안을 따라 남진했다. 같은 조선의용군 출신 사단장이 지휘한 제4사단 18연대는 조선의용군 가운데 국공내전에서 가장 전투 경험이 풍부한 부대였다. 18보병연대는 6월 28일 새벽 서울로 진격하여 중앙청을 제일 먼저 점령한 부대이다. 18연대(연대장 장교덕)는 오산 전투에서 최초로 미군 스미스 부대를 격파함으로써 인민군이 세계 최강인 미군을 상대로 이길 수 있다는 전례를 남겨 인민군들에겐 정신적 원천으로 작용했다.[70] 공화국 영웅 칭호와 근위 연대 칭호를 받은 제4사단 18연대가 대전, 추풍령에 이르렀을 때 이미 6사단은 전라도 목포, 광주, 순천을 돌아 경상도 하동에서 국군의 저항을 쉽게 물리치고 진주까지 진격했다.[71] 6사단 방호산 부대는 남진 속도가 북한 인민군 가운데 가장 빨랐다. 제4사단장 이권무, 제12사단장 전우 등은 모두 조선의용군 출신 장군으로 6·25전쟁에서 과거 조선의용대 출신 항일독립운동세력 간에 서로 총부리를 겨누는 비극을 맞는다.[72]

그런 의미에서 6·25전쟁, 곧 한국전쟁은 해방 전 항일독립운동세력이 해방 후 국가와 국민을 보위하는 무장력으로 결합돼 한 단계 승화되지 못하고 오히려 우리 민족의 내적 동력을 잠식시킨 비극적 결과를 가져왔다. 항일독립운동세력이 해방 후 민족군대로 크게 융성하여 꽃을 피우기보다 6·25전쟁을 거치면서 무화無化되는 비극을 자초한 것이다.

민혁당 창당 이후 윤세주는 대일선무공작 차원에서 청년당원 10여 명을 이끌고 상해로 잠입한다. 민혁당 상해지역 특구 책임자인 최석순과 함께 중국 인민과 조선 독립운동세력 간에 연대를 공고히 하고 일본 제국주의의 침략성과 야만성을 폭로하고자 했다. 항일 신문과 방송 등 중국 언론을 이용해 중국인의 항일 의지를 고무시키고 항전 의지를 북돋우기 위해서였다. 석정 윤세주는 중국 방송에 정기적으로 나가 정연한 논리와 열정적인 언사로 중국 인민에게 감동을 주기에 부족함이 없었다.

1938년 10월 10일 조선의용대가 창설되었을 때 약산 김원봉이 총대장, 석정 윤세주는 조선의용대 본부 정치조원을 맡았다. 창설 당시

2구대로 나뉘는데, 제1구대 구대장은 약산의 황포군관학교 동기생인 박효삼이 선임되고 민혁당 출신들이 주류를 점했다. 반면에 조선청년 전위동맹 출신들이 다수를 점한 제2구대는 난징중앙군관학교 출신이 자 조선청년전위동맹 간부인 이익성이 구대장을 맡았다. 1938년 10월 창설 당시 조선의용대 발대식에 참석한 사람은 200명 정도이고 실제 군복을 입고 조선의용대 깃발 아래 정렬한 사람은 150명에 지나지 않았다.[73] 그러나 창설 1년 후 조선의용대 대원은 314명에 달할 정도로[74] 급속히 신입 대원이 확충되었다. 거기엔 석정 윤세주의 놀라운 포로 공작 활동이 적지 않은 영향을 미쳤다.

계림 시절 석정 윤세주가 역점을 두고 임무를 완수한 사업이 조선 인 포로 교도 공작이었다. 국민 정부 군사위로부터 제2 포로수용소에 조선인 포로가 있다는 소식을 접하고, 1939년 2월 윤세주는 여러 날 걸려 현지 여자학교를 임시 수용소로 쓰고 있는 포로수용소를 찾아 갔다. 수용된 포로 131명 중 31명이 조선인이었고 모두 민간인이었다. 조선의용대 대원 윤세주 일행이 도착하자 조선인 포로들은 매우 기뻐 하였다. 그들은 4~5일 앞으로 다가온 3·1절 20주년 기념식 개최를 요 구했다. 석정 윤세주는 수용소장과 교섭하여 3·1절에 간단한 다과를 갖추고서 조선인들만의 조촐한 행사를 가질 수 있도록 조치했다. 그 후 윤세주는 조선인 포로 한 사람 한 사람을 면담하며 항일독립운동 의 대오에 동참할 것을 권했다. 석정의 뛰어난 대화술과 설복 작업으 로 반응이 매우 좋았다. 그들은 이후 포로의 신분에서 석방되어 조선 의용대로 인계되자 석정이 직접 정성스럽게 훈련을 시켜 훌륭한 조선 의용대 대원이자 석정의 제자가 되었다.[75]

석정이 포로수용소에 도착하기 전 한 쌍의 조선인 부부가 어린아이 를 데리고 있다는 소식을 전해 들었다. 그 소식을 듣고 포로수용소로 가는 도중 윤세주는 수용소에 갇힌 그 어린아이를 생각하며 그때의 심정을 이렇게 적었다.

"그 순진한 어린이는 세상에 태어나자마자 곧 망국노가 되었고 포로가 되었다. 나는 이 모든 것을 생각하니 마음속으로 말 못할 아픔을 느꼈다. 하루빨리 수용소에 가서 그 가여운 어린이에게 조금이라도 위안을 주고 싶었다."[76]

불행히도 석정이 포로수용소에 도착했을 때 한 쌍의 부부가 데리고 있던 그 어린아이는 이전 수용소에서 병이 나서 죽고 말았다.

조선의용대 창설 당시 대원들의 동질성은 매우 높았다. 왜냐하면 중국 중앙육군군관학교 성자분교 출신들이 무려 49명으로 전체 구성원 대비 65.3%에 이르렀기 때문이다. 조선의용대 창립 초기 대원들의 출신 지역은 평안도-서울·경기-경상도-함경도 순으로 높았고, 그들이 조선의용대의 활동을 주도했다.[77] 그들 대부분이 높은 학력을 소유한 인텔리들로서 그들 사이엔 선진 학문이었던 마르크스-레닌주의를 탐구하는 학습열이 매우 높았다.[78] 1930년대 동북항일연군의 만주 빨치산들이 무학자, 문맹자가 다수였던 점과 대비될 정도였다. 심지어 조선의용대 대원들은 중국군보다 일본어 구사 능력이 탁월했고, 일본 국내 사정에도 정통했기에[79] 일본군 후방 교란을 위한 선전 공작 등 일본을 향한 대적 선무공작이 주된 임무로 주어졌다.

그런 점에서 석정 윤세주의 대적 선무공작은 일찍이 주목을 받았다. 조선의용대가 중국 무한에서 10월 10일 창설되고 10여 일 지난 시점인 10월 25일 일본군에 의해 무한이 점령당한다. 당시 중국군은 무한을 빠져나가 계림으로 이동하기 바빴다. 그러나 조선의용대 대원들은 일본군에 의해 무한이 함락되기 2시간 전까지 무한 시가지를 돌면서 반전 구호와 표어 쓰기 등 대적 선전 활동 임무를 충실히 그리고 줄기차게 집행했다. 조선의용대 활동에 매우 우호적인 중국인 곽말약은 조선의용대 청년들의 활약상에 깊은 인상을 받았다고 찬탄할 정도였다. 일제가 무한 시가지를 점령할 때까지 조선의용대 대원들은 끝까지 저항하면서 대적 표어와 구호를 거리 곳곳에 써 놓았다.[80] 중국고대사의 권위자이자 국공합작파 중국인 곽말약은 『홍파곡洪波曲』에 이렇게 당시의 감회를 적었다.

"이는 마땅히 조선의용대 벗들에게 치사를 해야 할 일이다. 그들은 철수를 불과 며칠 앞둔 시각에 동원돼 이 일을 도맡았다. 그들이 발 벗고 나서 주었기에 한구 시내는 글자 그대로 '정신'의 보루로 변해 버렸던 것이다. 내 이 말은 결코 허풍을 떠는 게 아니고 사실에 근거한 것이다. 후에 우리는 일본군 포로들의 공술에서 알게 됐는바, 적들은 무한을 점령한 뒤 그 표어들 때문에 여간만 골치를 앓지 않았다는 것이다. 그들은 옹근 사흘 동안 야단법석을 해서야 겨우 그 표어들을 다 지워 버렸다는 것이다. 하지만 거리에 써 놓은 것을 말끔히 지워 버렸다고 해서 머릿속에 들어박힌 것도 말끔히 가셨다고는 말할 수 없을 것이다. 내가 자동차로 거리거리를 돌아볼 때 그들은 표어를 쓰는 데 열중해 여념이 없었다. 그들은 삼삼오오 조를 짜서 페인트 통, 콜타르 통을 들고, 또 사다리들을 메고 촌분을 다투며 일에 몰두하고 있었다. 그것은 나를 가장 감동시킨 일막이었다. 그러나 동시에 또 나를 참괴하게 만들어 준 일막이기도 했다. 그들은 모두 조선의용대 벗들이었다. 그 가운데는 단 한 명의 중국 사람도 끼어 있지 않다는 것을 난 잘 알고 있었다. 우리 중국에도 일본말을 아는 인재는 적지 않을 것이다. 일본 유학을 한 학생이 줄잡아도 몇십만 명은 될 테지? 그런데도 무한이 함락의 운명에 직면한 이 위급한 시각에 우리를 대신해 대對적군 표어를 쓰고 있는 것은 오직 이 조선의 벗들뿐이라니!"[81]

실제로 조선의용대의 선전 투쟁과 교육을 주도했던 석정 윤세주는 조선의용대 대원들을 이끌고 적이 점령하기 2시간 전까지 무한 시가지를 종횡무진 누비며 대적 선전 활동을 주도했다.[82] 페인트와 콜타르, 그리고 사다리를 들고 다니며 반전 표어와 구호를 시가지 담벼락과 굴뚝, 역전 극장, 아스팔트 거리 요소요소에 써 놓았다. '병사들은 전선에서 피를 흘리고 재벌들은 후방에서 향락을 누린다', '병사들의 피의 목숨-장군들의 금소리개(무공) 훈장', '일본 형제들이여, 착취자들을 위해서 목숨을 바치지 마라!', '일본 형제들이여, 무도한 상관에게 총부리를 돌려대라!'….

조선의용대가 중국에서 공식적으로 인정한 한인독립 무장부대이긴 했지만 조선의용대가 대적 선무공작에 탁월할 정도로 임무를 수행한 이면에는 조선의용대 출범 당시 중국 측이 전투편제인 조선의용군이라는 명칭을 쓰지 못하게 한 것[83]과 관련이 깊다. 중국 측이 정치·군사적 지원과 재정적 지원을 해 주는 대신 조선의용대를 전투부대의 성격이 아닌 정치선전 활동대오로 묶어 두려 했던 것은 사실이다. 그럼에도 조선의용대원들의 대일 선무공작 활동은 중국군이 감히 흉내 내기 어려울 정도로 탁월했고 또한 출중했다.

1938년 10월 25일 무한이 함락되자 조선의용대 총대본부는 광서성 계림으로 이동했고, 제1구대는 호남성 제9전구로, 제2구대는 호북성

제5전구로 이동했다. 당시 조선청년전위동맹 최창익은 청년전위동맹원이 다수이자 중국 공산당 세포가 활동하고 있던 제2구대(구대장 이익성)와 동행하면서 조선의용대의 동북지역으로의 북상을 거듭 주장한다. 그러나 약산, 석정, 김두봉, 한빈, 김학무 등 조선의용대 지도자들은 최창익의 동북 진출을 공식적으로 거부하였다. 시기상조라고 판단한 것이고, 이동과정에서 발생할 수 있는 재정적인 측면을 감당할 수 없었기에 비현실적인 주장이라고 판단했다. 당시 대원들 절대다수도 지도부의 판단에 따랐고, 최창익의 북상 주장을 일부 분자의 분열행동으로 보았다.[84]

그런데 1939년 하반기에 조선의용대 지도부는 조선의용대의 북상과 적 후방 활동을 결정했다.

조선의용대의 화북으로의 북상 결정에는 중국 공산당의 영향력이 작용했다.[85] 김원봉은 1939년 12월 화남지역에서 활동하던 의용대원 일부로 화북지대를 결성해 북상시켰다.[86] 여기에는 중국 공산당 충칭 대표 주은래의 조선의용대 포섭공작이 작용한 탓이다. 주은래는 조선의용대 총대장 김원봉의 비서 사마로司馬璐에게 접근하여 조선의용대의 화북지역으로의 북상을 적극 권유했다. 일본인이 화북지역으로 조선인을 대량 이민시키려 하기에 조선의용대가 화북으로 진출한다면 조선의용대의 조직적 발전과 조선혁명의 전망을 밝게 내다볼 수 있다고 설득했다. 그리하여 조선의용대 대원 80%가 화북으로 북상했고, 김약산의 측근인 윤세주, 박효삼 등 조신의용대 주요 간부들도 화북시역으로 이동하였다.[87]

주은래가 김약산에게 수많은 정보를 제공하면서 조선의용대 청년들을 화북지역으로 북상을 종용한 것은 나름의 정치적 배경이 존재했다. '입술이 다치면 이가 시리다'는 순망치한의 관계처럼 한반도 문

제가 중국 대륙의 안보에 긴밀히 영향을 미칠 수 있다는 정치적 판단
이다. 즉 한국을 독립시키되 중국의 영향권 아래 둠으로써 주변 열강
의 세력 균형에 의한 완충지대 역할 수행을 기대한 것이다.[88] 또한 일
제의 패망과 해방 후 조선 사회 정치군사 지도자들을 중국 공산당과
의 상호 깊은 관계 속에 두려는 의도가 숨겨 있었다. 종전 후 후일 조
선 통치의 지도 인력으로 보호하는 것이 중국 측에 유리하다는 판단
이었다.[89] 조선의용대 청년들의 희생을 두려워하지 않는 헌신성, 고난
의 생활 속에서도 굳건한 의지와 사상의 순결성, 무엇보다 한국, 중국,
일본 세 나라의 언어와 문자에 능통한 인텔리들이었기에 일찌감치 주
은래가 주목했고 중국 공산당의 포섭 대상이 되었다.[90]

실제로 조선의용대원들이 태항산에 도착했을 때 중국 공산당 팔로
군의 환영은 글자 그대로 '격'했다. 조선의용대가 항일투쟁의 주역이
라는 점을 강조하면서 다양한 환영 행사를 준비했다. 또한 1942년 반
反소탕전에서 석정 윤세주가 전사하자 중국 공산당 기관지인 『해방일
보』에는 반소탕전에서 희생된 조선의용대원들의 숭고한 희생과 업적
을 기리기 위한 행사를 보도했다. 특히 반反파시스트 국제혁명 우정
을 영원히 기념하기 위한 합동 장례식을 거행하는 등 '석정 동지를 비
롯한 국제혁명 전우인 조선의용대의 간고한 투쟁과 희생'을 기념할 정
도였다.[91] 그러한 연유로 조선의용대 대원들이 맡은 주된 임무는 일제
관동군과의 전투가 아니라 적 후방 교란을 위한 대적 선전 활동이었
다. 일본군 포로 심문, 일본군에 대한 군사 정보 수집과 반전 선전활
동, 심리전을 통한 투항 권고 등 특수 작전[92]이었던 것도 그런 이유에
서였다.

조선의용대 화북지대 병사들은 일본군에 대한 문자 선전을 가장 중
요하게 사용했다. 문자를 모르는 중국 인민들에게는 군중집회나 연극

을 통한 구두선전을 활용했다. 반면에 일본군에 대해선 '전단 살포, 표어부착 등 문자 선전에 주력'하였다. 2차 무장선전 활동 때 조선의용대 화북지대 청년들이 뿌린 일본어로 된 문자 전단은 115종 4만 2,719건이었다.[93] 조선의용대 대원에 대한 중국 공산당 팔로군은 최대한 우호적인 관계 속에 조선의용대 대원들을 적극 보호하는 역할을 수행했다.

조선의용대의 화북 진출 결정에 영향을 미친 또 다른 요인으로는 중국 공산당 신사군 수천 명을 살상한 장제스의 환남사변(1941년 1월)을 들 수 있다. 이 사건을 전후로 국공 관계가 급속히 냉각되고 국민당 지역 내 공산주의자 내지 좌파 세력은 불안감에 빠졌다. 민족주의 좌파가 다수였던 조선의용대에 대한 장제스의 의심과 자금 지원 중단 등이 장제스 국민당 정부에 대한 환멸과 함께 중국 공산당 활동 구역인 화북으로의 북상을 재촉했다.[94]

그렇다면 김원봉은 왜 화북지역으로 이동하지 못했을까? 거기에는 조선의용대에 대한 실질적인 지휘권을 행사하지 못하도록 하려는 중국 공산당의 저의가 있었다. 왜냐하면 조선의용대 총대장 약산 김원봉이 자신도 화북지역으로 북상을 하고자 중공 측에 의사를 타전했을 때 주은래는 단호하게 거절했기 때문이다.[95] 조선의용대에 대한 김약산의 영향력을 단절시키려는 술수였다. 따라서 김약산은 차선책이자 대안으로 최측근인 석정 윤세주, 박효삼의 화북지역으로의 북상을 결정할 수밖에 없었다. 실제로 석정 윤세주는 김약산의 정치 신념과 독립운동 노선을 충실히 집행할 수 있는 일심동체의 존재였고, 조선의용대 대원들의 존경을 한 몸에 받고 있는 정신적 지주였다. 박효삼 역시 김약산과 함께 황포군관학교 4기 동창생으로 민혁당 중앙위원이자 군사 실무자였다. 그는 조선의용대 화북지대를 장악할 수 있는 실질적

위치인 조선의용대 화북지대장의 위치에 있었기 때문이다.

1940년 11월 4일 분대장급 이상이 참여한 '조선의용대 확대 간부회의'에서 공식적으로 직접 전투에 참가할 것을 결정한다. 아울러 일본군 후방 공작활동 전개를 결의하면서 화북지역으로의 북상을 결정한다. 총대본부에는 김약산, 이달, 왕통 등 본부요원만 남고 윤세주, 박효삼, 신악 등 김약산의 측근 모두 북상 길에 오른다.[96] 그에 따라 1941년 봄 조선의용대 제2지대(지대장 이익성)가 먼저 북상 항일의 길에 오르고 제1, 3혼성지대(지대장 박효삼)도 중국 화북지역 공산당 해방구로 이동한다.

윤세주는 박효삼, 양민산, 김세열(일명 김세광) 3명과 함께 민혁당 화북 특파원의 자격으로, 그리고 조선의용대 제1, 3혼성지대의 정치위원의 자격으로 조선의용대 통솔 임무를 띠고 장도에 오르게 된 것이다. 출발 전 아내(하소악)에게 "승리의 그날, 해방의 그날에 다시 만나자"는 언약과 함께 작별인사를 나눈다.[97] 윤세주는 북상 길에 오르면서 김약산 등 조선의용대 총대본부 간부들 앞에서 다음과 같이 공언한다.

"올해는 20만 조선 동포들이 살고 있는 화북지역에서 화북 근거지를 건설하고 내년에는 우리 동포 다수가 살고 있는 동북지역, 즉 만주로 진격하여 근거지를 건설할 것이며, 내후년에는 조선의용대의 확장된 군사력을 앞세워 국내로 진격, 일제를 타도하고 조선을 해방시키겠다."[98]

4. 독립운동전선의 변화와 석정 윤세주의 위상

의열단의 2인자이자 의열단의 살아 있는 정신! 조선군사정치간부학교 교관, 민족혁명당 훈련부장, 민혁당 중앙집행위원, 민혁당 기관지 「민족혁명」 편집주간, 중앙육군군관학교 성자분교 교관, 조선의용대 정치위원, 조선의용대 훈련 주임, 기관지 「조선의용대통신」 편집주간, 조선의용대 제1, 3혼성지대 정치위원. 이는 1930년대와 1940년대 초 석정 윤세주가 수행한 직책이다. 의열단과 조선민족혁명당, 조선의용대의 영혼이자 독립운동의 전설적인 인물이 아닐 수 없다.

1941년 7월 조선의용대 제1, 3지대는 중국 공산당 팔로군 지역에서 이미 활동하고 있던 조선 청년들(화북조선청년연합회)과 합세하여 '조선의용대 화북지대'로 조직이 개편되고 명칭도 바뀐다. 그런데 조선의용대 화북지대로 개편된 뒤 윤세주는 공식적으로 직책을 맡지 못했다. 조선의용대 화북지대 정치위원 자리는 중국 공산당원이자 조선청년전위동맹 간부인 김학무가 맡았다.[99] 그러나 조선의용대 화북지대는 중국 공산당 팔로군 전선총지휘부에 귀속되었지만 여전히 석정 윤세주와 박효삼 등 민족혁명당이 주력이었고 그들의 영향력 아래 놓여 있었다. 특히 석정 윤세주는 조선의용대 화북지대 전체 대원들이 제일 신임하는 영도자[100]로서 대원들은 석정의 주위에 단결하여 일제 관동군과 간고한 투쟁을 지속했다.

1942년 5월 일제 관동군은 20개 사단, 40만 병력을 투입해 2차 소탕전에 돌입한다. 항일세력인 팔로군 총사령부와 조선의용대 화북지대를 섬멸하기 위해 '감옥 전술', '채에 치는 소탕전', '말 발굽 포위선', '고기비늘형 포위진'[101] 등 이중 삼중의 극악한 전술로 소탕전을 시작했다. 5월 28일 시시각각 조여 오는 일제의 대대적인 소탕전으로 중국 팔로군 수뇌부가 있는 전선 지휘부조차 포위된 형국을 맞자 조선의용대 화북지대(지대장 박효삼)는 '탈출 혈로를 뚫으라'는 명령을 받는다.

조선의용대 화북지대는 5시간의 혈전 끝에 일본군이 점령하고 있던 산악 고지를 탈환한다. 그리하여 팔로군 전선 지휘부와 조선의용대 비무장 민간인들(독립운동 가족)이 무사히 탈출하는 데 결정적으로 기여한다. 그러나 석정 윤세주는 반反소탕전에서 대원들의 탈출로를 열어주기 위해서 적정을 살피는 도중 허벅지에 총상을 입고 고통 속에서 6일간을 버텼다. 총상 부위가 썩어 가고 기력이 다하는 속에서도 석정은 분대장 하진동, 최채 동지 앞에서 매서운 눈으로 명령했다.

"셋이 함께 있다가는 다 죽을 수 있소. 혁명에 바친 몸 죽음 따윈 두렵지 않소. 승리의 그날을 위해 자신을 돌보는 일이 중요하니 셋이 갈라지도록 하오."[102]

지시를 받든 부하대원들은 눈물을 머금고 피신하여 목숨을 보전하지만 윤세주는 순국한다. 일제의 반反소탕전에 맞서 싸우던 조선의용대의 고결한 영혼 윤세주, 진광화 두 해방전사는 태항산 섭현 장자령에서 그렇게 장렬히 전사하고 팔로군 부총참모장 좌권 장군도 전사한다.

윤세주의 죽음은 조선의용대 항일세력의 크나큰 손실을 넘어 1942년은 우리 독립운동전선에 중대한 변화[103]를 초래한 해였다. 1930년대 무장투쟁의 백미였던 동북항일연군은 관동군 대토벌에 쫓겨 소련 하바롭스크 88여단으로 이동이 끝난 상태였다. 마지막 동북항일연군 제3로군 총참모장 허형식(본명 허극, 일명 이희산, 이육사의 5촌 외당숙)은

1942년 8월에 만주에서 소조활동을 지도하다 토벌대와 격전 끝에 전사한다.

비슷한 시기인 1942년 6월 2일 석정 윤세주가 관동군 반反소탕전에서 전사하자 중국 공산당은 조선의용대를 보호한다는 명분으로 태항산 깊은 곳 후방인 동욕으로 이동시켰다. 그리고 윤세주가 전사한 지 두 달 뒤인 1942년 7월 조선의용대 화북지대 조직을 '조선의용군'으로 개편하고, '화북조선청년연합회'를 정당 조직인 '화북조선독립동맹'으로 개편한다. 때마침 태항산에 온 김두봉이 조선독립동맹 의장을, 조선의용군 사령관은 무정 장군(일명 김무정, 중국 공산당원으로 중국 팔로군 포병연대장)이 맡는다. 화북지대장 박효삼은 조선의용군 부사령관으로 밀려난다.

이미 충칭에 있던 조선의용대 본대(대장 김약산)는 1942년 5월 15일 한국광복군 제1지대로 편입된 상태였고, 그에 반발한 김두봉은 뒤늦게 연안, 태항산으로 갔던 것이다. 조선의용대 총대본부의 임정 참여로의 급선회는 충칭 지역에서 조선의용대의 골간인 민혁당 당세가 창립 당시 682명에서 1942년 100여 명에 지나지 않을 정도로 급격히 약화된 탓이 컸다.[104] 거기다 조선의용대 주력부대 80%가 화북지역으로 이미 이동했고, 장제스 국민당 정부는 민혁당에 대한 지원을 철회하고 임정으로 지원 창구를 단일화했다.[105] 그리고 1941년 일제가 미국을 침략하는 태평양 전쟁이 발발하자 임정이 외교독립론에서 무장투쟁으로 독립운동 노선을 변경한 점도 배경으로 작용하였다. 임정으로의 강력한 통합을 요청하는 장제스 국민당 정부의 압박에 의해 김약산의 부득이하고도 지극히 현실적인 정세 판단에 따른 것이었다.

결국 민족주의 좌파 성향이 강한 김약산의 최측근인 윤세주의 전사로 말미암아 조선의용대는 조선의용군으로 명칭이 변경되었고, 중국 공산당 산하 팔로군에 예속될 수밖에 없었다. 김약산의 조선의용대 총대본부와의 인연이 완전히 끊어진 상태에서 민족 자주적인 독립운동노선을 펼칠 수 없게 된 것이다. 즉 석정 윤세주의 전사는 조선의용대가 중국 공산당 산하 군사조직으로 흡수[106]되어 가는 계기가 되었다. 조선의용대가 1938년 창건되었을 때 미국 뉴욕, LA, 시카고에서 조선의용대 미주후원회가 1939년 설립된다. 그러나 석정 윤세주의 전사 소식과 조선의용대의 한국광복군으로의 편입은 조선의용대의 해소를 초래했고, 그에 따라 조선의용대 미주후원회는 조선민족혁명당 미주총지부로 조직이 개편된다.[107]

평소 "나의 청춘을 감옥에서 다 보냈다"고 토로한 윤세주는 언변이 탁월한 선전선동가이자 휴머니즘 넘치는 해방전사였다. 그는 뛰어난 웅변가로서 연단에서 연설을 하면 군중은 숨소리조차 내지 않고 조용히 경청했다. 그의 열렬한 대중 선동 연설은 능히 대중들을 웃기고 울렸다. 석정은 정치교양과 이론에 밝았고, 상대방을 설복시키는 능력이 출중하여 당 안팎으로 누구나 그를 좋아하여 가까이하지 않는 사람이 없었다. 민혁당, 조선의용대의 손꼽히는 이론가였지만 소탈한 성격으로 대원들에게 '밀양아리랑'을 곧잘 들려주곤 했다. 어느 땐 변사가 되어 밀양아리랑의 곡조를 독립군가로 차용해 선창함으로써 대원들의 어깨를 들썩이게 하곤 했다.[108]

석정은 항일 근거지 연극단 단장을 맡을 정도로 예술에도 조예가 깊었다. 1938년 2월에 창작된 「최후의 결전」도 석정 윤세주가 작사한 곡이다. 남북 어디든 우리 민족이라면 애창하던 곡이 「도라지타령」이나 「아리랑」이듯이 해방 직후 조선민족이라면 남녀노소 누구나 불렀던 노래가 「최후의 결전」이다.[109] 1982년 대한민국에서 발간한 『광복의 메아리』에는 「최후의 결전」이 '윤세위尹世胄 작사'라고 언급돼 있지만 이는 윤세주尹世冑를 오독한 것이다. 2005년 출간한 『20세기 중국 조선족 음악문화』에선 항일가요 「최후의 결전」이 석정 윤세주의 작품임을 명확히 밝히고 있다.[110] 실제로 조선의용군 전사 최채, 김학철 두 분의 생존 증언에 따르면 항일가요 「최후의 결전」은 폴란드의 「바르샤바 행진곡」에다 윤세주가 가사를 붙여 만든 곡이다.[111]

이청천의 한국광복군과 윤세주의 조선의용대 화북지대 대원들이 서안과 태항산으로 각기 나뉘었지만 함께 불렀던 애창곡인 셈이다. 따라서 「최후의 결전」은 조선족 동포들이나 북한 땅 평양에서나 남쪽 대한민국 서울에서나 모두 애창한 항일가요였다. 따라서 이 노래를 항일문화유산의 하나로 보존해야 하며, 윤세주 역시 조선독립운동사에서 뚜렷한 족적을 남긴 고결한 영혼으로 기억해야 할 것이다.

역사에는 가정이 없지만 만일 석정 윤세주가 태항산에서 전사하지

석정 윤세주 열사 묘(산시성 타이항산 소재).
윤세주 열사는 1982년 건국훈장 독립장이 추서되었다. 왼쪽에 있는 묘는 반소탕전에서 함께 전사한 진광화(본명 김창화) 열사의 묘이다. 1942년 5월 반소탕전 전투는 중국 팔로군 부총참모장 좌권 장군도 전사할 정도로 일제 40만 대군의 포위망을 뚫는 치열한 전투였다. 중국 공산당은 반소탕전에서 일제의 포위망을 뚫은 조선의용대(화북지대)의 용맹스러운 전투력에 아낌없이 경의와 찬사를 보냈다.

않았다면 조선의용대 화북지대가 조선의용군으로 개편돼 중국 팔로 군에 예속되었을까? 그가 살아서 해방을 맞았다면 조선의용대(조선의 용군)는 어떻게 되었을까? 살아서 해방을 맞아 신국가 건설에 주도적 으로 참여했다면 그가 꿈꾼 통일된 사민주의 민족국가[112] 건설은 불 가능했을까? 해방 당시 전투 경험이 상대적으로 풍부한 조선의용군이 대거 입북하지 않았다면 6·25전쟁은 과연 가능했을까? 조선의용군이 인민군 전력의 거의 절반을 차지하는데 만일 조선의용군이 입북하지 않았다면 김일성은 호치민의 베트남이나 중국 마오의 국공내전처럼 과연 전쟁을 통해 무력통일을 추구하려 했을까?

조선의용군은 국공내전에 참전하여 중국혁명을 도왔고 이들은 6· 25전쟁 당시 조선인민군의 주력부대가 된다. 따라서 조선의용군을 매 개로 중국과 북한은 국가 건설과 혁명을 같이 수행한 국제적으로 매 우 드문 혈맹관계의 상징이 되었다.[113] 결국 분단이 낳은 항일전선의 비극적 전사들이 조선의용군이다. 왜냐하면 조선의용대(조선의용군) 는 6·25전쟁을 거치면서 그 의미가 계승되지 못한 채 무화無化되었고, 남과 북 모두로부터 버림받아 '역사적 미아'[114]로 남았기 때문이다. 이 는 민족해방운동사에서도 분단 극복이 절실히 필요하다는 점을 여실 히 보여 준다. 일제 패망 직전까지 팔로군과 함께 40회에 이르는 치열 한 무장투쟁의 전개와 대적 심리전, 선무공작 활동을 벌였던 조선의 용대(조선의용군)에 대한 역사적 재평가가 시도되어야 할 이유이다. 그 런 점에서 조선의용대의 영혼, 석정 윤세주가 독립운동사상에서 차지 하는 위상은 결코 작지 않다.

주석

1. 박도(2015). 「실록 소설 들꽃: 이육사의 백마 타고 오는 초인은 이 남자?」. 『오마이뉴스』 2015. 2. 4.
2. 도진순(2016). 「육사의 '청포도' 재해석: 청포도와 청포(靑袍), 그리고 윤세주」. 『역사비평』 제114호, 469쪽.
3. 김영범(2009). 「이육사의 독립운동 시-공간과 의열단 문제」. 『한국독립운동사연구』 제34집, 343쪽.
4. 김희곤(2000). 『새로 쓰는 이육사 평전』. 지영사, 115-118쪽.
5. 김용직·손병희 편(2004). 『이육사 전집』. 깊은샘, 180쪽
6. 김희곤(2000). 위의 책, 114쪽.
7. 하성환(2016). 「매화향기 가득한 항일 혁명시인 이육사」. 『순국』 통권 315호, 37쪽.
8. 도진순(2016). 「육사의 한시 '晩登東山'과 '酒暖興餘'-그의 두 돌기둥, 石正 윤세주와 石艸 신응식」. 『한국근현대사연구』 76호, 235쪽.
9. 도진순(2016). 위의 논문, 238~244쪽.
10. 윤석영(2005). 『1930-40년대 한국현대시의 의식지향성 연구』. 국민대 박사학위논문, 75쪽.
11. 박현수(2008). 『원전주해 이육사 시 전집』. 예옥, 129쪽.
12. 한철호 외(2013). 『고교 한국사』, 297쪽.
13. 김춘복(2001). 「석정 윤세주의 생애와 사상」. 『밀양 문학』 14호, 78-79쪽.
14. 전성현(2011). 「일제강점기 경남지역의 의열투쟁과 지역성: 1920년대 초 의열단의 활동을 중심으로」. 『한국독립운동사연구』 제38집, 117쪽.
15. 김영범(2017). 「독립운동가 백민 황상규의 생애와 초상」. 『지역과 사회』 40호, 199쪽. 204쪽.
16. 김춘복(2001). 앞의 논문, 73쪽.
17. 김승일(2001). 『조선의용군 석정 윤세주 열사-중국 태항산에 묻힌 대한의 혼』. 고구려, 282쪽.
18. 신호웅(2007). 「석정 윤세주의 독립운동노선 연구」. 『인문학 연구』 11집, 115쪽.
19. 김춘복(2001). 앞의 논문, 82-84쪽.
20. 권기훈(2002). 「일제하 밀양지역의 민족운동」. 『순국』 통권 143권, 32쪽.
21. 김승일(2001). 앞의 책, 36쪽.
22. 「3·1운동 관계 검사 처분 인원표」. 『독립운동사료집』 제4집. 1973, 962-963쪽. 김춘복(2001). 앞의 논문에서 재인용. 『밀양 문학』 14호, 84-85쪽.
23. 김삼웅(2015). 『약산 김원봉』. 시대의 창, 78쪽.
24. 의열단 창단 멤버 13인의 이름은 연구자나 기록에 따라 일정하지 않다. 『약산과 의열단』을 쓴 박태원은 윤세주(尹世胄)를 윤세위(尹世胃)로 기술하고 있고(33쪽), 김원봉의 항일투쟁을 연구한 한상도 교수(건국대)는 '외 1명'을 권준으로 기록하고

있다(김삼웅, 『약산 김원봉』, 78쪽). 석정 윤세주 탄신 100주년 기념 논문인 「석정 윤세주의 생애와 사상」을 발표한 김춘복은 '외 1명'을 권준(일명 권중환)으로 기록 하고 있다(김춘복, 「석정 윤세주의 생애와 사상」, 『밀양문학』 통권 14호, 89쪽). 의 열단의 고문이자 의열단장 김원봉에게 정신적으로 지대한 영향을 미쳤던 백민 황 상규도 북로군정서 일로 불참하였고(이종범, 『의열단 부장 이종암전』, 73쪽), 석정 윤세주 역시 창단 멤버이나 창단 당일 심하게 앓아 불참하였다(노경채, 「윤세주-실 천적 '청년' 민족해방운동가」, 『내일을 여는 역사』, 2001, 216쪽).

25. 전성현(2011). 앞의 논문, 118쪽.
26. 박태원(2000). 『약산과 의열단』. 깊은샘, 35쪽.
27. 황상규가 식민지 감옥 생활 중 생긴 고문과 폐결핵으로 병고에 시달리다 1931년 9월 2일 운명하자 『조선일보』 9월 4일 자, 5일 자 기사에 「의열단 초대 단장 황상규 씨 별세」, 「의열단 제1세 단장 고 황상규 씨 장의」라는 부음 기사가 실렸다.
28. 김삼웅(2015). 『약산 김원봉』. 시대의 창, 80-82쪽.
    『의열단 부장 이종암전』을 쓴 이종암의 동생 이종범은 "창단 혈맹을 굳힌 그날 북로군정서 일 때문에 자리를 같이하지 못했을 뿐 이미 동지들은 황상규를 의백으 로 모셨다. … 그리고 의열단 부단장으로 이종암이 정해졌다"고 주장했다. 그러나 일제 경찰의 여러 자료에도 김원봉이 의열단 창단 주역으로 나오고 약산 김원봉을 주목하고 있다.
29. 김영범(2017). 앞의 논문, 215쪽.
30. 김영범(2017). 앞의 논문, 214-216쪽.
31. 박태원(2000). 앞의 책, 35-36쪽.
32. 김산, 님 웨일스(1999). 『아리랑』. 동녘, 105-106쪽.
33. 김원봉의 「석정 동지 약사」, 김영범(2013). 『의열단, 민족혁명당, 조선의용대의 영 혼 윤세주』. 역사공간, 217쪽.
34. 김원봉의 「석정 동지 약사」, 김영범(2013). 앞의 책, 218쪽.
35. 김영범(2013). 『의열단, 민족혁명당, 조선의용대의 영혼, 윤세주』. 역사공간, 208-209쪽.
36. 김영범(2013). 앞의 책, 218쪽.
37. 권기훈(2002). 앞의 글, 39쪽.
38. 유종현(2012). 「잊고 있었던 영웅-석정 윤세주 열사」. 『독립정신』 제63호, 7쪽.
39. 박태원(2000). 앞의 책, 47쪽.
40. 이종범(1970). 『의열단 부장 이종암전』. 광복회, 278쪽.
41. 송건호(1985). 『의열단』. 창작과비평사, 39쪽.
42. 박태원(2000). 앞의 책. 깊은샘, 42쪽.
43. 김삼웅(2015). 『약산 김원봉』. 시대의 창, 96쪽.
44. 김춘복(2001). 앞의 논문, 99쪽.
45. 김춘복(2001). 위의 논문, 100-103쪽.
46. 김춘복(2001). 위의 논문, 107쪽.
47. 강만길(1995). 「조선혁명간부학교와 육사 이활」. 『민족문학사 연구』 제8호, 171쪽.
48. 신호웅(2007). 앞의 논문, 117쪽.
49. 김춘복(2001). 앞의 논문, 107쪽.

50. 김영범(2013). 앞의 책, 219쪽.

51. 김승일(2001). 앞의 책, 286쪽.

52. 염인호(2000). 「의열단에서 조선민족혁명당까지 김원봉」. 『내일을 여는 역사』. 제1호, 129쪽.

53. 염인호(1992). 「해방 전후 민족혁명당의 민족통일전선운동」. 『역사연구』 제1집, 336쪽.

54. 김춘복(2001). 앞의 논문, 110-111쪽.

55. 김춘복(2001). 위의 논문, 112쪽.

56. 김승일(2001). 앞의 책, 288쪽.

57. 염인호(2001). 『조선의용군의 독립운동』. 나남, 43쪽.

58. 한상도(1999). 「조선의용대의 국제연대 의식과 대만의용대」. 『한국근현대사연구』 제11집, 110쪽.

59. 염인호(1999). 「조선의용대의 창설과 한·중연대」. 『한국근현대사연구』 제11집, 137쪽.

60. 김승일(2001). 앞의 책, 289쪽.

61. 김춘복(2001). 앞의 논문, 114쪽.

62. 염인호(2001). 앞의 책. 나남, 44쪽.

63. 김춘복(2001). 앞의 논문, 114쪽.

64. 김승일(2001). 앞의 책, 285쪽.

65. 염인호(2010). 『또 하나의 한국전쟁』. 역사비평사, 438쪽.

66. 김중생(2000). 『조선의용군의 밀입북과 6·25전쟁』. 명지, 17-24쪽.

67. 김중생(2000). 위의 책, 173쪽.

68. 염인호(2010). 앞의 책, 433쪽.

69. 김중생(2000). 앞의 책, 194쪽.

70. 김중생(2000). 위의 책, 178쪽.

71. 김중생(2000). 위의 책, 173-195쪽.

72. 김학철(1995). 『최후의 분대장』. 문학과지성사, 188쪽.

73. 김춘복(2001). 앞의 논문, 119쪽.

74. 김영범(2013). 앞의 책, 138-141쪽.

75. 김영범(2013). 앞의 책, 139쪽.

76. 장세윤(1999). 「조선의용대의 조직편성과 구성원」. 『한국근현대사연구』 제11집, 50-51쪽.

77. 김학철(1995). 앞의 책, 183쪽.

78. 장세윤(1999). 앞의 논문, 52쪽.

79. 김주용(2011). 「중국 언론에 비친 조선의용대」. 『사학연구』 제 104호, 172쪽.

80. 김학철(1995). 앞의 책, 191-192쪽.

81. 김관웅, 사방예(2016). 「조선의용군 항일가요 '최후의 결전'의 혼종성에 대한 탐구」. 『근대서지』 제13호. 근대서지학회, 426-427쪽.

82. 염인호(1999). 앞의 논문, 164쪽.

83. 김학철(1995). 앞의 책, 182쪽.
　　〈김원봉, 김두봉, 윤세주, 한빈-이 네 분의 지도자를 나는 절대로 신뢰하고 존경

했으므로 그런 분열행동에는 동조를 할 리가 없었다….〉

84. 염인호(2001). 앞의 책, 92쪽.
85. 염인호(2001). 앞의 책, 95쪽.
86. 심지연(1988). 『조선신민당 연구』. 동녘, 221-222쪽.
87. 장세윤(2012). 중국공산당과 화북조선독립동맹·조선의용군의 관계」. 『독립정신』 통권 제64호, 19쪽.
88. 조동걸(1992). 「역사기행 조선의용군 유적지 태항산, 연안을 찾아서」. 『역사비평』 제20호, 399쪽.
89. 심지연(1988). 앞의 책, 218쪽.
90. 김주용(2015). 「한중 공동항일투쟁을 이끈 윤세주와 진광화」. 『독립기념관』 통권 331호, 23-25쪽.
91. 장세윤(1999). 앞의 논문, 51쪽.
92. 염인호(1996). 「조선의용대 화북지대의 팔로군과의 연대 투쟁」. 『독립운동사 연구』 제10집, 184쪽.
93. 이정식·한홍구 엮음(1986). 『항전별곡-조선독립동맹 자료 1』. 거름, 77쪽.
94. 심지연(1988). 앞의 책, 223쪽
95. 조동걸(1992). 앞의 논문, 390쪽.
96. 김영범(2013). 앞의 책, 157쪽.
97. 김원봉의 「석정 동지 약사」, 김영범(2013). 앞의 책, 220쪽 참조.
98. 김영범(2013). 앞의 책, 165쪽.
99. 김영범(2013). 앞의 책, 220쪽.
100. 한홍구(1988). 「의열단, 민족혁명당, 조선의용대의 한 주역의 일생」. 『역사비평』 제1권, 256쪽.
101. 신호웅(2007). 「석정 윤세주의 독립운동노선 연구」. 『인문학 연구』 제11집, 122쪽. 최채 증언.
102. 조동걸(1992). 앞의 논문, 398쪽.
103. 추헌수 편. 『자료 한국독립운동 2』, 60쪽.
104. 염인호(1992). 「해방 전후 민족혁명당의 민족통일전선운동」. 『역사연구』 제1호, 335쪽.
105. 신호웅(2007). 앞의 논문, 112쪽.
106. 최기영(1999). 「조선의용대와 미주 한인사회-조선의용대 미주후원회를 중심으로」. 『한국현대사 연구』 제11집, 100쪽.
107. 김영범(2013). 앞의 책, 206-210쪽.
108. 김덕균(1991). 「윤세주의 항일가요 최후의 결전에 대하여」. 『한국음악사학보』 제7집, 5-9쪽.
119. 김관웅·사방예(2016). 앞의 논문, 423-425쪽.
110. 김덕균(1991). 앞의 글, 6쪽.
111. 노경채(2001). 「윤세주-실천적 '청년' 민족해방운동가」. 『내일을 여는 역사』 제5호, 220쪽.
112. 한성훈(2012). 「조선의용군(대), 죽은 건 네가 아니다」. 『독립정신』, 32쪽.
113. 조동걸(1995). 『독립군의 길 따라 대륙을 가다』. 지식산업사, 287쪽.

5.

조선의 페스탈로치 이만규

* 「조선의 페스탈로치 이만규」는 2015년 『진보평론』 제65권에 발표된 글을 수정 보완한 글입니다.

1. 대한민국이 망각한 교육자, 이만규

대한민국 사회에서 이만규는 망각의 존재이다. 대한민국 교육을 짊어지고 있는 학교 교사들에게 이만규는 낯설고 생경한 인물이다. 교육학을 전공하는 학자들조차 이만규는 연구 대상이 아니다. 해방공간 조선 최고의 교육자를 꼽을 때 백남운, 이극로과 함께 이만규[1]를 빼놓을 수 없다.

교육자로서 이만규의 위상과 존재감이 얼마나 컸는지를 가늠하게 해 주는 일화가 있다. 해방과 동시에 여운형의 주도로 건국준비위원회가 활동을 시작하듯이 교육자들 역시 분주하게 움직였다.[2] 해방 직후 조선의 학교 교육이 앞으로 어떤 모습이어야 하는지 밑그림을 그리며 고등교육, 초등교육, 중등교육 순으로 교원 조직이 결성된다. 그런 움직임 가운데 1945년 8월 하순 민주교육을 열망하며 초등교원 중심으로 '초등교육건설회'[3]가 숙명고등여학교(숙명여고 전신) 강당에서 조직되었다. 이어서 9월 15일 '중등교육자 대회'가 휘문중학교 강당에서 열렸다. 당시 조선 전체 중등교원 1894명[4] 가운데 450명이 넘게 참여했으니 네 명 중 1명이 참여한 중등교원 최초이자 최대의 전국교사

대회였다.

이 대회 소집을 구상한 중등교육자 대회 발기인들은 서울시내 중등 교장 출신들로서 그들 대부분은 일제 말기 친일의 길을 걸었던 과거를 지녔다. 대회 의장을 노린 조동식(동덕고등여학교 교장) 역시 황민화 시기 일제에 적극 협력했던 인물이다. 친일 교육자 단체인 '조선교육회' 심사위원과 평의원을 지내며 일제 황민화 교육에 적극 협력했던 오점이 있다. 나아가 일본 제국주의가 조선인의 전쟁 참전과 협력을 독려하기 위해 만든 '조선 임전보국단'의 발기인, 평의원으로 참여했다. 그리하여 태평양 전쟁 당시 조선 청년들을 남태평양 군도 등 전쟁터로 내몰았던 전력을 가진 친일 인물이었다.

대회가 열리기 10여 일 전, 동덕여자중학교 교사 두 명이 이만규의 집을 찾아왔다. 조동식(동덕고녀), 유억겸(광신상업학교) 등 친일 교장들의 준동을 설명하고 대회에 참석해 줄 것을 요청했다. '중등교육자 대회' 당일 조동식의 대회 취지 설명에 이어 의장 선출에 들어갔다. 교장들은 모두 조동식을 지지했다. 그러나 대회 참석자 절대다수의 교사들은 이만규를 당당히 의장으로 선출[5]했던 것이다.

이만규는 일제강점기 개성 한영서원(송도고보 전신, 1913~1925)과 서울 배화여고보(현 배화여고의 전신, 1926~1946)에서 교육활동에 종사했다. 학생들에게 민족 주체성과 저항 의식을 고취하는 활동을 전개한 항일 민족주의 교육자였다. 1930년대 후반[6] 민족주의 계열 지식인들 다수가 친일의 길[7]로 들어서는 시기에도 비타협적인 삶의 자세를 고수했던 몇 안 되는 인물이다.

실제로 이만규는 1930~1940년대 민족어 규범 수립운동에 참여하여 한글맞춤법 통일안 제정위원과 조선어 표준어 사정위원 및 조선어학회 간사장[1936]으로 적극 활동했다. 특히 민족말살정책이 가속화되던 황민화 시기 문화운동이자 언어독립투쟁인 조선어학회 사건[1942]으로 고초를 겪는다. 조선어 연구자들은 전국 각지에서 피검돼 함경남도 홍원경찰서와 함흥경찰서로 압송된다. 그곳에서 물고문(해전), 비행기태우기(공중전, 학춤 추기), 몽둥이 난타 등 끔찍한 고문[8]을 당할 때 이만규 역시 한쪽 귀를 훼손[9]당했다.

민족주의 실력양성 운동단체인 '흥업구락부 사건'(1938년) 당시 이만규는 '치안유지법' 위반죄로 구속되는데, 이때 『조선교육사』 집필을 구상하게 된다. 흥업구락부 사건으로 배화고등여학교에서 강제 해직되지만 석방된 뒤 이만규는 자료 수집을 하고 『조선교육사』를 집필하기 시작한다. 이만규의 『조선교육사』 상권[1947]과 하권[1949]은 남북한 교육사학사에서 고전으로 통할 만큼 교육사서의 기념비적 역작이다.[10]

『조선교육사』는 한국인이 기술한 최초의 교육통사이며, 한국교육사 연구의 정초[11]를 놓은 저서이다. 나아가 민족 주체적 관점에서 식민지 교육학을 극복한 교육사서라는 점에서 특기할 만하다. 이만규의 『조선교육사』 이전에 출간된 교육사는 모두 일제 식민지 교육 행정가들에 의해 기술된 교육사[12]이다. 그 책들의 공통점은 일제의 조선 침략을 합리화하고 조선총독부의 식민지 교육정책을 선전하기 위해 저술된 것이다. 또한 조선의 교육을 조선인의 주체적 교육활동으로 보지 않았고 식민사관에 입각하여 시기 구분을 했다. 요컨대 근대 사학의 실증적 연구 태도가 결여돼 있을 뿐 아니라 식민지 체제 선전용으로 제작된 조악한 내용이라는 점이다.

1944년 해방 1년 전 이만규는 조선 최고의 친구[13]인 여운형의 권유로 건국동맹에 가입한다. 건국동맹은 여운형이 좌우를 망라하여 비밀리에 조직한 국내 항일애국세력의 통일전선체로 충칭 임시정부, 그리고 화북 연안의 조선독립동맹과 긴밀한 연대를 도모하기도 했다.[14] 이만규는 해방 직전 8월 11일에 여운형의 지시로 조선독립선언문을 작성하게 된다. 해방 이후 이만규는 여운형의 정치적 동지로서 여운형의 오른팔이 되어 정치노선을 함께한다. 건국동맹을 모체로 탄생된 건국준비위원회[1945년 8월], 조선인민공화국 보건부장[15][1945년 9월], 조선인민당 서기장[1945~1946], 민주주의민족전선 중앙위원 및 교육 분야 전문연구위원[1946년 2월], 근로인민당 조직국장[1947] 등 주요 직책은 그러한 사례들이다.

그런데 1947년 7월 19일 10여 차례의 테러 위협에도 굴하지 않던 여운형이 피살된다. 그러자 이만규는 해방공간 친일 극우세력들에 의해 지속된 남쪽 사회의 정치 상황에 절망한다. 백색테러의 위협과 친일세력을 정치적 기반으로 하는 이승만 정권의 반민족적인 성격[16]은 그러한 절망감을 부추겼다. 급기야 1948년 8월 근로인민당에서 활동하던 큰아들 이정구[17]가 이승만 반공 정권에 의해 경찰에 전격 구속된다. 엄혹한

여운형 선생이 피살된 지점을 알리는 표지석 (서울 종로구 혜화동 로터리 소재).
몽양 여운형은 야자 이만규 선생의 절친으로 사돈 간이자 항일독립운동가로서 해방 전후 정치적 노선을 함께한 동지이기도 하다. 여운형의 피살은 이만규의 월북을 결심하는 중요한 계기로 작용했다.

상황이 지속되자 1948년 9월 장택상(수도경찰청장)의 도움[18]으로 남쪽에 두 딸[19]을 남겨 둔 채 아내와 4명의 자녀를 데리고 북행길에 오르게 된다.[20] 전쟁 전인데도 남북 이산가족이라는 비극적인 운명에 처한 것이다.

조선어학회 사건 관련자 33인 가운데 24명은 독립유공자로 인정받

았지만 이만규를 포함해 북쪽에 잔류한 3인[21]은 북쪽을 선택한 월북자라는 이유로 아직껏 독립유공자가 되지 못하고 있다.[22] 뿐만 아니라 남쪽 사회에서 완전히 잊힌 존재이다. 조선어학회를 실질적으로 이끈 핵심 이극로[23], 두뇌가 명석했던 문법학자 정열모, 조선 교육자의 사표 이만규 세 사람 모두 사상적으로 공산주의와는 거리가 먼 인사들임에도 분단이 낳은 비극이 아닐 수 없다. 다행히 1987년 6월 항쟁 이후 정치사회 민주화가 진전되면서 이만규에 대한 연구가 조금씩 발표되고는 있지만 거의 진척이 없는 상황[24]이다.

그런 와중에 2012년 이길상(한국학중앙연구원 교수)은 '이만규가 실제로는 황민화 시기 친일파였다'는 객관적 사실이 결여된 논문을 학술지에 발표하고, 나아가 언론에도 발표[25]하여 관련 연구자들을 당황하게 만들었다. 즉각 박용규 박사와 심성보 교수의 반론과 연구논문[26]이 학술지에 게재되면서 다시 이만규에 대한 연구가 재점화되어 일순간 주목을 받았다.

필자는 이 글에서 일제강점기 시절 교육을 통해 민족의 독립을 꾀했던 항일 민족주의 교육자로서 이만규의 면모를 고증해 보고 시대를 앞서간 진보적 교육자로서의 모습을 구체적인 1차 사료를 통해 분석해 보고자 한다. 나아가 해방공간 여운형의 핵심 참모로서 정치노선을 함께한 진보적 민주주의자로서의 흔적을 고찰하려 한다.

또한 해방공간 중도좌파의 이념을 견지한 중간파[27](중도파) 정치인으로서 민족 분단의 비극을 막고 통일된 자주독립 국가건설을 위해 헌신했던 열혈 애국지사였음을 밝히고자 한다. 마지막으로 이만규가 조선이 낳은 실천적 지식인이자 조선 최고의 교육사학자로서 교육자의 사표師表가 되었음을 논증하고자 한다.

2. 일제강점기 항일의식을 고취한 민족주의 교육자

이만규는 1911년 경성 관립 대한의원 부속 의학강습소[28](경성의학전문학교-서울대 의대의 전신)를 27명 중 차석으로 졸업했다. 1912년 4월 개성에서 함께 우등생으로 졸업한 이창우와 고려병원을 개업했다. 그러나 7개월 만에 외과의사의 길을 접고 본격적으로 민족 독립을 위한 교육구국운동에 뛰어들게 된다.[29] 애초에 한성사범학교(경성사범학교-서울대 사범대 전신)를 입학하기 위해 고향 원주에서 상경했으나 입학 시기를 놓쳐 버려 경성의학강습소로 진학한 것이다.

이만규는 처음부터 의사의 길을 가고자 했다기보다 일제의 침략 앞에 풍전등화의 위기에 처한 민족 현실에 깊이 천착했던 인물이다. 그리하여 교육을 통한 구국운동, 애국계몽운동을 전개함으로써 민족의 운명과 자신의 삶을 일치시켰다. 한성사범학교 입학 시기를 놓치고 학비와 숙식비 전액을 면제해 주는 조건으로 부득이 경성의학교를 진학했던 것이다. 이만규는 경성의학교 졸업 이전부터 학생 신분으로 교육운동에 열정을 쏟았다. 의학생 신분으로 경신학교, 공옥학교, 상동교회의 상동청년학원, 봉명학교, 승동학교 등에서 교사로 봉직[30]하면서 학생들을 가르쳤다.

이만규의 이러한 민족주의 교육활동은 같은 강원도 출신인 한서 남궁억[31]의 영향이 컸다. 구한말 국권회복운동의 일환으로 애국계몽운동, 자강운동을 벌이던 남궁억은 그 시기 민족운동의 큰 흐름인 학회 창립[32]을 시도하여 관동학회를 세운다. 이만규는 남궁억을 존경하고 흠모하는 마음으로 관동학회에 가입하여 관동학생친목회 총무로서 활동했다.[33]

이만규는 일찌감치 대한의원 의학교 학생 신분이었지만 경신학교

배화여고 교무주임 시절의 이만규(1929). 해방공간 조선을 대표하는 교육자 3인 가운데 한 분이었던 이만규는 항일 민족주의 교육자이자 해방공간 진보적인 교육자로서 불후의 명작 『조선교육사』를 남긴 교육사학자이다. 해방공간 진보 진영의 교육 이념과 교육정책은 이만규의 작품이라는 데 이견이 없다(박용규 박사 제공).

1909 공옥학교1909 상동청년학원1910 등에서 물리, 화학 교사로 근무했다. 1912년 개성 고려병원을 개업한 지 7개월 만에 그만두고 한영서원(송도고등보통학교의 전신)에서 생물, 수학 교사로 근무한다. 외과의사로서 생활한 7개월을 제외하곤 오롯이 민족교육에 헌신했음을 알 수 있다. 개성 송도고보에서 14년[1912~1926], 서울 배화여고보(배화고등여학교)에서 20년[1926~1946] 가까운 세월을 민족교육에 헌신했다. 일제의 탄압으로 2년 7개월의 해직 기간[34]이 있었지만, 일제강점기 35년 가운데 31년 동안 민족의식을 고취시킨 민족주의 교육자로서 열정적인 삶을 살았다.

이만규는 개성 한영서원 교장으로 있던 윤치호의 권유로 1912년 11월부터 생물, 수학, 물리, 화학을 가르쳤다. 일제강점기 식민지 지식인으로서 민족문제를 심각하게 고민한 이만규는 틈틈이 우리말과 우리 역사를 가르치며 학생들에게 민족혼을 일깨우곤 했다. 당시 일제는 1908년에 제정한 「사립학교령」을 1911년에 개정했다. 개정된 「사립학교 규칙」[1911]을 통해 민족의식을 고취하며 민족교육을 담당했던 사립학교를 강력히 통제함으로써 그 기능을 약화시켰다.

1910년대 사립학교 수를 단순 비교하여도 1,973교[1910] → 1,317교[1912] → 1,240교[1914] → 690교[1919][35]로 해마다 급감했음을 보면 이를 알 수 있다. 공립과 관립은 일본인이 통제했기에 제국주의자들 스스로 마음을 놓았다. 하지만 사립학교는 조선인이 운영하거나 외국 선교단체가 운영하는 경우가 많아 '사립학교 = 민족의식이 자라는 온상'으로 의심했다. 그리하여 일본인 교직원을 정탐원으로 심어 두고 사립학교 동향을 학무 당국에 보고하는 등 통제[36]를 한층 강화했다.

이후 「개정 사립학교 규칙」[1915]을 통해 사립학교에서 성경, 한국사, 지리를 일체 가르치지 못하도록 했다. 대신 일본의 신도神道 사상을 가르치도록 강제했다. 모든 교과서는 총독부가 편찬한 것이나 검정을 받은 것만 사용할 수 있도록 통제를 한층 더 강화했다.[37] 더욱이 「개정 사립학교 규칙」 제10조 2항에서는 사립학교 교원은 일본어를 통달해야 한다고 규정했다. 뿐만 아니라 해당 학교의 담당 학과에 대한 학력을 가진 자가 아니면 안 된다고 명시했다. 특히 신설된 고등보통교육, 실업교육, 전문교육을 담당하는 학교는 수신, 국어(일본어), 지리, 체조 교원의 경우 반드시 교원 유자격자를 채용하도록 사립학교 통제를 강화했다.[38]

사립학교의 경우 국어(일본어), 일본사, 수신 등 상기 과목의 자격을 갖춘 조선인을 찾기는 매우 어려운 실정이었다.[39] 이런 행정조치는 결국 일본인 교사를 채용하라는 제도적 압력으로 작용했음은 불을 보듯 명확했다. 특히 사립학교 교원에게까지 수업 시간에 가르치는 교수-학습 용어를 일본말로 시행하라는 조치는 조선인 교원으로서는 견딜 수 없는 고충[40]이었기에 사립학교는 위축될 처지에 놓였다. 이렇듯 민족교육을 노골적으로 탄압하던 시대 분위기에 맞서 이만규 등 민족주의 교육자들은 사라져 가는 민족정신을 고취시키기 위해 분투했다. 민족 주체성에 입각한 항일 의식을 확산시키기 위해 『애국창가집』을 비밀리에 편찬, 보급시키는 활동을 했다.

1914년 8월에 개성 한영서원 학감으로 활동하면서 『애국창가집』 1권

40부를 편찬했고, 이듬해인 1915년 9월에는 『애국창가집』 2권 99부를 비밀리에 펴냈다. 당시 한영서원에서 이만규의 지도 아래 몇몇 교사들이 펴낸 『애국창가집』에 실린 백 수십 곡은 학생, 교직원뿐만 아니라 개성 시내 모든 학교와 다른 지방에까지 광범위하게 확산되었다. 그 가운데 「영웅의 모범」 노랫말 가사를 보면 민족 주체성과 항일 의식으로 충만함이 느껴진다.[41]

애국창가가 학생들 사이에서 흥얼거리는 정도가 아니라 일반 민중들의 일상생활 속에서 널리 애창되자 일제는 바짝 긴장했다. 실제로 1910년 나라를 빼앗긴 이후 신민회[1911], 대한광복회[1915] 등 비밀결사 조직사건과 지방민의 저항[42] 이외에는 이렇다 할 조선 민중의 전반적 동요는 제국주의 당국에 포착되지 않았다. 긴장 속 불안한 평온을 유지했다.

불안한 평온이 유지되던 시대 상황 속에서 이만규의 지도하에 비밀리에 간행, 배포된 '한영서원 창가집 사건'[1915~1916]은 결국 일본 제국주의 경찰당국의 촉수에 걸려들고 만다. 이만규는 이 사건으로 1915년 11~12월에 걸쳐 교직원, 학생 30명과 함께 경기도 경찰부에 적발돼 개성경찰서로 연행, 취조를 받는다. 한영서원 창가집 사건은 이만규로 하여금 교육을 통해 항일 민족의식을 고취시키고, 나아가 조선의 독립을 열망하는 민족주의 교육자로서의 면모를 여실히 보여 준 사건이었다.

이만규는 송도고보 교사로서 학생들에게 공식적으로 생물, 수학, 물리, 화학을 가르쳤다. 그렇지만 한문 시간 등 기회를 엿보아 조선어와 조선역사를 가르쳐 학생들의 민족정신을 일깨우는 것을 게을리하지 않았다. 이만규의 나이 31세가 되던 1919년에 3·1만세운동이 일어난다. 당시 이만규는 독립선언서를 다량 인쇄, 배포하고 집회와 시위에 적극 참가하는 등 3·1만세운동에 열정적으로 관심을 보였다.

3·1만세운동에 참여한 일로 인하여 이만규는 일제의 '출판물 및 보안법 위반'으로 피검돼 서대문감옥소에서 4개월 동안 수형생활을 한다. 그렇지만 3·1만세운동이 전개되던 시대상황에서 다른 지역과 달리 서울의 경우 조선인 교사 다수가 방관하거나 소극적인 태도[43]를 보이자 이에 크게 실망하고 교육자로서 스스로 부끄러움을 피력한다.

항일 민족주의 교육자로서 이만규의 면모는 『조선교육사』 서술에서 극명하게 표현된다. 제국주의 일본이 서양 문명의 세례를 받기 전까지 지리적 조건 때문에 조선을 통하여 문화를 전수 받은 나라로서 일본은 역사적으로 조선보다 후진국이었음을 역설한다. 나아가 우리 조선이 수천 년 역사 속에서 외국 정권에 나라를 빼앗긴 적이 단 한 번도 없는 정치적으로 자주독립을 견지해 온 탓에 일본의 동화정책은 완전히 실패할 것이라고 단언한다.

또한 역사적으로 일본이 조선에서 저지른 노략질과 침략전쟁으로 인하여 우리 조선의 백성들이 죄 없이 죽어 간 사실 앞에 분노한다. 따라서 일본이 부르짖는 '동양평화'니 '공존공영'이니 '일시동인'이니 하는 해괴한 논리로 가장한 조선 침략은 결코 근본부터 정의롭지 않다[44]고 강변한다. 한마디로 일본인의 교육은 섬나라 사람의 무지와 몰상식이 초래한 무식한 교육에 지나지 않다고 성토했다. 따라서 조선이 일본의 지배를 받는 것은 부당하고 조선이 일본보다 민족적으로 우월함을 힘주어 강조했다.

이만규의 역사의식 또한 단재 신채호의 민족주의 역사관[45]에서 깊은 영향을 받았다. 낭가사상을 민족사상의 원류로 파악한 신채호의 역사관은 이만규의 교육사상으로 표현되는데, 우리 민족 고유의 교육제도를 화랑도에서 찾았던 점이 바로 그것이다. 이만규는 화랑도 교육이 중국식 교육제도가 유입되기 이전에 자생적으로 만들어진 민족 고유의 교육제도[46]로 보았다.

나아가 통일신라 이후 중국식 학교제도가 유입되고 유교사상이 학문의 근간을 이루며 사대주의가 민족의식 속에 침윤되면서 봉건주의가 사회 도처에 자리 잡게 되었다고 비판했다. 이만규는 『조선교육사』 시기 구분에서 삼국시대 이후의 교육을 남북조 시대의 교육으로 분류했다. 발해를 한국사의 영역으로 끌어들인 것인데, 이는 신채호의 민족주의 역사관을 수용한 것으로 볼 수 있다.

이만규의 민족주의 교육활동은 기독교 신앙활동과 깊은 관련을 맺으며 전개되었다. 이만규는 감리교 신자로서 감리교 학교재단인 개성 한영서원(이후 송도고등보통학교)과 배화여자고등보통학교(이후 배화고등여학교)에서 31년에 걸친 교직생활을 통해 민족교육을 실천한다.

1910년대 여운형이 개성을 방문[47]했을 때 이만규는 감리교회 소속인 개성 북부교회에서 학생과 신자들을 모아 놓고 여운형의 강연을 들었다.[48] 여운형의 강연을 통해 이만규와 학생들은 1차 대전을 전후한 세계 정치정세와 조선의 독립문제에 대한 생각을 접했다. 이만규는 1926년 배화여고보로 전근 오면서 감리교 계통인 경성종교교회[49]와 YMCA에 출석했다. 그곳에서 열정적으로 강연도 하고 YMCA 기관지인 『청년』에 평론과 시조를 발표[50]하는 등 조선 청년들의 민족의식 형성에 열정을 쏟았다.

1920년대 초반 일제의 유화적인 문화정치의 영향으로 수많은 청년단체와 청년운동이 활발하게 전개된다. 그리하여 3·1만세운동 당시 가장 큰 피해를 입었던 기독교 역시 청년운동을 중심으로 조직을 재정비하게 된다. 기독교 세력의 민족운동의 구심 역할을 한 YMCA 역시 1920년대 전반 활발한 활동을 전개한다.[51] 1920년대 이만규는 감리교 신자로서 조선 내 남·북 감리교 통합을 위해 노력한다. 남·북 감리교 통합이 이루어진 뒤에는 자신이 속한 감리교와 조선 최대의 교파인 장로교와의 통합을 위해 노력한다.

1931년 발표된 「長老 監理의 合同 提唱」에서 이만규는 장로교와 감리교의 차이점을 논한 뒤 그러한 차이점은 성경적 해석의 차이라기보다 철학적 이론의 차이임을 밝힌다. 나아가 캐나다와 일본에서 교파가 합동하여 연합교회가 열리듯이 조그마한 조선 땅 안에서도 기독교 양파가 합동해야 함을 역설한다. 조선 반도 안에서 수십만 신도가 한결같은 신앙으로 단결하는 것이 만민의 합동을 이상으로 하는 교회의 참모습이자 예수의 본래 정신[52]임을 강조한다. 이렇듯 이만규의 신앙 활동은 모든 것이 민족이 처한 식민지 현실과 깊이 연관돼 있었다. 신앙이든 민족이든 분열된 식민지 현실 속에서는 제대로 제 역할을 할 수 없음을 간파한 민족주의 신앙인으로서의 통찰과 고뇌가 어린 대목이 아닐 수 없다.

기독교 신앙과 관련하여 이만규는 1920년대 흥업구락부에도 가입하여 활동한다. 흥업구락부는 이승만의 지시로 신흥우가 민족주의운동의 일환으로 1925년 3월 22일 자신의 집[53]에서 비밀리에 조직한 문화운동 단체이다. 산업 발전과 자급자족, 민족 계몽 강연회 개최 등 민족의식을 보급하여 실력양성을 통해 조선의 독립을 도모했는데, 흥업구락부 회원 대부분이 YMCA 회원으로서 또 다른 민족운동단체인 안창호의 수양동우회와 쌍벽을 이룬다. 수양동우회가 『동아일보』를 중심으로 농촌계몽운동을 전개했다면, 흥업구락부는 YMCA를 중심으로[54] 농사개량 등 농촌사업을 전개했다.

이만규는 1925년 흥업구락부 조직 당시부터 적극 참여했고, 1928년에는 흥업구락부 전형위원으로 1937년까지 활동했으며, 1930년대 후

반 모임도 주도했다. 그러나 수양동우회와 흥업구락부 두 단체 모두 식민지 현실을 인정하는 체제 내적 운동이라는 한계를 지닌 채 전개 되었다. 그럼에도 1930년대 중반에 이르면 조선총독부가 개입하게 되면서 흐지부지된다는 공통점을 지닌다.

그것은 1930년대 농촌경제의 파탄 원인을 세계 대공황이라는 자본주의 경제 현실과 제국주의 식민지 수탈이라는 사회구조적 요인을 도외시한 채 농민의 무지와 게으름, 그리고 그들의 잘못된 생활습관에서 찾았기 때문이다. 체제 내적 운동이었음에도 일제는 1930년대 중반 이후 민족의식을 고취하는 운동으로 규정했기에 관련자들을 체포, 투옥하는 등 가혹하게 탄압했다. 이만규 역시 흥업구락부 사건[1938]으로 서대문경찰서에 피검돼 고초를 겪었고, 배화여고보에서 강제 퇴직을 당하게 된다.

민족주의 계열 지식인들의 농촌계몽운동은 1930년대 전반 조선총독부의 농촌진흥운동으로 흡수되면서 30년대 중반에 가면 궤멸된다. 그리고 1937년 중일전쟁 이후 민족주의 지식인들 절대다수가 대동아공영권 건설, 내선일체 등 적극적 친일로 돌아선다. 감리교 지도자였던 정춘수, 양주삼, 신흥우, 구자옥 등이 그런 부류의 친일 지식인들이다. 그들은 신사참배를 종교 활동이 아니기에 우상숭배의 죄를 범한 것으로 볼 수 없다는 궤변을 일삼으며 배교를 서슴지 않았다.[55]

이만규는 황민화 시기 기독교도 및 민족운동가들 다수가 훼절한 것과 달리 전혀 다른 길을 걷게 된다. 흥업구락부 사건[1938] 이후 해직 기간[1938. 3~1940. 9]인 31개월 동안 『조선교육사』 발간을 구상하고 자료 수집과 집필을 하게 된다. 『조선교육사』 서문에서 밝혔듯이 우리나라 교육의 문제점을 알아볼 생각으로 시작한 작업이 낡은 봉건제도와 특권 도덕을 타파하고 인간이 인간답게 살기 위한 새 교육[56]으로 비상한다. 낡은 봉건 질서에 따른 특권 교육과 수탈과 착취를 위한 식민지 교육을 극복하기 위해 진정한 조선 교육의 역사서를 편찬하는 데 심혈을 기울였던 것이다.

일제강점기 시절 이만규는 일상적인 교육활동 속에서 학생들에게 항일의식과 민족의식을 고취시켰다. 이만규에게 1930년을 전후해 5년 동안 교육을 받았던 제자 조애영(시인 조지훈의 고모)의 증언은 그런 내용을 잘 드러내 준다. "총독부 학무국 시학관의 감시를 피해 태극 마크 모양인 배화 교표를 칠판에 크게 그려 놓고 글을 쓰라고 했습니다. 민족정신과 독립사상을 불어넣어 주기 위해서였지요."[57]

황민화 시기 이만규의 항일 민족주의운동은 조선어학회 사건[1942]에서 빛을 발한다. 조선어학회는 조선총독부 학무국의 허가를 받고 활동한 합법 연구 단체였다. 그러나 일제강점기라는 역사적 상황을 감안할 때 우리말을 연구한다는 것 자체가 저항적 민족운동의 성격을 지

조선어학회 사건 당시 고난을 겪었던 조선어학회 33인(한글회관 지하 교육관).
조선어학회 사건은 1940년 창씨개명을 강요하며 민족말살정책을 자행한 일본 제국주의에 저항한 언어독립투쟁이다. 한징, 이윤재, 이극로, 최현배, 이만규 등 한글학자들이 당한 고문의 양상은 상상을 초월할 정도로 야만적이고 잔혹했다.

이만규의 셋째 딸 갈물 이철경 여사의 서예 글씨(한글회관 지하 교육관).
한글 서예의 대가이자 여성운동가 이철경의 아들이 가수 서유석 씨이다. 따라서 이만규 선생은
서유석 씨의 외할아버지이다.

닐 수밖에 없었다. 조선어학회 사건은 일제의 조선 민족 말살정책의 하나로 우리말과 우리글을 연구하던 관련자 33인을 극악한 악형과 모진 고문으로 탄압한 사건이다. 조선어학회 사건의 발단[58]이 매우 엉뚱한 것에서 시작되었지만 수사에 착수한 지 7개월이 지나서야 치안유지법 1조(내란죄) 위반의 혐의를 씌워 조서가 끝났다.

1942년 10월 1일부터 1943년 3월 6일까지 서울, 부산, 김천, 광양 등 전국 각지에서 29인을 함경남도 함흥경찰서, 홍원경찰서로 연행, 구속하고 4명을 불구속 상태에서 수사하여 이극로, 최현배 등 무려 11명에게 징역형을 가한 사건이다.[59] 일본 제국주의 경찰과 악질 조선인 고등계 형사들(김석묵 시바타, 안정묵 야스다)은 계속된 고문과 매질을 가했다. 조선어학회 관련 인사들이 쇠약해지면 영양주사를 놓아가면서[60] 극악한 짓을 자행했다. 그 결과 예심결정서가 종결되기도 전에 함흥감옥에서 이윤재와 한징 두 분은 참혹한 고문 끝에 옥사한다.

조선어학회 사건이 발생했을 때 이만규는 배화여고보 교두敎頭[61]의 직책에 있었다. 이만규는 죽마고우인 이강래(배화여고보 교사, 해방 후 1947년 배화여중 교장)와 함께 1942년 10월 21일 서울에서 체포되어

함경남도 홍원경찰서로 압송돼 모진 고문[62]을 받았다. 구속된 지 11개월이 지난 1943년 9월 18일 이강래, 이은상, 김윤경, 이병기 등 11명과 함께 기소유예로 석방되지만 11개월 동안 감옥생활을 했다. 이만규는 조선어학회에 가입하여 적극적으로 활동했는데, 1936년에는 6대 조선어학회 간사장을 맡는 등 중요한 역할을 수행했다.

그 중심적인 활동 내용을 간추리면 이극로가 주도한 조선어사전 편찬회 발기인[1929], 조선어사전 편찬위원[1931]으로 활동했다. 또한 동아일보에서 주최한 한글강습회 강사[1931]로 참여했고, 조선어학회 기관지 『한글』 창간회원[1932]으로 활동했다. 그리고 한글맞춤법 통일안 제정위원[63 1933]과 조선어학회가 추진한 한글강습회를 통한 한글 보급 운동에 강사[1934]로 참여했다. 조선어 표준어 사정위원회 사정위원과 수정위원[1935~1936]으로 눈부시게 활동했다. 이만규의 조선어학회 활동의 중추적인 역할은 조선어학회 6대 간사장[1936~1937]과 조선어학회 7대 서무부 간사[1937~1938]를 맡는 것에서 정점에 이른다.[64]

3. 진보적 교육을 실천한 비타협적 교육자

일제강점기 이만규의 교육 실천은 항일 민족주의 교육으로 일관한다. 일본 제국주의 식민지 교육정책에 대한 적극적 저항이자 민족의 독립에 대한 강렬한 열망의 실천이었다. 제국주의 식민통치 아래 조선의 학교 교육은 식민지 지배도구로 전락했다. 그런 현실 속에 교육자로서 이만규의 삶은 큰 틀에서 자연히 식민지 교육에 대한 저항으로 귀착될 수밖에 없었다. 낡은 봉건적 질서에 갇힌 식민지 조선의 현실 속에서 교육자로서 느낀 고뇌와 실천은 당연히 진보적이고 저항적이며 비타협적인 성격으로 표출되었다.

일제의 식민지 교육정책이란 것이 식민주의자들의 표현처럼 조선 민중에게 교육의 기회를 균등하게 제공하는 것에 있지 않았다. 정책으로 표방하기로는 조선 민중에게 교육을 확대하고 대중적으로 보급함으로써 조선의 근대화에 기여한다고 했지만 그것은 허울뿐이었다. 조선에서 식민지 교육정책은 근대교육의 확대에 있다기보다 원활한 식민통치에 있었다. 즉 일제의 식민통치에 부응할 수 있는 최소한의 하급지식인을 양성하는 것에 있었다. 일제 식민통치자들의 '고등 문화' 언어인 일본어를 국어로 가르침으로써 의사소통이 수월해질 것이고 이는 식민 국가행정에도 필수적[65]이기 때문이다. 일제의 우민화 교육정책은 조선 민중의 의식의 성장을 저지시키고 식민지 통치 기구에 협력할 수 있는 친일적 집단을 양산하는 것이었다.

1929년 야마나시 총독 시기에 시행된 1면 1교 보통교육 확대 정책[66]에도 불구하고 조선총독부의 식민지 교육정책은 절대다수 조선 민중을 여전히 문맹자로 묶어 두는 것에 있었다. 즉, 일본어를 읽고 쓸 수 있는 초보적인 식민지 보통 교육을 통해 조선 민중을 우민화하려는 민족 차별 정책인 셈이다. 실제로 1929년도 조선총독부 통계연보에 따르면 조선 아동의 취학률은 19.9%, 조선 내 일본 아동의 취학률은 99%로 비교가 되지 않았다. 1면 1교 정책 시행 이후인 1936년 2월 2일 자『동아일보』보도에 따르면 조선 아동의 보통학교 취학률은 25%에 머무는데, 농촌 여자 아동의 경우엔 9.1%로 여전히 매우 낮은 수준에 머물렀다.[67]

교육을 통한 조선 민중의 의식의 성장이 일본 식민통치의 도덕적 근간을 무너뜨리고 일본의 식민통치를 무시하는 사태를 두려워한 탓이다. 뿐만 아니라 일본 식민 당국은 조선 사회 내 낡은 유교적 봉건

질서를 온존, 강화시킴으로써 식민지 조선의 차별적 현실을 당연한 질서로 받아들이게 했다. 이만규의 식민지 교육에 대한 저항이 항일 민족주의 교육의 성격을 띠면서도 진보적 교육의 성격을 지니는 중요한 이유가 여기에서 발견된다.

이만규는 1933년 배화여고보 교사 시절 『신여성新女性』에 「여학생女學生에게 보내노라」라는 글을 발표하는데, 이 글에서 "여자가 학문을 닦는 것은 그 목적이 여자의 인격을 높이려는 데 있다"고 일갈한다. 그러면서 "인격이 높아진다는 것과 자존심이라는 것은 하나로서 (중략) 인격이 높아지면 자존심이 생기고 자존심이 생기면 인격이 높아진다."[68]고 강조한다. 나아가 "배우는 여자들은 여자의 천성에 대해 자존심을 갖고 좋은 것을 끝까지 길러 가며 결점은 스스로 고칠 것"을 강조했다. 또한 "남자의 천성에 대해 조금이라도 부러워하지 말고 도리어 남자의 천성 중에 결함된 것을 철저히 배척하여 천성으로 보아 여자 된 것을 자랑할 만큼 깊은 자존심을 가져야 한다"[69]고 역설한다.

1930년대 남녀차별, 남아선호 등 봉건적 질서가 강하게 온존한 조선 사회에서 여성의 인격과 자존심을 남학생과 비교하여 여학생 스스로 당당하게 주체적으로 갖춰 나갈 것을 역설하는 대목은 평등의식에 기초한 진보적 교육자의 면면이 아닐 수 없다. 또한 이만규는 1929년 『배화培花』 창간호 「여자女子의 사명使命」에서 사람에게는 반드시 사명이 있는데 여자의 사명을 아이를 낳는 출산과 양육, 가정을 아름답게 가꾸는 일, 그리고 사회봉사의 네 가지로 규정한다.[70]

여기서 출산을 "생명의 보존을 위한 원칙이자 인류의 근본적인 사명으로 인류 문화를 계승시키는 헌신적 사명"이라고 단언한다. 또한 여자의 특권인 출산이 "인간이 지닌 모든 사명 중에 절대적 사명이자 지상 최선의 행위로서 우주의 신비한 사명"[71]이라 찬사를 보낸다. 그러면서 출산이 결코 '약자의 치욕이나 심상한 행위가 아니고 강한 자의 영예로운 행위'임을 강조한다. 이러한 이만규의 생각은 「여학생에게 보내노라」에서 언급한 여자의 천성 가운데 출산을 여성의 멍에가 아니라 고유한 특권으로 규정한 주체적인 표현이다.

"여자는 아이나 키우고 살림이나 할 것이다"라고 얕잡아 말하고 대수롭지 않은 일로 치부하는 생각을 갖는 것이 조선의 현실이라고 비판한다. 또한 그러한 봉건적 열등 관념이 여성의 마음에까지도 스며들어 "나는 여자이니까 이런 일이나 하지"라고 스스로 자신을 낮추는 것도 우리 조선 사회의 보통의 현상[72]이라 일갈한다.

출산과 양육이라는 위대한 과업을 수행하면서도 여성 스스로 남성들에게 열등의식을 갖는 것은 남성 우월주의 사회의 편벽된 선전 탓이라 분석한다. 결국 여성 스스로 정신을 가다듬고 깨어나야 함을 역설한다. "여자니까 이런 일이나 한다"가 아니라 "여자니까 이런 훌륭한 일을 할 수 있다"고 자존심을 가져야 한다. 그 길이 출산이라는 "천직의 가치를 높이고 그 가치를 낼 수 있는 여자인 것을 자랑스럽게 생각해야 한다"[73]고 강조한다.

출산을 통해 여성 역시 남성이란 존재와 대등하게 위대한 일을 하는 존재로서 규정하고 있는 것이다. 요컨대 이만규는 여성 스스로 정치, 교육, 연구, 노동 등 모든 일에 남성과 똑같이 역할을 수행할 수 있음을 주장한다. 즉, 여성은 남성에게 없는 출산이라는 특수한 천직을 수행할 신체와 성격은 가졌으나 남성이 하는 일을 동시에 할 수 있는 신체와 성격 또한 간직했음을 역설한다. 그리하여 여성 스스로 자신의 천성과 능력에 따라 사회적 지위와 역할을 당당히 수행할 뿐 남성에게 양보할 이유가 없다고 천명한다.[74]

아이를 기르고 보살피는 양육 또한 여성의 특권이자 자랑이라고 강조한다. 따라서 일신의 안일을 위하여 자신의 젖을 먹이지 않고 유모를 두고 우유를 먹이는 것은 엄마의 책임을 가볍게 여기고 아이의 권리를 포기하는 부박한 처사라고 비판한다. 특히 아이의 교육활동에서 엄마의 역할이 학교 교사의 역할보다 절대적임을 역설한다. "어린아이가 엄마의 젖꼭지를 물고 엄마의 얼굴을 쳐다볼 때 엄마의 얼굴과 눈에 드러나는 사랑의 눈길이 아이에게 바로 꽂히는 그 찰나의 순간에 어린아이의 감정을 아름답게 만드는 일은 아이가 장성한 후에 여러 해를 두고 지도하는 교사의 가르침보다 훨씬 교육적 효과가 크다"[75]고 말한다.

특히 어머니의 지적 교육에 대해 언급하면서 아이의 호기심 어린 질문에 대해 '귀찮다', '떠들지 마라', '잔소리 마라'는 졸렬한 대답으로 아이의 지적 호기심을 무질러 버리는 행위를 비판한다. 자애롭지 못한 그러한 응답들이 아이로 하여금 배우려는 호기심을 학교에 입학도 하기 전에 마음속 깊이 사라져 버리게 만드는 통곡할 일이라고 규탄한다.[76] 이런 비판 역시 전통적인 교육의 관념을 넘어선 이만규 자신의 진보적인 교육관을 피력한 대목이다. 다시 말해 교육은 어른이 아이들에게 주입하는 일방적인 행위라는 전통적 관념을 초월했다. 오히려 교육은 상호 커뮤니케이션을 통해 아이의 잠재된 호기심을 길러 주는 과학적인 활동, 바로 이만규 자신의 진보적인 교육자상을 표현한 대목으로 볼 수 있다.

세 번째 여자의 사명으로 가정을 아름답게 가꾸는 일을 제시한다. 이만규는 식민지 조선의 현실에서 이상적인 가정을 만들기 위하여 여성 스스로 경제관념을 간직하는 게 필수적임을 강조한다. 나아가 가정을 아름답게 가꾸기 위해서 건전한 종교 활동을 또한 강조한다. 가족 구성원의 도덕적 정조를 발달시키기 위해서는 건전한 종교

활동이 빠질 수 없기 때문이다.[77] 더군다나 건전한 종교 활동이 없으면 평범한 사람으로서 인생의 근본적인 문제를 대할 때 생명의 활동이 없으며 도덕의 원칙을 세울 이성의 발전도 없기 때문이다. 그리하여 이만규는 미신을 좇는 행위, 점을 보거나 사주팔자에 의지하는 행위 등 봉건시대 낡은 폐습을 답습하는 것은 조선의 여성이 취할 태도가 아니라고 강변한다. "세상의 절반이 여성인데 식민지 조선의 현실에 대해 여성의 책무와 권리가 없을 리 없다"면서 여성의 분발을 촉구한다.[78]

마지막으로 이만규는 조선 여성의 사회봉사, 사회활동을 촉구한다. 조선의 봉건적인 현실 속에서 여성이 한 번 출가하면 가정에 얽매여 사회 문제에 등한시하고 거리를 두며 무관심으로 일관하는데, 이는 여성의 약점이 아니라 조선 사회 환경이 봉건적인 탓이라고 분석한다. 따라서 조선의 여성은 문맹퇴치 문제, 아동교육 문제, 위생청결 문제, 가정경제 문제, 여성의 지위와 소질 향상 문제, 결혼제도 개선 문제[79] 등에 관심을 갖고 힘써야 함을 역설한다. 그를 위해 여성 스스로 협력, 단결하여 주부운동, 여성운동이 조선 사회에서 활발히 일어나기를 고대했다. 게다가 독신주의에 입각한 여성의 존재를 인정하고 그들의 사회활동, 사회봉사를 적극 옹호했다.

일부에선 이만규의 여성관이 보수적이라고 비판한 시각도 있다. 여성을 독립된 인격으로서의 주체성을 외면한 채 남성 중심의 성차별적 시각이라는 이유이다. 그 논문에선 하이힐, 짧은 치마 등 신여성의 외향적 취향을 비판적으로 바라본 이만규의 여성관을 지적한다. 나아가 연애, 여성미(화장미), 여성들의 유행, 결혼관, 여성의 직업 등 『가정독본』1941에 나타난 이만규의 여성관을 보수적이라고 평가한다.[80] 그러나 그런 분석과 평가는 지엽적이고 단편적인 내용을 본질적인 것으로 환원시키는 잘못을 범했다.

『가정독본』 전체를 관통하여 이만규가 주장하고자 한 것은 가정교육과 여성교육을 통해 전체적으로 사회를 진보시키는 데 있다. 축첩제도, 결혼제도 등 봉건적인 낡은 질서를 타파하고 가정교육과 여성교육을 통해 여성의 주체적 인격을 드높이고 사회 발전을 지향하려는 의도였다. 『가정독본』의 마지막 부분에서 「문화적 여성의 길」[81]을 제시하며 여성의 사회적 역할과 여성 해방을 강조한 대목은 이 책의 압권이 아닐 수 없다.

무릇 조선의 여성은 미의 가치를 제대로 감상하는 예술적 감수성을 지닐 것을 강조한다. 일상에서 사주, 궁합, 점 등 미신에서 해방되어야 하며 음력과 환갑을 폐지해야 한다. 나아가 제사법을 고쳐 혼례, 상·장례, 제례의식을 간소화할 것을 주문한다. 또한 여성 스스로 과학적 지식을 활용할 줄 알아야 하며 경제지식을 갖출 것을 요구한다. 무엇보다 국민의 권리와 의무를 알고 국제정치와 약소민족의 동향 등 정치적 상식과 관심을 높일 것을 역설한다. 그리하여 여성 스스로 먼저 주체적 인격을 갖춘 '사람인 여성'이 되어 '온 정신과 몸이 노동하는 대중 속으로 들어가 그들의 친한 동무가 될 것'을 역설한다.[82]

이만규는 청년기 학생의 할 일을 강조하면서 청년기는 소년기와 다르게 인격 요소가 열리고 갖춰지는 시기로 파악했다. 그리하여 청년기엔 지식과 도야에 힘써야 하며 우선적으로 자기를 찾고 자기를 가꾸는 노력이 절대적으로 필요하다고 보았다. 청년기 학생 스스로 자신의 사명을 찾고 이를 추구하는 속에서 행복의 문이 열린다고 보았기 때문이다. 광야에서 금식한 예수처럼, 설산에서 고행한 석가처럼 학생이 배움의 도정에서 혼신을 다해 이상과 포부를 쌓는 일에 열심히 노력할 것을 당부한다.[83]

이러한 여성관과 학생관은 일제강점기 봉건적 질서가 완고하게 지배했던 조선 사회 내에서 볼 때 매우 진보적인 사상이 아닐 수 없다. 낡은 질서를 해체시키고 봉건적 굴레에서 벗어나 사회 참여를 촉구하는 이만규의 여성관은 여성을 남성과 동등한 존재로 파악하는 태도이다. 또한 청년기 학생의 할 일에서 자기 자신을 알며 자신의 꿈(사명)을 찾아 노력할 때 행복의 문이 열린다고 역설하는 태도는 오늘날 개성을 강조하는 현대 민주주의 교육의 본질을 꿰뚫어 보는 혜안이 아닐 수 없다. 특히 여성의 사회 참여를 강조하며 주부운동, 여성운동을 활발하게 전개할 것을 독려하는 모습에선 당대 진보적 교육을 실천한 교육자의 참모습을 엿보게 된다.

다음으로 이만규의 비타협적 교육자로서의 모습을 살펴보자. 일제강점기 이만규는 윤치호가 교장으로 있던 개성 한영서원 교사로 재직할 당시 일제의 식민 정책에 반대하는 교육활동을 전개했다. 그 대표적인 활동이 『애국창가집』을 비밀리에 발간하여 학생들에게 널리 배포한 사건[1915~1916]으로 개성경찰서에 연행돼 취조를 받은 적이 있다. 뿐만 아니라 3·1만세운동 당시 독립선언서를 등사, 배포하고 만세시위와 집회에 참가하는 등 항일 민족주의 의식으로 점철된 교육자의 삶을 살았다.

이 사건으로 이만규는 '출판물 및 보안법 위반'으로 검거돼 서대문형무소에서 4개월 옥고를 치른다. 출소한 뒤 이만규는 1920~1930년대 조선청년회 연합회 집행위원[1922] 및 흥업구락부 전형위원[1928], 조선중앙기독교 청년회[YMCA] 서기[1936~1937] 등으로 활동하면서 민족주의운동을 지속했다. 이만규는 1년 6개월에 이른 세 차례 감옥생활과 2년 7개월의 해직 기간 등 일제의 가혹한 탄압과 회유에도 타협하지 않고 식민지 지식인으로서 지조와 절개를 지켜 나갔다.

특히 1937년 중일전쟁 직후 황민화 시기로 치닫던 시절 다수의 민족주의 계열 지식인들이 일제의 회유와 탄압으로 적극적 친일로 훼절했다. 이 시기에 이만규는 안재홍[84]과 마찬가지로 비타협적 노선을 걷는다. 홍업구락부 사건[1938], 조선어학회[1942] 사건 등으로 다시 일본 경찰에 피검돼 70시간을 계속 잠을 재우지 않는 등 상상하기 힘든 취조와 극악한 악형[85]을 받았다. 그럼에도 그의 당찬 모습은 일본 제국주의 통치 말기까지 흔들림 없이 지속되었다. 제국주의 패망이 눈앞에 닥친 1944년에는 여운형의 건국동맹에 가입했다. 이만규야말로 마지막까지 조선의 독립을 위해 혼신을 다하며 비타협적 노선을 걸어간 애국지사였다.

여학생이 양복을 입는 것에 대한 이만규의 다음 생각은 일상에서 비타협적인 교육자로서의 삶을 잘 보여 준 사례이다. 이만규는 여학생들이 차츰 양복을 입는 현상을 유행으로 권장하는 조선일보 시평을 인용하면서 민족주의 시각을 덧붙여 일본 여학생의 개량복(기모노 하카마) 흉내를 내며 닮아 가는 조선 여학생의 양복 교복을 신랄하게 비판하고 있다. 훌륭하고 맵시 있는 조선의 여학생들이 그런 부류의 모양 없는 양복을 교복으로 입는 것은 '한 다리 두 다리 건너는 중에 병신된 교복 양식'[86]이라고 엄히 꾸짖는다. 더군다나 모양 없는 양복을 교복으로 입다 보면 조선 여학생 스스로 조선 옷에 대한 기술과 관찰, 그리고 조선 옷에 대한 상식이 줄어들게 됨을 우려했다.

배화여고보 교사 시절 황민화 시기로 접어든 1937~1938년 11회[1937], 12회[1938] 졸업생들을 위해 쓴 다음의 한시(漢詩)에는 비타협적 민족주의 교육자의 삶을 지켜 낸 이만규의 고결한 기상이 잘 드러나 있다.

霜菊氣質 雪梅魂膽(서리 속에서도 굴하지 않는 국화와 같은

기질을 지니고 눈 속에서도 굴하지 않는 매화와 같은 넋과 용기를 지녀라).[87]

4. 해방공간 진보적 민주주의 교육정책을 지향한 중도좌파 정치인

이만규는 「그날이 오면」의 시인 심훈과 사돈 간이기도 하지만 조선 최고의 친구 몽양 여운형과도 사돈 간이다. 그만큼 독립운동과 정치노선을 함께할 정도로 여운형과는 지란지교芝蘭之交의 관계였다. 따라서 이만규의 정치노선을 이해하는 지름길은 여운형의 정치노선을 이해하는 것이다. 여운형은 서대문형무소에서 2차 투옥 당시 항일조직을 구상한 뒤 1943년 7월 출옥과 동시에 '조선민족 해방연맹'1943년 8월을 결성했다.[88] 이를 바탕으로 1년 뒤 비밀리에 국내 항일 결사조직인 '건국동맹'1944을 조직한다.

이만규는 여운형의 권유로 건국동맹에 가입한 뒤 건국동맹 전국대표자 전형업무와 건국동맹 중앙간부로 선출되어 총무부 일을 수행했다. 또한 해방 후 건국동맹을 모체로 좌우익 운동세력을 결집시켜 탄생된 '조선건국준비위원회'(약칭 건준)에서도 활동했다. 이후 조선인민공화국(1945년 9월)-조선인민당(1945년 11월)-민주주의민족전선(약칭 민전, 1946년 2월)-근로인민당(1947년 5월) 등 해방공간 정치활동 전 과정에 함께했다. 이만규는 여운형의 핵심 참모로서 든든한 오른팔 역할을 수행했을 뿐 아니라 여운형과 정치노선을 같이했다.

따라서 해방공간 이만규의 교육정책은 여운형의 진보적 민주주의 이념에 입각해 있었다. 진보적 민주주의는 여운형 스스로 자신의 이

넘적 지향성을 표현한 내용이다. 어떠한 사상과 이념에도 속박되지 않겠다는 여운형 자신의 삶을 특징적으로 표현한 것이다. 군이 이념적 지향성을 표현한다면 민족주의 좌파인 민족적 사회주의 또는 사회주의적 민족주의로 규정할 수 있겠다.[89] 여운형의 경우 기독교나 사회주의는 항일 민족의식과 민족해방을 달성하기 위한 전략적 선택이었지 신념으로서 추종한 것은 아니었다.[90]

실제로 여운형은 항일혁명활동을 했던 독립운동가 가운데 유일하게 좌와 우를 넘나들었던 인물이다. 젊은 시절 일본 제국의회에서 조선독립의 당위성을 연설했고, 고려공산당 당원으로 극동 피압박 인민 대표회의에 참여했다. 뿐만 아니라 레닌, 트로츠키 등 소비에트 혁명가들과 면담을 나누고 중국 공산당 당우로도 인정을 받았다. 그런가 하면 3차 조선공산당 비밀 당원이었다는 주장[91]도 있는가 하면 쑨원의

여운형 선생이 피살된 혜화동 로터리(서울시 종로구 대학로 인근).
통일된 민족국가 수립을 위해 좌우합작운동에 매진한 여운형은 1947년 7월 19일 승용차로 이동하다 피살된다. 사진 속 버스와 승용차 사이 지점이 피살 장소이다. 이만규의 국내 절친 몽양 여운형은 해방공간 탁월한 국제정세 감각을 지닌 최고의 민족지도자로서 특히 이 땅의 청년들을 사랑했던 대중 정치인이었다. 통일된 민족국가 초대 대통령 감으로 적격이었지만 해방공간 극우암살단체 백의사 행동대원 한지근에 의해 피살된다.

권유로 중국 국민당 당원으로 가입한 적이 있을 정도로 좌우를 넘나들었다. 그렇지만 그 모든 것을 조선 독립의 도구적 방편으로 삼았을 뿐 이념적·계급적 당파성을 지니지는 않았다.[92]

해방 이후에도 좌우 정치세력을 가리지 않고 만나 조선의 정세를 고민하고 논의했던 유일한 대중정치인이다. 통일된 자주 민족국가 건설을 위해선 미소 강대국의 협조가 필연적인 현실에서 조선 내 정치세력의 단결과 합작은 필수적이었기 때문이다. 여운형의 국제정세에 대한 정치 감각은 탁월했다. 그런 연유로 남북 좌우 정치인을 가리지 않았고 미소 양 군정 관계자와 회담하기를 주저하지 않았다. 1946년 1년 동안만 북한을 무려 5번씩이나 다녀올 정도로 좌우 합작과 남북 연합을 위해 남은 열정을 쏟아부었다.

여운형을 공산주의자로 볼 수 없듯이 이만규도 통상적인 공산주의자 또는 사회주의자로 볼 수 없다. 여운형 스스로 사회민주주의자가 아님을 천명했듯이 이만규도 사회민주주의자가 아니다. 여운형이 독립·통일운동의 방편으로 사회주의, 공산주의 사상을 도구로 삼았듯이 이만규도 유물론을 도구로 조선의 교육을 분석했다.

이만규의 『조선교육사』[1947, 1949]에서 신채호의 민족주의 사관과 백남운의 사회경제사관에 입각한 서술이 바로 그러하다. 이만규의 교육사상 역시 좌우 역사관을 넘나들며 민족 교육의 제반 정책을 고민했다. 일제강점기엔 강렬한 민족의식과 함께 조선의 독립을 지향했다. 그리고 해방된 조국에선 중도좌파의 입장에 서서 통일된 민족국가 건설에 혼신을 다했다. 적어도 해방공간 이만규가 주장한 교육정책의 이념적 지향점은 여운형의 표현대로 진보적 민주주의에 기초해 있음을 확인할 수 있다.

그러한 사실은 해방공간 이만규가 발표한 몇 편의 글과 조선인민공화국(1945년 9월 6일)의 시정 방침, 조선인민당(1945년 11월)과 민주주의민족전선(1946년 2월), 그리고 근로인민당(1947년 5월), 조선교육자협회의 강령 및 교육정책에서 엿볼 수 있다. 왜냐하면 조선인민공화국, 조선인민당과 민주주의민족전선, 그리고 근로인민당, 조선교육자협회에서 발표한 교육 관련 정책은 모두 이만규의 작품[93]이자 이만규가 그 초안을 작성한 것이기 때문이다. 해방공간 좌와 우 정치세력 모두 당면 교육개혁 정책을 제시하는데, 진보적인 세력을 대표하는 교육정책을 입안한 인물로 이만규를 꼽는 데 큰 이견은 없다.[94]

우선 이만규는 '건준'을 발전적으로 해체하면서 여운형이 주도한 조선인민공화국 55인 인민위원의 한 사람으로 참여한다. 여운형이 조선인민공화국 정부를 급히 선포한 것은 미군의 한반도 진주에 맞춰서 이뤄진 것이다. 이는 북쪽에서 소련군이 진주하면서 북조선 인민위원회의 실체를 인정하고 통치기구로서 인정받았던 경험에서 비롯한다.

1945년 9월 6일 미군이 서울에 진주한다는 소식이 전해지자 여운형은 그날 밤 급히 1,000여 명이 참여하는 전국인민대표자 대회를 개최한다. 밤 9시 경기고등여학교(경기여고의 전신)에서 열린 이 대회에서 국호를 '조선인민공화국'으로 결정하고 정부를 선포[95]했다. 동시에 인민위원 50명을 선출하여 중앙인민위원회를 구성했다. 이 자리에서 이만규는 중앙인민위원으로 보건부장과 문교부장 임시대리의 중책을 맡는다.

'조선인민공화국' 정부에서 발표한 시정방침 가운데 보건과 교육 관련 정책[96]은 다음과 같다.

① 부양, 보건, 위생, 오락, 문화시설의 확대와 사회보험제도의 실시
② 일반 대중의 문맹 퇴치

③ 국가 부담에 의한 의무교육제 시행

④ 민족문화의 자유 발전을 위한 신新문화정책의 수립

사회보험제도와 의무교육제도의 시행, 그리고 문맹 퇴치를 주요 정책으로 발표한 것은 매우 인상적이다. 이들 정책들은 새로 수립될 국가의 사회복지적 성격을 강화하고 해방 후 식민지 노예교육을 청산함과 동시에 자주적인 민주국가를 건설하는 데 요긴한 내용들임을 알수 있다. 특히 해방 직후 식민지 교육의 폐해가 적나라하게 드러난 것중 하나가 높은 문맹률과 낮은 취학률이라는 점[97]에서 특징적이다. 의무교육과 문맹 퇴치는 새롭게 독립국가를 건설하는 과정에서 시급히 해결해야 할 당면 과제로 대두되었기 때문이다. 그런 점에서 진보적 민주주의자로서 이만규의 교육정책은 신국가 건설 과정에서 제기될수 있는 합당한 교육정책으로 평가된다.

다음으로 조선인민당을 살펴보자. 조선인민당의 당 강령과 교육정책은 이만규가 구상한 내용으로서 교육자 이만규의 교육이념과 사상이 잘 드러나 있다. 이만규는 조선인민당 창당에 관여하면서 감찰위원회 부위원장, 중앙정치위원, 서기장 등 주요 직책을 역임한다.

조선인민당은 창당 선언에서 개방적인 대중 정당임을 표방하며 당강령으로 민주주의 국가의 건설, 계획경제제도의 확립, 진보적 민족문화의 건설을 채택했다. 여기서 이만규와 관련하여 주목할 당 강령은 '진보적 민족문화를 건설하여 인류 문화 향상에 공헌함을 기함'이라는 당 강령 제3항이다. 그리고 발표된 30개 정책 가운데 다음의 교육과 문화 분야 5개 정책은 이만규의 신념이 그대로 반영된 정책이다.

① 국가 부담에 의한 의무교육 및 수재교육의 실시

② 문맹 퇴치 및 사회교육의 촉진

③ 학술 및 교육기관의 확충과 교육자, 연구자, 기술자 우대

④ 우리 고유 문화를 계발하여 민족적 긍지를 앙양

⑤ 건실한 대중 오락기관의 설립 확충

해방 직후 우리 민족이 최우선적으로 해결해야 할 당면 과제는 반反식민지, 반反봉건 민주주의 혁명을 완수[98]하는 데 있었다. 그런 민족적 과업을 염두에 두고 이만규는 해방 후 건국 교육의 중요성을 이렇게 강조했다. 일제 식민지 잔재를 청산하고 해방된 조국에서 새로이 건설될 국가의 교육 내용을 무엇으로 담을 것인가를 고민했다. 원시 시대, 노예국가 시대, 봉건 시대, 말기 자본주의(제국주의) 시대 발생한 나쁜 요소를 완전히 제거하고 문화를 혁신시킴으로써 참된 국민교육이 가능하다고 보았기 때문이다.[99]

그리하여 교육 강령으로 민주주의 함양, 애국심 배양, 과학사상의 육성, 노동자 양성, 신문화 창조, 신도덕 건설의 기치를 내걸었다. 이를 위해 진정한 민주주의의 실현, 순정한 애국심, 정치교육과 경제교육, 국민 개조의 실천, 과학과 학문과 노동을 일원화한 보통교육의 시행, 기술자의 기술 향상, 대중문화의 수준 향상, 남녀평등교육을 지향하는 것을 교육의 이념으로 제시했다.[100]

이만규가 제시한 진보적 민주주의 교육정책의 결정체는 식민지 노예교육을 뿌리 뽑고 민주주의 시대에 합당한 의무교육의 전면 시행과 교육 연한을 늘리는 것이다. 의무교육을 18세까지로 하되 우선 재정적 어려움이 있는 만큼 15세까지라도 시행할 것을 주장한 점이다. 또한 6-6-4학제가 바람직하나 경제적으로 풍족한 미국이나 소련 같은

나라에 해당되고 우리 조선의 실정에서는 5-4-4학제가 적합하다[101]고 주장했다. 학술 및 교육기관의 확충과 교육자, 연구자, 기술자 우대 정책도 새롭게 건설될 국가의 과업을 수행할 일꾼과 인재를 양성하고 확보한다는 측면에서 당연한 조치였다.

나아가 의무교육으로서 보통교육을 기본교육과 기술교육, 그리고 예능교육과 신체교육으로 구성하되 직업교육의 경우 18세를 원칙으로 하지만 부득이한 경우 15세부터라도 시행 가능하다고 판단했다.[102] 이만규는 해방 직후 일제 식민지 잔재 청산 차원에서 각급학교의 명칭 변경을 요구했다. 국민학교를 소학교로 개칭할 것을 주장했다. 나아가 교원양성을 특화하기 위해서 교육대학을 별도로 설치, 운영할 것을 주장했다.[103] 그렇지만 천황의 충량한 황국신민을 양성한다는 국민학교라는 명칭이 초등학교로 바뀐 것은 해방된 지 50년이 지난 1996년도에 이르러서야 가능했다.

이만규는 해방된 조국이 지향해야 할 교육으로 '새 인텔리 노동교육'을 제시했다. 노동을 천박한 행위로 기피하는 생활습관을 없애고 국민 한 사람 한 사람 모두에게 노동과 교육을 결합시킴으로써 행복한 국가 건설을 강조했다. 노동을 하지 않는 인텔리가 아니라 노동과 학문과 예술을 결합한 새 인텔리를 지향했다. 노동교육을 통해 손의 숙련과 머리의 발달이 조화를 이루는 '새 인텔리 노동교육'[104]을 역설했다.

고도 문명국가 국민으로서 '새 인텔리 노동교육'은 지식과 노동을 결합시킴으로써 가능하다. 즉, 이는 사회 운영의 원리와 국가경제의 작동 원리, 나아가 인류 문화와의 관련성까지 이해할 수 있는 사람을 키우는 것이다. 그리하여 '새 인텔리 노동교육'은 기술만 숙련된 국민이 아니라 국가사회 문제 전체를 조망할 수 있는 넓은 시야를 지닌 사회적 개인을 양성하는 것이다.

다음으로 민주주의민족전선에서 이만규의 역할을 살펴보자. 민주주의민족전선은 1945년 12월 모스크바 3상회의를 계기로 신탁통치 찬성 세력과 반대 세력 간 대립과 갈등이 증폭되는 와중에서 결성되었다. 1946년 2월 1일 이승만, 김구의 반탁세력은 반탁 통일전선체인 '비상국민회의'를 결성했다. 이에 맞서 여운형, 박헌영은 2월 15일 '민주주의민족전선'을 발족했다. 해방 후 민족세력 대 반민족(친일) 세력의 대립 구도는 좌우 이념 대결 구도로 변질되어 버렸다.

1946년 2월 15일 민주주의민족전선(약칭 민전)이 서울 종로 기독교청년회 강당에서 결성되었다. 이때 이만규는 민전 중앙위원으로, 그리고 1946년 3월 3일 민전 각 전문위원이 선정, 발표되었을 때 교육문화대책 전문연구위원으로 활동했다. 따라서 민전에서 발표한 교육정책은 이만규의 작품인 만큼 앞서 1945년 말에 발표된 조선인민당의 교육정책 기조와 맥을 같이한다. 민전에서 발표한 교육문화정책과 관련한 행동 슬로건[105]을 정리하면 다음과 같다.

① 일본 제국주의적 교육제도의 철폐와 민주주의적 신교육의 실시
② 국가 부담에 의한 의무교육제 실시
③ 국가 부담에 의한 각종 기술, 직업학교의 광범위한 시설
④ 미신 타파와 문맹퇴치운동을 전국적으로 전개
⑤ 민주주의 민족문화의 건설
⑥ 청소년의 지위 향상과 사회교육 시설의 확충
⑦ 노동입법, 사회보험법, 노유년보호법 등 실시
⑧ 일체의 봉건적 인습, 인신매매 및 공창제 폐지
⑨ 과학, 기술, 예술, 재력財力 및 노력의 애국적 헌신성에 대한 좋은

대우책 강구

⑩ 의료기관, 보건시설, 방역설비의 확충

⑪ 노동부인의 임산기 보호, 탁아소 시설

교육문화정책 행동 슬로건에서 보듯이 국가 부담에 의한 의무교육 제와 사회보험, 사회교육시설 확충, 탁아소, 민족문화의 건설, 문맹퇴치, 과학기술자들에 대한 대우 등은 조선인민당의 교육정책과 같거나 좀 더 발전된 형태를 보이고 있다.

다음으로 근로인민당에서 이만규의 역할과 교육정책을 살펴보자. 근로인민당은 조선 내 임시정부 수립 문제를 논의하는 미소공동위원회 재개 시기인 5월 20일에 맞추어 1947년 5월 24일 당 창립대회를 가졌다. 개회사에서 근로인민당 위원장인 여운형은 역사적으로 반동분자들의 단독정부 수립계획을 분쇄하고 통일된 자주 독립 국가를 건설하는 데 근로인민당의 창립 목적이 있다고 밝혔다. 이를 위해 소수 친일 반민족 반동세력을 제외한 노동자, 농민, 소시민, 애국적 자본가, 지주, 지식인 등 전국 각계각층을 망라할 필요성을 강조했다.

1946년 1차 미소공위가 결렬된 지 1년이 지나 다시 열리는 회의였다. 따라서 통일된 자주 임시정부를 수립할 마지막 절호의 기회였다. 근로인민당은 미소 군정 장관들에게 미소공위 재개 감사 메시지와 성공 요청 전문[106]을 보냈다. 절박하고 절실한 만큼 당 차원에서 김성숙을 위원장으로 하는 미소공위 대책위를 가동시키는 등 열과 성을 다했다. 근로인민당 창립 당시 이만규는 근로인민당 상임중앙위원과 조직국장의 중책을 맡아 교육 분야 정치노선과 강령, 정책을 수립했다.

다음은 이만규의 교육사상과 신념이 담겨진 내용들이다. 먼저 정치노선으로 민주 건설의 발전에 적응한 인민교육의 전면적 실시를 주장했다. 그리고 전통문화의 장점을 계승하여 선진 민주국가의 진보적 문화를 흡수, 소화하여 민주문화를 창조[107]할 것을 선언했다. 교육문화정책으로 조선 문화 교육계에서 일제 식민지 잔재를 청산하고 민주주의 교육체제를 확립할 것을 선결 요건으로 제시했다. 또한 건국 일꾼을 급속히 양성하고 대중의 문화 수준을 향상시키며 그를 통해 신민족문화를 창조, 발전시킬 것을 주장했다.

이를 위한 당면 과업으로 국가 부담에 의한 의무교육제 시행과 문맹퇴치운동을 전개하고 생산노동교육제도를 완비할 것을 역설했다. 또한 학술연구소 창설과 과학기술의 일원화를 당면 정책으로 제시[108]했다. 의무교육제 실시, 문맹퇴치 등 근로인민당의 교육 문화 분야 정책 대부분이 조선인민당의 정책과 겹치는 것은 해방공간 이만규의 교육 신념이 정책으로 표현되었기 때문이다.

마지막으로 해방공간 이만규의 진보적 민주주의 교육 이념이 잘 드러난 것으로 '조선교육자협회'의 강령과 정책을 살펴볼 필요가 있다. 조선교육자협회(1946년 2월)는 이만규가 의장으로 있던 '조선중등교육협회'(1945년 9월)가 조선교육혁신동맹(1945년 10월) 등 진보적인 교육자 단체와 흡수, 통합돼 결성된 조직이다. 또한 조선교육자협회는 해방공간 진보적인 교육자를 망라한 대표 조직이자 각급학교 단위까지 조직이 활성화된 대중적인 교사조직[109]이라 할 수 있다. 이만규는 조선교육자협회 초기 부의장의 직책을 맡아서 김택원(서기장)과 함께 조직을 주도적으로 이끌었던 인물이다.[110]

1947년 7월 조선교육자협회가 발표한 강령과 정책에는 이만규의 교육사상과 신념이 잘 녹아 있다. 교육과 관련된 강령과 정책은 다음과 같다.[111]

〈강령〉

1. 일본 제국주의와 봉건주의를 제거한다.

2. 민주적이고 과학적인 교육체계를 수립한다.

〈교육정책〉

1. 교육기관의 국가관리 등 초등교육의 경우 국가 부담의 의무교육을 시행한다. 수업료는 국가 부담으로 하고 학용품비는 국가가 반액을 점진적으로 지원한다.

2. 학원 민주화를 위하여 학교 교육행정 면에서 일제식 노예교육을 강행하고 있는 친일파, 민족반역자를 숙청한다.

3. 문맹퇴치를 급속히 시행한다.

4. 정치교육의 강화와 교육기관의 근로대중에 대한 해방을 단행한다.

5. 봉건적·국수주의적·비과학적 교육을 청산하고 민주주의 교육이론을 수립한다.

6. 학생의 자치제 실현, 학원 민주주의 실현, 종교와 교육의 분리를 실현한다.

7. 교육의 근로와 생산과의 결합을 도모한다.

8. 가정교육, 학교교육, 사회교육과의 긴밀한 연결을 시도한다.

9. 중등 전문학교 특히, 기술 관계 학교를 확충한다.

10. 대학교육에서 과학, 기술, 보건에 관한 학생 수는 전체의 70% 이상으로 한다.

11. 남녀공학의 점진적 실시, 부인 해방과 계몽을 위한 교육을 시행한다.

12. 수재교육을 위한 제도를 시행한다.

13. 교육상 남녀의 평등을 위한 시급한 대책을 마련한다.

요컨대 해방 이후 이만규가 관여한 조선민주주의인민공화국, 조선인민당, 민주주의민족전선, 근로인민당, 조선교육자협회의 교육 강령과 정책은 모두 진보적 민주주의 교육 이념에 기초해 있었다. 식민지 노예 교육과 봉건적 교육 질서의 청산, 민주적인 교육 행정과 민주주의 교육이론의 도입, 남녀평등교육 실현, 학원 민주화와 학생 자치제 실현 등이 바로 진보적 민주주의 교육 이념에 입각한 정책들이다. 또한 국가 차원의 전면적인 의무교육과 문맹퇴치 실시, 그리고 과학기술 분야 인력의 시급한 양성과 수재교육제도의 시행 등은 새 국가 건설 과정에서 긴급히 요청되는 국가적 과제였음을 알 수 있다.

5. 조선 교육자의 사표師表, 이만규

이만규는 나라를 빼앗긴 일제강점기 시절 조선총독부에서 세운 조선의원 의학강습소를 졸업한 외과 의사였다. 하지만 의학생 신분으로서 일찌감치 민족교육에 투신한 항일 애국자의 길을 걸었다. 일제강점기 35년 가운데 31년을 개성 송도고보와 서울 배화여고보에서 민족주의 교육활동을 실천한 비타협적 교육자로서 민족교육의 사표가 되었다.

교사로서 학생들에게 반일의식을 불어넣기 위해 『애국창가집』을 비밀리에 수집, 배포했다. 3·1만세운동 당시엔 직접 독립선언문을 다량 인쇄, 배포했고 만세시위와 집회에 열정적으로 참여함으로써 지행합일의 귀감이 된 교육자였다. 또한 1920년대 기독교 종교 활동을 통해 실력양성운동 단체인 흥업구락부에서 활동했다. 1930년대에는 한글 강습 강사로, 그리고 조선어 표준어 규범 수립 운동에 적극 참여했다.

일본 제국주의 말기인 1940년대에는 건국동맹에 참여했다. 이만규는 항일 민족주의 교육자로서 일제와 타협하지 않았고 끝까지 순정한 애국심을 실천한 교육자의 모범을 보여 주었다.

배화여고보를 졸업한 조애영 씨(시인 조지훈의 고모)가 이만규 선생을 회상한 내용은 이만규의 교육자상을 보여 주기에 부족함이 없다.

"당시 이만규 선생님은 우리 학생들의 민족혼을 일깨우기 위해 한글독본과 역사책을 구해와 위험을 무릅쓰고 가르쳤다. 특히 여성의 잠재력 개발을 중요시해 과도기의 여성은 한 어깨에 두 짐, 세 짐의 과제를 짊어져야 한다고 강조하셨다. 또한 이만규 선생님은 우리 학생들의 영혼 속에 독립을 위한 항일투쟁의 정당성을 가르치면서도 한편으론 인간과 자연에 대한 무한한 사랑과 겸손을 알려 주셨다."[112]

해방 직후 발간된 『조선교육사』는 이만규가 흥업구락부 사건으로 해직당했을 때 조선의 교육을 알아볼 요량으로 집필된 교육사서이다. 일제 식민지 교육학을 극복한 조선 교육사의 대작이자 이후 한국 교육사 서술의 전범이 된 고전이다. 『조선교육사』에서 이만규는 조선 교육사의 출발을 원시시대까지 거슬러 기술함으로써 조선 교육의 발전이 세계사의 보편적 흐름과 맥을 같이한다는 사실을 고증했다.

뿐만 아니라 발해의 교육을 남북조 시대의 교육사로 편입하여 기술했고, 낭가사상에 기초한 화랑도 교육제도가 우리 민족 고유의 교육제도임을 밝힘으로써 단재 신채호의 민족주의 사관을 교육사 서술에 반영했다. 특히 조선시대 교육이 낡은 봉건적 지배질서를 합리화하고 봉건시대 특정 지배계급의 통치도구로 변질된 사실을 비판적으로 분석했다.

이만규의 『조선교육사』 서술의 압권은 일제강점기 교육에 대한 치밀한 비판에서 발견된다. 일본 제국주의자들이 좌지우지한 조선의 교육이 섬나라 사람의 무지와 무식함이 자초한 식민지 노예교육이자 조선 교육 파멸의 시기였음을 통렬히 비판한다. 일본 제국주의자들이 교육을 통제함으로써 선진국민인 조선 민족의 자존심과 정치적 자주독립성을 무시함으로써 결과적으로 정의를 무시한 교육을 시행하게 되었다고 일갈한다.[113] 식민지 시기를 살아간 당대의 지식인이자 교육자로서 조선의 교육이 무엇을 지향해야 하고 어떤 내용으로 채워져야 하는지를 치열하게 고민했던 비판과 성찰의 기록이기도 하다.

해방 이후 이만규는 1946년 5월 배화여고 교장을 끝으로 교육계를 떠난다. 그것은 자주적인 통일 민족국가 건설이 좌절될 절체절명의 위기에 처했던 탓이다. 해방된 세상에서 새로이 수립될 국가가 남쪽만의 단독정부 수립이라는 역사적·민족적 비극을 수용할 수 없었던 이유이다. 그리하여 이만규는 여운형과 함께 중간파로서 중도좌파의 정치노선을 걷게 된다. 진보적 민주주의자로 좌우합작운동을 통한 자주적 통일국가 수립에 혼신을 다하게 된다.

이만규는 일본 제국주의 식민통치로부터 해방된 이후 새롭게 건설될 조국을 생각하며 우선적으로 조선 교육계가 처리해야 할 당면 과제 및 교육청 사진을 고민했다. 그리고 그 사색의 결과를 잡지 및 당 강령과 정책으로 발표했다. '조선인민공화국'(1945년 9월) 중앙인민위원, 보건부장과 임시 문교부장, 조선인민당(1945년 11월) 중앙정치위원, 서기장, 민주주의민족전선(1946년 2월) 중앙위원, 교육문화 분야 전문연구위원, 근로인민당(1947년 5월) 조직국장, 조선교육자협회(1947년 2월) 부의장을 역임하면서 발표한 교육 관련 정치노선과 강령, 그리고 교육정책들은 모두 이만규의 손을 거쳐 나왔다. 실제로 해방공간 좌파를 대표하는 교육정책은 이만규와 관련이 깊다.

해방된 조국에서 가장 먼저 처리해야 할 당면 과제는 일제 식민지 유산인 친일파 배제 등 인적·제도적 청산 작업이었다. 그것은 교육계도 마찬가지였다. 다음으로 수립될 자주적 통일 민족국가를 이끌어 갈 인재 및 일꾼을 급속히 양성하는 문제였다. 이를 위해 이만규는 국가에 의한 의무교육의 전면 실시를 거듭 주장했고 문맹퇴치를 국가가 나서서 주도해야 한다[114]고 역설했다.

비록 건국 교육에 대한 이만규의 원대한 이상이 당대에는 실현되진 못했지만 이만규가 구상한 교육정책은 오늘날 사회복지국가에서 당연히 취할 교육 청사진으로 평가할 수 있다. 민족이 처한 암울한 현실에서 청소년들에게 민족의 앞날에 대한 희망을 심어 주었고, 식민지 조

2014년 7월에 세워진 조선어학회 항일기념탑(광화문 광장 인근).
기념탑 비문을 쓴 박용규 박사에 따르면 서울시 승인을 받는 과정에서 '조선어학회 항일기념탑'이 아니라 '조선어학회 한말글 수호 기념탑'으로 바뀌었다. 조선어학회 항일투쟁사 권위자인 박용규 박사는 조선어학회 사건을 일제의 탄압에 맞선 '언어독립투쟁'으로 그 성격을 규정했다. 옥사한 한징, 이윤재 선생을 비롯해 징역형을 가장 무겁게 받은 이극로, 최현배 순으로 조선어학회 33인의 명단을 새겼다.

선의 청년들에게 반일의식과 함께 주체적인 삶을 살도록 영향을 끼쳤다. 해방 이후 새 국가 건설에 앞서 식민지 노예교육 시기를 거친 교육자들의 과오에 대해 맹렬한 반성[115]을 촉구했으며, 새 국가 건설에 합당한 교육 청사진을 제시하는 데 신명을 바쳤다.[116]

북으로 간 이만규는 1948년 최고인민회의 남조선 의장으로 선출되는데 조선 문헌의 개혁 문제에 깊은 관심을 보였다. 조선 문헌 개혁의 적극적 지지자로서 김두봉이 중심이 된 '조선 문자 개혁 위원회' 부위원장[1957]으로 활동했다. 그리하여 조선 문헌의 완성 문제와 정자법 문제를 해결[117]하는 데 심혈을 기울였다. 특히 해방 후 벌어지는 한자와 교과서, 그리고 가로쓰기 문제 등 국어정책[118]과 관련하여 이만규는 1949~1950년에 걸쳐 『조선어 연구』 잡지에 글을 발표[119]함으로써 정자법 문제를 해결했다.

또한 북한 교육성 보통교육국 부국장, 국장을 차례로 역임하며 북한 교육의 체제를 정비했다. 이후 출판지도국 부국장을 맡았고, 1956년부터 과학원 고전편찬위원회 서기장과 사회과학원 고전연구소 1급 연구사로 근무했다. 1964년부터 『조선교육사 연구집』 등 각종 교과서 집필과 『삼국사기』, 『고려사』, 『이조실록』 번역을 주도적으로 이끌었다.

무엇보다 이만규가 민족주의 교육을 실천했던 조선 교육자의 사표로서의 삶을 극명하게 드러낸 사건은 일제 치하 항일독립운동의 백미로 꼽히는 광주학생운동(1929~1930) 당시의 모습이다. 광주학생운동이 해를 넘겨 1930년에 이르면 서울을 비롯한 전국 각지로 확산되는 국면에 이른다.

참가 학교가 보통학교, 고등보통학교, 전문학교 모두 합하여 전국 194개교 학생 5만 4,000여 명이 참가했고, 1,462명이 피검되었으며, 582명이 퇴학당했다. 배화여고보 역시 1929년 12월 13일 진명여고보,

정신여고보와 함께 서울 1차 시위에 참가했다. 학생들은 광주 학생들을 지지, 연대하는 차원에서 식민지 교육정책을 성토하고 동맹휴학을 단행했다.

거대한 항일민족운동의 도도한 흐름 앞에 이만규가 재직하고 있던 배화여고보도 비껴갈 수 없었다. 서울 2차 시위는 여학생이 중심이 되어 시위를 전개했는데 배화여고보도 1930년 1월 15일 2차 학생 시위에 200여 명이 참가했다.[120] 광주학생운동 당시 배화여고보 학생들도 식민지 노예교육 반대, 구속 학생 석방, 퇴학생 복교 등을 요구하며 조직적인 저항을 했다.

이만규 연구의 권위자 박용규 박사의 연구논문 『이만규 연구』[1994]에는 다음과 같은 내용이 기술돼 있다.

"… 1930년 3월 15일 배화여고보 시위는 근우회 서무부장을 맡고 있던 배화여고 졸업생 허정숙(항일 변호사 허헌의 장녀)의 지휘 아래 김봉문(4학년), 조애영, 임해득, 김유금, 박순병(3학년)이 주도했다. 일본 헌병기마대는 시위 진압 후 서대문 경찰서에 갇힌 시위 참가자들을 대부분 석방했지만 시위 주동 학생들을 종로 검사국으로 넘겨 처벌을 요구했다. 당시 시위를 주도한 조애영(시인 조지훈의 고모)은 회고하기를 이만규 선생이 경찰 취조 당시 우리들이 취조받는 문밖 바로 옆에서 지켜보고 있었고, 취조가 끝나면 기숙사로 데려다주었다고 했다. 그 당시 소문에 일제 형사들이 조선인 여학생들을 폭행하는 일이 더러 있었기에 이만규 선생님이 검사국까지 동행하여 우리를 보호해 주었다고 회상했다."[121]

위에서 든 일화는 민족의 현실에 대한 깊은 애정과 가르치는 제자에 대한 뜨거운 사랑이 잘 드러난 대목이다. 이만규가 조선 교육자의 사표임은 분명 움직일 수 없는 역사적 사실이나 한국 사회에서는 북을 선택[122]했다는 이유만으로 아직껏 독립운동가의 반열에서조차 제외돼 있는 실정이다. 분단이 빚은 옹졸한 처사가 아닐 수 없다. 독립운동가로서 훈·포장은커녕 교사 대중들의 기억 속에 잊힌 존재일 따름이다. 참으로 안타까운 현실이다.

1. 박종무(2011). 『미군정기 조선교육자협회의 교육이념과 활동』. 교원대 석사학위논문, 32쪽.
2. 박종무(2011). 위의 논문, 4-5쪽.
   〈해방 직후 가장 먼저 움직임을 보인 교육자는 고등교육을 담당한 학자, 지식인 집단이었다. 1945년 8·15 해방 다음 날인 8월 16일에 백남운 등 저명한 학자들을 중심으로 '조선학술원'을 창립한다.〉
3. 민주주의민족전선(1988). 『해방조선Ⅱ』. 과학과사상, 448쪽.
4. 김용일(1995). 『미군정하의 교육정책 연구』. 고려대 박사학위논문, 39쪽
5. 이만규(1949). 「南朝鮮 敎員의 手記 몇 가지」. 『人民敎育』(1949. 8. 15 기념호), 176쪽. 박종무(2011), 앞의 논문 10쪽에서 재인용.
6. 양현혜(2006). 「'황민화' 시기 개신교 실력양성론의 논리구조」. 『종교 연구』 제50집, 106-109쪽.
   〈1937년 중일전쟁 이후 일제는 일본적 질서의 세계 재편성을 목표로 대동아 공영권을 구상했다.〉
7. 임종국(1982). 『일제 침략과 친일파』. 청사, 93-102쪽 참고.
   〈이광수, 윤치호, 최린(민족대표 33인), 전영택(소설가), 현제명(음악가), 홍난파(음악가), 신흥우, 구자옥, 양주삼(감리교 지도자), 민족대표 33인 중 박희도, 정춘수, 동아일보의 김성수, 조선일보의 방응모, 서울청년회 등 청년운동을 주도한 장덕수, 교육자 유억겸(유길준의 아들) 등 내로라하는 민족주의 계열 대표 지식인들이 훼절했다〉
8. 박용규(2012). 『조선어학회 항일투쟁사』. 한글학회, 164-166쪽 참고.
9. 박용규(1994). 「이만규 연구」. 『한국교육사학』 제16집, 228쪽.
   〈이만규의 막내딸 이미경의 증언에 따르면 "출감 당시 아버지는 몸이 무척 여위시고 일제의 고문으로 귀 한 쪽이 심하게 손상되어 있었다"고 한다.〉
10. 심성보(1992). 「이만규의 삶과 교육사상」. 『한국교육사학』 제14집, 195쪽.
11. 정숭교. 「한국교육사 연구의 기틀」. 『역사와 현실』 제15호, 244쪽.
12. 朝鮮總督府, 『朝鮮敎育ノ沿革』(1921, 京城)/朝鮮總督府, 『朝鮮敎育沿革略史』(1923, 京城)/朝鮮總督府, 『朝鮮の敎育』(1928, 京城)/朝鮮總督府, 『朝鮮に於ける敎育革新の全貌』(1938, 京城) 등이 그런 부류의 저서들이다. 교육사 시기 구분을 메이지, 다이쇼 등 일본 왕의 재위 기간을 기준으로 구분하는 등 근대 실증사학의 요소는 찾아보기 어렵다. 뿐만 아니라 일제강점 이후 조선의 교육을 신교육 여명기-신교육 혁신기 등 신교육으로 표현하면서 마치 식민지 교육이 조선의 근대화에 기여한 것처럼 기술하고 있다. 조선총독부 학무국 관료들이 식민지 통치 차원에서 기술한 체제 선전용 교육사서로 서술 방식이 대체로 조악하다.
13. 박용규(1994). 「이만규 연구」. 『한국교육사학』 제16집, 217-240쪽 참고.

이만규 연구의 권위자 박용규 박사는 여운형의 친구로 국내에는 이만규가 있고, 해외에는 안창호가 있다고 했다. 실제로 이만규의 둘째 딸(이각경)과 여운형의 조카(여경구)가 혼인을 함으로써 이만규와 여운형은 사돈 간으로 발전한다.

14. 정병준.「해방 이후 여운형의 통일·독립 운동과 사상적 지향」.『한국민족운동사연구』 39집, 104쪽.

15. 이만규가 의사로서의 경력은 짧았어도 오늘날 보건복지부 장관에 해당하는 보건부장에 임명된 것은 근대적 보건위생의 체계를 세울 수 있는 인물로 인정받았음을 의미한다.

16. 정순택(1997).『보안관찰자의 꿈』. 한겨레신문사, 70-72쪽.

해방공간 지식인 정순택은 잘나가던 남쪽의 공직을 버리고 북쪽을 선택한 이유로 예닐곱 가지를 든다. "그중에 친일 민족반역자들을 청산하는 건 식민지 압박에 시달린 전체 국민의 지대지고한 염원이었음에도 북쪽과 달리 남쪽의 경우 역사적 청산 작업을 이행하지 않았다"는 점을 제기하고 있다.

17. 이만규의 큰아들 이정구는 도쿄제대 농대를 졸업한 후 이화여전 교수를 역임했다. 월북 후 북쪽 사회에서 김일성대학 생물학부 교수(생물학부 부장, 오늘날 단과대학 학장에 해당)로 재직하면서 생물학자로 활약했다. 이정구의 처 심명혜(경성여자사범학교 출신)는 「그날이 오면」의 항일 민족시인 심훈의 조카이다.

18. 심성보. 앞의 논문(1992), 198쪽.

이만규의 인간관계의 폭은 매우 넓었던 것으로 나온다. 죽마고우이자 배화여고 동료 교사, 조선어학회 33인이었던 이강래(배화고녀 교장), 〈이병기(한글학자), 송진우(동아일보 사장), 이기붕(부통령), 항일 변호사 이인(법무부 장관), 조선어학회 33인 김윤경(한글학자), 이춘호(서울대 총장), 구자옥(도지사) 등이 대표적이다. 장택상(수도경찰청장)도 가깝게 지냈는데 가족들과 함께 북한 체류를 막후에서 도와준 인물이다.〉

장병혜.『상록의 자유혼』, 86쪽. 장택상의 딸이 회고한 이 책에서도 "옥중 동지인 장택상이 이만규에게 월북을 권유했고 부하를 시켜 38선까지 특별 호송해 주었다"고 기술하고 있다.

19. 심성보. 위의 논문(1992), 199쪽.

이철경, 이미경 모두 한국 사회 한글 서예의 대가로 수많은 전시회를 가졌다.

20. 박용규(1993).「민족주의 교육사상가 이만규」.『역사비평』 통권 22호(1993년 가을호), 361쪽.

이만규의 북행 시기를 박용규 박사는 1948년 9월로 보지만 8월에 북쪽에서 최고인민회의 대의원으로 이만규가 선임된 사실을 생각하면 8월에 월북했을 가능성도 배제할 수 없다고 했다(박용규,「이만규 연구」,『한국교육사학』 제16집, 242쪽). 일부에서는 이만규의 4월 북행설을 역설하는데, 이는 1948년 6월 평양에서 열린 '남북조선 제정당 사회단체 대표자 연석회의'에 참석하기 위해 김구, 김규식처럼 이만규도 근로인민당 대표 자격으로 4월에 북행길에 올랐다가 그대로 북에 잔류했다는 주장이다. 그러나 박용규 박사의 논문「이만규 연구」에서 밝히기를 '이만규가 1948년 9월에 월북했다'는 1978년 7월 15일 자 평양방송 보도를 인용한『동아일보』(1978. 7. 17) 보도에 따를 경우 8월이나 9월에 월북했을 가능성이 높다.

21. 최경봉(2005).『우리말의 탄생』. 책과 함께, 350쪽.

〈북행길을 선택한 조선어학회 인물은 이극로, 정열모, 이만규 세 사람이다.〉
22. 박용규(2014). 『조선어학회 33인』. 역사공간, 6-7쪽.
23. 조준희(2008. 6). 「1920년대 유럽에서 이극로의 조선어 강좌와 민족운동」, 『한민족 연구』 5호, 117-126쪽.
　　〈이극로는 주시경의 제자 김진과 주시경의 수제자이자 대종교 교주 나철의 제자인 김두봉(조선독립동맹 의장, 김일성대학 초대 학장)에게서 조선어의 소중함과 조선어 운동의 중요성을 깨우친다.〉 고루 이극로 박사에 대한 자세한 내용은 이극로 연구소장인 박용규 지음, 『북으로 간 한글운동가 -이극로 평전』(차송, 2005)을 참고하시라. 박용규 박사의 연구에 따르면 이극로는 조선어학회 사건(1942) 당시 극심한 고문과 함께 가장 높은 형량인 징역 6년을 언도받고 항소 중 복역하다가 해방을 맞아 1945년 8월 17일 들것에 실려 출옥했다. 이극로는 초대 조선어학회 간사장과 2대~6대 간사를 맡는 등 조선어학회를 실질적으로 이끈 핵심적인 국어학자였다.
24. 이만규에 대한 연구는 손에 꼽을 정도이다. 1987년 6월 항쟁 이전에 이만규를 연구한 학위논문은 전무한 실정이다. 1987년 6월 항쟁 이전에는 한국 육사 관련 서술에서 이만규의 『조선교육사』를 이념적으로 편향된 시각에서 언급한 정도이고, 1987년 이후 발표된 학위논문(4편)과 학술논문(6편)은 다음과 같다.
　　이춘선(1988). 『이만규의 '조선교육사' 분석』. 이화여대 석사학위논문. / 고성진(1993). 『이만규 교육사관에 관한 연구』. 교원대 석사학위논문. / 이학준(2009). 『이만규의 교육사상과 민족운동에 관한 일 연구』. 한국외대 석사학위논문. / 박종무(2011). 『미군정기 조선교육자협회의 교육이념과 활동』. 교원대 석사학위논문. / 학술논문은 박용규(4편), 심성보(2편) 정도이다.
25. 이길상(2012). 「황민화 시기 이만규의 국가정체성-친일적 경향을 중심으로」. 『한국교육사학』 제34권 1호; 이길상(2012). 「조선어학회 핵심 이만규, 사실은 친일파였다」. 『오마이뉴스』. 2012. 2. 4.
26. 박용규(2012). 「이만규는 '친일파'가 아니라 '독립운동가'였다」. 『오마이뉴스』. 2012. 2. 15; 심성보(2012). 「이만규의 친일성 주장에 대한 반론」. 『한국교육사학』 제34권 2호.
　　〈중간파는 제1차 세계대전 당시 유행했던 용어로 프롤레타리아 운동과정에서 역사적으로 사회애국주의자와 인터내셔널리스트의 중간에 서 있는 자를 가리킨다. 이론상으로는 혁명적이나 행동으로는 개량주의를 지향한다. 즉, 말로는 인터내셔널리스트, 실천으로는 사회애국주의, 기회주의적 태도를 취한다.〉 그러나 이 글에서 중간파로서 이만규의 해방공간 정치적 지향점은 남북분단이 고착되는 과정에서 좌우합작운동을 통해 통일된 독립국가 건설에 있었다. 예를 들면 분단을 막기 위해 좌우합작 활동을 펼친 여운형, 김성숙, 김규식, 장건상 등을 이만규와 함께 해방공간 중도파(중간파)로 지칭한다.
28. 『매일신보』(1910. 10. 23) 기사. 황상익. 「식민지 의대 졸업생이 선택한 두 가지 길」. 『프레시안』 2010년 9월 13일 자 기사에서 재인용. 1911년 당시 정식 학교 명칭은 '조선총독부 의원 의학강습소'이고 이만규는 1회 졸업생으로 27명의 졸업생 중 김용채가 수석, 이만규가 차석으로 졸업했다.
29. 박용규(1994). 「이만규 연구」. 『한국교육사학』 제16집, 217-239쪽 참고.

〈이만규의 막내딸 이미경의 증언에 따르면 외과의사로서 환자를 대하는 것이 기분에 안 맞아 고민하던 중에 윤치호의 한영서원에서 생리과목을 맡아 달라는 교섭을 받고 학생을 대하는 것이 너무나 기분이 좋고 적성에 맞아 교직을 선택했다고 한다.〉
심성보(1992). 「이만규의 삶과 교육사상」, 『한국교육사학』제14집, 197-217쪽 참고, 〈이만규의 막내딸 이미경의 증언과 여운형의 비서 이기형 시인의 증언〉

30. 박용규. 「일제 강점·'해방공간'기 이만규의 기독교 인식」, 『한국사상사학』 제17집, 556-557쪽.
    〈경신학교 학감이 우사 김규식이었고 상동청년학원은 학생들에게 특별히 독립사상을 고취시킨 학교였는데 비밀결사단체인 신민회의 기관 학교였으며 1914년 폐교될 때까지 원장을 남궁억 선생이 맡았다.〉

31. 남궁억은 구한말 조선인 최초의 영어 통역관으로 고종의 통역을 맡았고 독립협회 중앙위원, 황성신문을 창간 운영하는 등 애국계몽운동을 전개했다. 상동청년학원 교장으로 있을 당시 한글 서체를 창안, 애국창가와 함께 보급하기도 했다. 이만규에게 지대한 영향을 끼쳤던 인물이다.

32. 이학준(2009). 앞의 논문.
    〈학회 창립을 통한 교육계몽운동은 1907-1909년 기간에 집중적으로 이루어지는데 호남학회(1907), 관동학회(1907), 서북학회(1908), 기호학회(1908), 교남학회(1908), 청년학우회(1909) 등이 있다.〉

33. 박용규(1993). 「민족주의 교육사상가 이만규」, 『역사비평』 제22호, 350쪽.

34. 2년 7개월의 해직 기간은 1938년 흥업구락부 사건으로 일제에 의해 강제 퇴직당한 1938년 3월~1940년 9월까지의 기간을 가리킨다.

35. 이만규(2010). 『조선교육사』, 살림터, 520쪽.

36. 이만규(2010). 위의 책, 519쪽.

37. 고성진(1993). 『이만규 교육사관에 관한 연구』, 교원대 석사학위논문, 9쪽.

38. 高橋濱吉(1927). 『朝鮮教育史考』, 京城: 帝國地方行政學會 朝鮮本部, 425쪽.

39. 이만규. 앞의 책, 533쪽.

40. 손인수. 앞의 책, 115쪽.

41. 『현대사 자료』(25). みすず書房(1966), 10-11쪽.
    박득준(1989). 『조선근대교육사』, 한마당, 227~228쪽에서 재인용.
    〈영웅의 모범」 노랫말 가사는 다음과 같다. 한산도와 영등포에서 거북선 타고 일본 함선을 모조리 복멸시킨 이순신의 전략은 우리들이 모범으로 삼아야 하리. 하늘에서 내려온 홍의장군 좌충우돌 분투하여 쥐와 같은 왜적들을 도처에서 베어버린 곽재우의 모범은 우리들이 모범으로 삼아야 하리. 의병을 일으켜 싸우다가 드디어 대마도에 갇히어 일본의 곡식을 먹지 않고 태연히 굶어죽은 최익현의 절개는 우리들이 모범으로 삼아야 하리. 노적 이토 히로부미를 하얼빈에서 습격하여 3발 3중 사살하고 조선독립만세를 부른 안중근의 그 의기, 우리들이 모범으로 삼아야 하리.〉

42. 김용덕(1969). 「일제의 경제적 수탈과 민요(1910-1918) 하」, 『역사학보』 제42집, 90-95쪽.

43. 이만규. 앞의 책, 550쪽.

44. 이만규. 위의 책, 541-544쪽 참조

45. 민족주의 역사관은 실증주의 사관, 사회경제 사관과 함께 한국 근대 역사학 발달

에 결정적으로 기여했다. 민족주의 역사관에 입각해 있었던 대표적인 인물이 단재 신채호, 백암 박은식이다.

46. 고성진(1993). 앞의 논문, 21쪽.
47. 이만규(1946). 『여운형 선생 투쟁사』. 민주문화사, 19쪽
     여운형은 1914년 중국 상해로 가기 전에 조동우와 함께 이만규의 집에 머물기도 했다.
48. 박용규, 「일제 강점·'해방공간'기 이만규의 기독교 인식」, 『한국사상사학』 제17집, 558쪽.
49. 배화학교를 설립한 사람이 경성 종교교회를 세우는데, 경성 종교교회를 통해 일 제강점기 감리교 지도자들이 배출되고 활동하는 등 직접 관련돼 있다. 정춘수, 구 자옥, 윤치호, 이만규 등이 이 교회와 관련을 맺은 인물들이다. 이들 가운데 이만규 를 제외하고 대부분 훼절한 상태에서 일제 말기 적극적인 친일 활동을 통해 민족과 역사 앞에 죄를 짓는다.
50. 박용규, 앞의 글, 560쪽.
51. 김권정(2006). 「1920년대 전반 기독교 민족운동에 관한 연구」, 『한국독립운동사 연구』 제27집, 171쪽.
52. 이만규(1931). 「長老·監理의 合同 提唱」, 『혜성』 제1권 제2호, 69-70쪽.
53. 김권정(1999). 「1920-30년대 신흥우의 기독교 민족운동」, 『한국민족운동사연구』 제21집, 152쪽
54. 양현혜(2006). 앞의 글, 104쪽.
55. 이택희(1996). 『일제 말기 한국감리교 지도자들의 양태 연구』. 감리교신학대 석사 학위논문, 80-82쪽.
56. 이만규(2010). 앞의 책, 10쪽.
57. 정병남(1993). 「일제치하의 진보적인 교육자 이만규」, 『우리교육』 제37호, 118쪽.
58. 김흥식(2014). 『한글전쟁』. 서해문집, 361-362쪽.
59. 일조각 편집부(1983). 「조선어학회 사건의 경위」, 『어문연구』 제11권 제4·5호, 466쪽.
60. 박용규(2013). 『우리말, 우리역사 보급의 거목, 이윤재』. 한국독립운동사연구소, 61쪽.
61. 교두(敎頭))는 교감(校監)에 해당되는 직책이다. 오늘날 일본에서는 부교장으로 바뀌었는데, 한국 사회는 일제 식민지 잔재 그대로 국가주의 교육의 냄새를 지닌 교감이란 직책을 여전히 두고 있다.
62. 박용규(1993). 앞의 논문, 357쪽.
63. 박용규(2005). 『북으로 간 한글운동가, 이극로 평전』. 차송, 121쪽.
     〈한글맞춤법 통일안 제정을 위해서 이극로, 정열모, 이만규, 김윤경, 이윤재, 이병 기 등 18명이 주도적으로 활동했다. 1930년부터 1933년까지 총 141차례 회의를 하 는 등 꼬박 3년이 걸려 완성하여 1933년 한글날에 한글맞춤법통일안을 반포했다.〉
64. 박용규(2012). 위의 책, 253-254쪽.
65. 오스터 함멜 위르겐(2006). 박은영·이유재 옮김. 『식민주의』. 역사비평사, 157쪽.
66. 오성철(2000). 『식민지 초등 교육의 형성』. 교육과학사, 86쪽.
67. 노영택(1980). 『일제하 민중교육운동사』. 탐구당, 34-35쪽 참고.

68. 이만규(1933. 7). 「女學生에게 보내노라」. 『新女性』 제7권 제7호, 15쪽 참고.

69. 이만규(1933. 7). 위의 글, 14쪽.

70. 이만규(1929. 5). 「女子의 使命」. 『培花』 창간호, 3쪽.

71. 이만규(1929. 5). 위의 글, 5쪽.

72. 이만규(1933. 7). 앞의 글, 13쪽.

73. 이만규(1933. 7). 위의 글, 13쪽.

74. 이만규(1933. 7). 위의 글, 13쪽.

75. 이만규(1929. 5). 앞의 글, 8쪽.

76. 이만규(1929. 5). 위의 글, 8쪽.

77 이만규(1929. 5). 위의 글, 13쪽.

78. 이만규(1929. 5). 위의 글, 14-15쪽.

79. 이만규(1929. 5). 위의 글, 17쪽.

80. 이신예(2013). 『이만규의 여성교육관: 「가정독본」을 중심으로』. 한국학중앙연구원 석사학위논문, 22-34쪽. 이 논문의 지도교수는 이길상(한국학중앙연구원 교육학 교수)으로 이만규를 친일파로 규정한 인물이다.

81. 이만규(1994). 『가정독본』. 창작과비평사, 230쪽.

82. 이만규(1994). 위의 책, 231-233쪽.

83. 이만규(1930. 5). 「學生의 할 일」. 『培花』 제2호, 12-13쪽.

84. 민족주의 항일 언론인이자 민족주의 사학자인 안재홍은 민중의 세상을 꿈꾸었다. 아호 민세(民世)는 바로 '민중의 세상'에서 따온 표현이다. 일제강점기 시절 3·1만 세운동으로 피검되어 대구감옥소에서 징역 3년을 복역한 것을 필두로 총 9차례나 감옥을 드나들었지만 일본 제국주의와 타협을 거부하고 비타협적 민족주의 노선을 견지했다.

85. 이만규(2010). 앞의 책, 627쪽.

86. 이만규(1932. 7). 「여학생이 양복 입는 데 대하여」. 『培花』 제4호, 7쪽.

87. 박용규(1994). 「이만규 연구」. 『한국교육사학』 제16집, 224쪽.

88. 정병준(2004). 「해방 이후 여운형의 통일·독립 운동과 사상적 지향」. 『한국민족 운동사연구』 39집, 104쪽.

89. 정병준(2004). 위의 논문, 138쪽.

90. 유연희(2008). 『해방 후 여운형의 정치활동과 이념』. 전남대 석사학위논문, 24쪽.

91. 이균영(1989). 「김철수와 박헌영과 3당 합당」. 『역사비평』 제6호, 289-290쪽. 정병 준(2004), 앞의 논문에서 재인용.

92. 해방공간 남로당(박헌영)의 노동자 중심 계급노선, 계급적 당파성과 다르게 여운 형은 민족반역자(친일파)를 제외한 애국적 지주, 자본가도 혁명의 동력으로 포함함 으로써 광범위한 통일전선체 결성을 지향하는 대중적인 정당, 대중 정치노선을 견 지했다.

93. 심성보(1992). 「이만규의 삶과 교육사상」. 『한국교육사학』 제14집, 199쪽.
   〈여운형 비서 이기형(시인)은 몽양의 절대적 신뢰를 받았던 이만규가 교육 문화 분야 초안을 거의 작성했다고 회상했다. 이만규에 대해서도 사상적으로 온건하고 합리적인 인물이었으며 교육을 통한 조선 독립에 무한히 골몰한 사람이었다고 회 고했다.〉

94. 강일국(2004). 「해방 직후 교육개혁론의 특징과 전개과정」. 『교육사학연구』 제14 집, 109쪽.

95. 남소란(2007). 『조선건국준비위원회에 대한 연구』. 원광대 석사학위논문, 30쪽.

〈9월 6일 전국인민대표자대회에서 '조선인민공화국 임시조직법안'을 상정, 통과시 킨 다음 중앙인민위원 55명, 후보위원 20명, 고문 12명을 선출하고 9월 14일 정부 부서를 발표했다. 이승만(주석), 여운형(부주석), 허헌(국무총리), 김구(내무부장), 김규식(외무부장), 조만식(재무부장), 김원봉(군사부장), 이만규(보건부장), 최용달 (보안부장), 홍남표(교통부장), 김병로(사법부장), 김성수(문교부장), 이관술(선전부 장), 하필원(경제부장), 강기덕(농림부장), 이위상(노동부장), 신익희(체신부장), 최익 한(법제국장), 정백(기획부장), 이강국(서기장).〉

96. 민주주의민족전선(1988). 『해방조선 I』. 과학과사상, 97쪽.

97. 민주주의민족전선(1988). 『해방조선 II』. 과학과사상, 455-461쪽.

〈해방 당시 2,000만 명이라는 광대한 문맹군이 존재했고 이는 조선이 민주주의 국가로 발전하는 데 지장을 초래했다. 해방 당시 전국 인구가 2,500만 명인데 그중 미취학자 수가 1,960만 명이 넘었다. 12세 이상 문맹자가 1,130만 명에 이르고 의 무교육의 기회를 잃은 초등 연령의 아동 56%(2,319,690명)가 길거리에서 방황하고 있었다.〉

98. 김호일(1999). 「8·15 해방의 역사적 의의」. 『한국민족운동사연구』 제23집, 93쪽.

99. 이만규(1946. 3). 「建國教育에 關하야」. 『인민과학』 1권 1호, 36쪽.

100. 이만규(1946. 3). 위의 글, 36-42쪽.

101. 이만규(1947. 8). 「임정수립과 교육정책」. 『개벽』, 59쪽. 이학준(2009), 앞의 논문, 38쪽에서 재인용.

102. 이만규(1946. 3). 앞의 글, 47쪽.

103. 이만규(1947. 8). 「임정수립과 교육정책」. 『개벽』, 59쪽. 고성진(1993), 앞의 논문, 17쪽에서 재인용.

104. 이만규(1947. 8). 위의 글, 44-45쪽. 강일국(2004), 앞의 논문, 111쪽에서 재인용.

105. 민주주의민족전선(1988). 『해방조선 I』. 과학과사상, 115쪽.

106. 심지연(1991. 3). 「근로인민당 연구」. 『한국정치연구 3』, 248쪽.

107. 中外新聞(1947. 5. 28). 조영빈(1998), 『해방 후 근로인민당의 결성과 활동』, 국민 대 석사학위논문, 35쪽에서 재인용.

108. 조영빈(1998). 위의 논문, 39쪽.

109. 박종무(2011). 앞의 논문, 24-25쪽.

〈조선교육자협회는 1947년 2월 17일 창립 당시 회원 수가 280명이었으나 1947 년 미소공위 참가를 신청할 즈음엔 9,210명으로 비약적 성장을 했다. 경성여자사범 학교 부속국민학교의 경우 교사 14명 중 12명이 가입할 정도로 학교단위까지 활성 화되었다.〉 당시 전체 교원이 3만 명 정도였음을 감안하면 가히 대중적인 조직이라 볼 수 있다.

110. 박종무(2011). 위의 논문, 32쪽.

111. 박종무(2011). 위의 논문, 48-49쪽.

112. 고광헌(1992). 「인술의 길에서 교육의 길로」. 『발굴 한국현대사 인물』. 한겨레신 문사, 148-149쪽.

113. 이만규(2010). 앞의 책, 541-543쪽.
114. 이만규는 조선 인민 공화국, 조선인민당, 민주주의민족전선, 근로인민당, 조선교
육자협회의 정책으로 〈의무교육 전면 실시와 문맹퇴치에 대한 국가 차원의 노력〉을
한결같이 역설했다.
115. 이만규(1949). 『조선교육사』(하). 을유문화사, 401쪽.
116. 정순택. 앞의 책, 85쪽.
　　정순택은 1949년 5월 월북 후 이정구(이만규의 큰아들)의 저녁 초대로 함께 월북
한 동료 박필영(이정구의 동서), 심명희(이정구의 처제) 부부와 함께 이만규의 집을
방문한다. 그 자리에서 예순이 넘은 이만규(당시 최고인민회의 대의원 겸 교육성
보통교육국 부국장)에게 여생을 편히 지내기를 권하자, 이만규는 "이제 겨우 내 조
국을 다시 찾아서 건설하는 데 늙었다고 편할 생각해서야 되나. 일할 수 없을 때까
진 일해야지"하면서 그분의 말씀은 한 마디 한 마디 귀담아들어야 할 정도로 인
품이 높았고 그분의 열정이 담긴 말씀 앞에서 자신이 부끄러웠다고 회상한다.
117. 라치꼬프와 마주르의 개인문헌 보관자료. 최준기 옮김(2002). 「1950년대 말 조
선민주주의인민공화국에서 조선 언어학 역사」. 『한국어학』 통권 제17호, 364-
365쪽.
118. 이상혁(2007). 「해방 후 초기 북쪽 국어학 연구의 경향」. 『어문논집』 제56집,
18쪽.
119. 이상혁(2007). 위의 논문, 18-19쪽.
　　〈이만규는 『조선어연구』에 「국문 연구단체의 연혁」(1949년 창간호), 「우리글 가로
쓰기」(1949년 2호), 「동양에 있어서의 한자의 운명」(1949년 6호), 「인민학교 제3학
년 '국어'를 읽고서」(1950년 1호), 「우리글 가로쓰기에 따르는 몇 가지 문제」(1950
년 3호)를 발표했다. 1945-1948년까지 국어학계에서 이만규의 활동이 없는 것은
정치 활동과 관련이 깊다.〉
120. 차석기(1976). 『한국 민족주의 교육의 연구』. 진명문화사, 333-339쪽.
121. 박용규(1994). 「이만규 연구」. 『한국교육사학』 제16집, 223쪽.
122. 이만규의 북행길을 셋째 딸 이철경(가수 서유석의 어머니)은 만류한다. 이만규
가 북행길에 오른 것은 큰아들 이정구(시인 심훈의 조카사위, 공산주의자)의 권유
도 있었지만, 당시 횡행했던 백색테러 등 안전을 보장받기 힘든 시국이 조성된 탓도
있었다. 이승만 정권이 친일파를 정치적 기반으로 반민족적인 성격을 노골화한 때
문이다.

6.

혁명적 노동운동의 빛나는 별,
코뮤니스트 혁명가 김찬

1. 코민테른 12월 테제와 혁명적 노동조합운동

1930년대 초 국내 항일운동의 양대 흐름으로 '혁명적 노동조합운동'이 등장한다. 혁명적 노동조합운동을 예전 교과서에선 '적색노조' 운동으로 통칭했다. 제국주의 일본이 공문서에서 쓰던 표현인 적색노조운동이 전국을 거세게 휩쓴 것은 1929년 원산 총파업 이후이다. 제국주의 미국에서 촉발된 1929년 세계대공황으로 일본 제국주의는 만주사변을 조작해 1931년 만주를 침공한다. 만주로 시장을 넓혔음에도 일제는 산미증식계획을 통해 연간 500만 석을 조선에서 반출하는 등 식민지 수탈을 멈추지 않았다. 그 결과 경제공황은 조선에서 농민층이 몰락하면서 대지주로의 토지 집중 현상을 초래했다. 1930년대로 진입할수록 자소작농의 비율은 줄어들고 소작농과 화전민의 비율이 큰 폭으로 증가한다. 결국 농민층 몰락은 토막민 등 거대한 도시빈민을 형성하게 되고 도시 임노동자의 취업구조를 악화시키는 요인으로 작용했다.

1930년 초 혁명적 노조운동의 등장은 한편으론 세계대공황을 배경으로 한다. 다른 한편으론 1928년 코민테른 6차 대회에서 채택한 12월 테제-「조선의 혁명적 노동자 농민에게」가 조선에서 항일혁명운동의 노선 전환을 결정적으로 초래했다.[1] 특히 코민테른 산하 조직인 프로핀테른(노동조합 인터내셔널)이 1930년 9월 18일 채택한 결의문, 9월 테제는 조선 공산주의운동과 노동운동의 지침이 되었다.[2] 이는 「조선의 혁명적 노동조합운동의 임무에 관한 테제」로 1930년대 조선 사회 혁명적 노동조합운동의 방향을 제시한 것이다. 이에 코뮤니스트들은 신간회 제3기 민족 부르주아지와의 결별을 선언하고 노동자, 농민 등 기층 민중 속으로 들어가 현장을 조직하는 임무를 부여받는다. 공장노동자와 농민 계층을 기반으로 밑으로부터 조직을 일궈 내면서 혁명운동의 전위인 조선공산당을 재건하라는 지침이었다. 조선공산당 재건을 위한 인적 역량을 노동계급에서 발굴하고 밑으로부터 단련되고 조직된 당 재건을 촉구한 것이다.

조선공산당은 1925년 4월 17일에 일제의 삼엄한 감시를 피해 창당된다. 코민테른의 조선지부로 정식 승인을 받는 것은 1928년 9월 1일 코민테른 제6차 대회 46차 회의에서였다. 그런데 조선지부로 승인을 받은 조선공산당은 그해 12월에 전격 해산 지시를 받는다. 채 6개월도 되기 전에 해산된 것이다.[3] 해산의 주된 요인은 당원들 대부분이 지식계층의 '소부르주아지로 구성돼 노동운동에 기초하지 않았을 뿐 아니라 분파적'이라는 이유였다.[4]

독립운동전선에서 분파활동과 대립은 같은 공산주의 사상가들에게만 한정된 것은 아니다. 사회주의 사상이 처음 전래되던 1920년을 전후한 시기에는 코뮤니스트와 아나키스트가 함께 활동했다. 그러나 1922~1923년 무렵 조선 사회 대중운동이 성장하면서 사회사상이 분화되면서 정체성을 또렷하게 드러내기 시작했다. 코뮤니즘은 이후 사회사상의 주류를 형성하면서 항일운동을 주도해 나간다. 그러자 아나키스트들은 코뮤니스트들에 대해 이전과 달리 대결적·적대적 태도를 보이기 시작한다. 1922년 조선노동공제회 내 아나키스트와 코뮤니스트 간의 대립, 1923년 3~4년간 갈등 끝에 살인을 자초한 원산청년회 내 아나키스트와 코뮤니스트 간 충돌, 1925년 아나키스트 흑기연맹 창설 과정에서 발생한 충돌 사건 등이 대표적인 사례들이다.[5]

독립운동전선의 이념 대결과 분파활동은 해외에서도 마찬가지였다. 1920년대 사회주의 사상이 만주지역에 전파되면서 기존 민족주의 독립운동 단체들에 대한 사회주의 청년들의 불만과 대결이 심심찮게 표출된다. 1926년 4월 길림성 아성현 사회주의 청년들이 의무금 징수 차 찾아온 정의부 대원들을 무장 해제시키고 무기를 압수한 사건이 발생한다. 사회주의 청년들은 여기에서 그치지 않고 주민대회를 개최해 정의부를 성토한다. 민족주의 무장단체인 정의부는 무산대중에게 전혀 도움이 되지 않는 단체로 정의부를 탈퇴한다는 성명서까지 발표한다.[6] 당시 명천 출신 공산주의자 김찬(본명 김낙준)은 정의부-국민부에서 활동하며 민족주의 계열과 민족협동전선을 추구한다. 그의 기대와 달리 조선공산당 만주총국을 주도했던 화요파는 1929년 6월 조선공산당 만주총국 집행위회의에서 기존 통일전선 방침을 폐기한다. 코민테른 12월 테제의 1국1당 원칙에 따라 조선공산당 만주총국을 해산하고 중국 공산당에 가입하기로 결정한다. 그리하여 ML파와 화요파 공산주의자들은 1929년 후반부로 갈수록 국민부, 그리고 아나키스트 한족총연합회와 대결 상황으로 치닫게 되고 살육전까지 자행한다.[7]

1925년 창당 당시 조선공산당 주요 정파는 화요파, 북풍파, 상해파, 서울파로 분류된다. 좌우 편향을 극심하게 드러낸 서울파를 제외하고 화요파 중심으로 북풍파와 상해파가 연합해 1차 조선공산당을 창당한 셈이다. 당시 공산주의 주요 정파들은 당 권위를 코민테른의 승인

1930년대 초 혁명적 노동조합운동을 전개했던 코뮤니스트 김찬.
김찬은 스무 살에 혁명운동에 뛰어들었고 한국사 교과서에 수록된 1930년대 초 혁명적 노동조합운동에 목숨을 걸고 혼신을 다했다. 일제에 피검돼 45일 동안 극악한 고문을 견딘 사실은 일제 경찰 스스로 놀랄 정도였다.

에서 얻고자 했다. 코민테른의 승인은 다른 정파들을 자신의 지도 아래 복속시킬 수 있는 마술지팡이와도 같았다.[8] 따라서 전위 정당으로서 초기 조선공산당 활동가들은 대중운동 속에서 단련되고 검증된 인물들이 아니었다. 그런 측면에서 1930년대 조선공산당 재건운동은 당대 사회주의 혁명가들에겐 크나큰 노선 전환으로 다가왔다.

열혈 공산주의자들이 1930년을 전후해 고무공장, 제사공장, 목재공장, 시멘트공장에 노동자로 취업하고 철도, 부두 노동자로 현장 속으로 들어간 것은 12월 테제를 충실히 실천하기 위한 노력이었다. 1930년 하반기에서 1931년 말까지 평양, 신의주, 함흥, 흥남, 인천, 부산, 서울, 수원, 광주, 목포 등 전국 각지에서 혁명적 노동조합운동이 전개되었다. 당시 혁명적 노동조합운동의 당면 구호가 '활동의 중심을 공장과 기업소로!'[9]였다는 사실은 이를 방증한다. 항일혁명의 일환으로 1930년 초 혁명적 노동조합운동은 그런 시대 배경을 바탕으로 등장한다.

혁명적 노동조합운동의 주역은 당연히 코뮤니스트들이었다. 그들은 혁명적 노동조합 활동을 통해 조선공산당 재건운동에 신명을 바치고

자 분투했다. 토종 코뮤니스트 이재유를 비롯해 흥남 질소비료공장과 평원 고무공장에서 파업을 지도한 모스크바 공산대학 출신의 정달헌, 원산과 평양에서 혁명적 노조활동을 전개한 이주하, 전주 공산당, 함남 공산당 재건 사건의 정백, 마산 공산당 재건운동의 핵심이자 당대 노동운동 조직에서 뛰어난 능력을 보인 김형선[10] 등이 그렇다.

2. 혁명적 노동운동가 김찬과 조선공산당 창당 핵심 김찬(김낙준)

김찬 역시 1930년대 초 진남포와 평양에서 혁명적 노동조합운동을 펼친 열혈 항일독립지사이다. 김찬은 스무 살에 진남포로 귀향한다. 자신이 태어난 진남포 억양기리에서 여동생 김순경[11]의 친구들을 대상으로 독서회 활동을 시작했다. 노동청년들을 대상으로 민중야학도 개설하여 이를 기반으로 항일운동을 전개했다. 김찬과 조우했던 진남포 청년들은 대부분 '진남포 청년동맹' 맹원들이었다. 따라서 자연스럽게 사회주의 사상을 전파할 수 있었으며 혁명적 노동조합운동은 현장에 뿌리를 내리게 된다.

일제강점기 시절 뛰어난 공산주의 조직 활동가인 김형선이 김찬의 바로 윗선이었다. 김형선은 상해에서 공산주의 사상을 선전하는 팸플릿 「콤뮤니스트」를 발간하며 '콤뮤니스트 그룹'을 이끌었던 조선공산당 재건운동의 지도자 김단야(본명 김태연)의 지시를 받았다. 따라서 진남포 출신 김찬은 콤뮤니스트 그룹에 속했던 항일 혁명운동가였다. 20대 초반임에도 김찬은 진남포와 평양을 중심으로 경성과 신의주까지 포괄하는 선전활동을 펼쳤다.

당시 『동아일보』 기사에 나온 내용을 보면 젊은 나이임에도 김찬의 위상이 매우 높았음을 알게 해 준다. 1933년 6월 2일 자 석간에 '조선공산당 재건을 획책한 공산주의 3巨頭-그 내력과 활동 경로'라는 제목이 눈길을 사로잡는다. 교과서에 전혀 등장하지 않는 인물이자 역사 전문가들조차 전혀 생소한 인물이기 때문이다. 실제로 역사 교사와 역사학자들은 대부분 김찬을 1925년 4월 17일 조선공산당 창당 당시 창립을 주도한 인물로 기억한다. 한자도 '빛날 찬燦'으로 똑같다. 그러다 보니 일부 사학자 가운데는 17살이나 차이가 나는데도 진남포 출신 김찬을 명천 출신 김찬(본명 김낙준)과 동일 인물로 생각한 이도 있다. 그만큼 연구의 불모지였던 것이다. 이데올로기 대결이 초래한 독립운동사의 비극이 아닐 수 없다.

역사 전문가들이 기억하는 김찬은 함경북도 명천군 출신으로 김재봉, 조봉암, 박헌영과 함께 '화요회'에 속했던 항일독립지사이다. 그는 조봉암, 박헌영, 김재봉 등 1차 조선공산당 창당의 핵심 인물로서, 신흥청년사 본사 대표기자 신분으로 '전조선기자대회'에 참여한다. 전조선기자대회와 조선민중운동자대회는 일제 경찰의 감시의 눈길을 피하기 위한 외피였다.[12] 당시 조선일보와 시대일보에는 공산주의운동에 깊이 관여한 코뮤니스트 기자들이 다수였다.[13] 박헌영, 임원근, 김단야, 홍덕유 모두 조선일보 기자 출신이고, 이봉수는 동아일보 경제부장, 홍남표는 시대일보 기자 출신이다.

이 두 대회를 명분으로 전국의 각지의 공산주의자들이 서울로 집결했고, 4월 17일과 18일 연이어 조선공산당과 고려공산청년회가 창설되었다. 그러나 불과 6개월 만에 '신의주 사건'이라는 전혀 예상치 못한 일로 조산공산당과 고려공청 조직 전체가 일순간 와해되고 만다. 1925년 말 조공 핵심 인물인 김재봉, 주종건, 김약수, 박헌영, 유진희 등이 대부분 일제에 피검된 상황에서 명천 출신 김찬은 해외 망명에 용케 성공한다. 망명 후 그는 여운형, 조봉암, 김단야와 함께 조선공산당 임시상해부를 조직한다. 그리하여 순종 인산일인 6·10 만세운동을 지도하는 핵심 인물로 등장한다.

화요파 김찬(김낙준)은 1927년 말 만주로 건너가 상해파 공산주의자 윤자영과 함께 조선공산당과 고려공산청년회 만주총국을 건설한다. 그런 점에서 조공 만주총국은 화요파와 상해파의 결속으로 탄생한 것이다.[14] 그 이후 김찬은 민족주의 무장단체인 정의부(이후 국민부로 통합)에 소속돼 민족협동전선, 즉 민족유일당 운동에 매진한다.[15] 17살 나이 차를 보이는 명천 출신 김찬은 공산주의운동사에선 변절한 인물로 매도된다. 특히 1930년대 초 중화학공업 지대 함경도 지방을 중심으로 혁명적 노동조합운동을 선구적으로 조직 지도한 태평양노동조합(약칭 '태로') 계열 코뮤니스트들은 명천 출신 김찬이 3·1운동 시기부터 일제의 밀정으로 활동했다며 맹비난한다.[16] 그러나 '태로' 코뮤니스트의 주장처럼 명천 출신 김찬을 '일제의 스파이'로 비난하는 것은 정도가 지나치다. 일제 암흑기 항일혁명운동 노선상의 차이일 뿐이다. 마치 조선공산당 창당 멤버이자 해방 전후 통일전선운동 노선을 일관되게 걸었던 조봉암이 '일제의 스파이'나 변절자가 아니듯이 말이다. 해방 이후 박헌영과 결별한 조봉암처럼 명천 출신 김찬은 해방 이후 여운형의 사회노동당과 조봉암의 진보당 활동에 관여하다가 1950년대 중후반 사망한다.

진남포 출신 김찬은 그동안 역사 전문가들에게조차 알려지지 않았던 인물이다. 지금은 고인이 된 조선족 출신 최용수 교수(중국 공산당 중앙당교)가 중국 내 항일 혁명가 가운데 망각된 조선인 출신들을 연구, 발굴해 왔다. 취재 차 중국을 다녀온 원희복 기자(경향신문)를 통해 13년 전 최초로 언론 매체에 일부 내용이 소개되었을 뿐이다.[17] 김찬-도개손 부부의 아들인 김연상 씨를 만난 원희복 기자의 노력으로 광복 70주년이 되는 2015년에 항일혁명운동의 빛나는 별, 김찬의 치열한 삶과 원통한 죽음이 단행본 『사랑할 때와 죽을 때』로 소개된 것이다. 중국 현지에서는 님 웨일스의 『아리랑』의 주인공 '김산'보다 더 유명한 인물로 '김찬'을 인정하는 분위기라고 한다. 그리고 김찬보다 중국인 아내인 항일 혁명가 도개손이 더 높게 평가받는 분위기라고 한다.[18]

『동아일보』 1933년 6월 2일 자에 눈을 돌려보자. '조선공산당 재건을 획책한 3거두巨頭'로 홍남표, 조봉암, 김찬을 차례로 소개하며, 세 사람의 사진과 함께 활동 내력을 상세히 알리고 있다. 지면에 기술된 내용을 전하면 이렇다.

조선공산주의자의 거두巨頭로 조직된 조선공산당 재건운동과 국제당(코민테른-필자 주) 승인을 목표로 상해에 근거를 두고 조선에 공장지대와 광산지대 등에 (조공)재건설을 목적한 동지 획득이 진행되다가 경찰당국의 열렬한 활동으로 체포돼 공판에 회부된 조봉암, 홍남표, 김찬, 김명시[19] 등 17명에 관한 치안유지법 위반, 출판법 위반 사건은 신의주 지방법원에 회부되어 공판 개정을 기다리게 되었다. 그리고 예심 중에 피고인 김승락은 33세를 일기로 옥중에서 사망하였다.[20]

일제에 의해 '조선공산당 재건 사건'으로 명명된 이 사건은 피검된 인물만 총 17명이었다.[21] 이 가운데 조봉암, 홍남표, 김찬, 김명시 4명만 인신 구속된 상태에서 재판을 받았다. 다만 일제 경찰이 억지로 조봉암을 엮다 보니까 강하게 저항한 조봉암의 경우 사건을 병합 심리[22]하려다가 분리시키는[23] 등 지연되기도 한다. 김찬의 행적은 일제 심문조서나 당시 보도 통제가 풀리면서 알려진 신문기사를 통해 추정해 볼 수 있다. 1933년 6월 2일 자『동아일보』에는 '김찬 내력'이라는 큰 글씨와 함께 김찬이 국내로 잠입해 활동한 흔적을 이렇게 소개하고 있다.

> 중대한 사명을 띠고 북평(북경-필자 주)을 거쳐 조선에 들어오다가 붙잡힌 김찬은 어려서부터 부모와 함께 북평에 가서 살다가 상해로 가서 중국 공산당원 김형선을 만나 공산주의 사상을 주입 받아 협력해서 조선 안에 들어와 동지를 다수히 획득하는 동시에 장차 조선 내에 ○○○○○(조선공산당-필자 주)을 건설할 것을 약정하고 소화 6년 1월에 조선에 잠입하여 동지를 다수히 획득하였다. 진남포와 평양에서 농민조합과 적색노동조합을 조직하였으며 여자당원의 획득도 꾀하였다. 그 후 6월에 김찬은 평양에 '콘스타치' 회사에 들어가 활동하고 동년 12월에는 안종각을 통하여 숭실학교를 중심으로 학생 측에 잠입을 꾀하고 소화 7년 4월에 경성에 들어와 김형선을 밀회하여 5월 1일 메이데이를 앞두고 격문 300매와 「콤뮤니스트」 20부를 가지고 평양으로 돌아가 평남, 평양 등 78고무공장과 소야전小野田세멘트, 삼성정미공업소 등에 각각 격문과 팜플레트를 발송하고 동시에 학생들에게도 역시 팜플레트와 격문을 반포했었던 것이라 한다. 그러다가 다시 북평에 건너가 많은 군자금을 손에 쥐고 안동을 경유하여 국경을 넘어 들어오려다가 평북 선천 모 여관에서 9월 15일에 평북경찰부에 체포된 것이라 한다.[24]

김찬은 1911년에 진남포의 거부이자 독립운동가인 김병순의 5남매 중 막내아들로 태어났다. 따라서 조선공산당 창당 멤버인 명천 출신 김찬이 1894년생이니까 17살 차이를 보인다. 진남포 출신 김찬은 1919년 3·1운동에 참여하고 독립운동자금을 댄 아버지 김병순이 일제의 감시와 체포를 피해 1921년 가족을 따라 중국 북경으로 이사한다. 김찬은 북경 노하중학교 시절 12살에 공산청년단에 가입한다. 1928년 노하중학교 고등과를 졸업한 김찬은 1년 뒤 1929년에 상해에서 중국 공산당에 가입한다. 공산당 가입 당시 김찬은 18살이었다. 1929년 세계 대공황이 발생하고 1930년 코민테른의 지시를 받은 김단야가 상해로 오자 김찬은 김단야의 지시로 혁명적 노동조합 건설 임무를 띠고 진남포로 잠입한다. 그때가 1931년 1월 한겨울이었다. 1931년 4월엔 어린 여공들을 중심으로 독서회를 꾸리고 민중야학을 개설하는 등 대중 속으로 성큼 발을 들여 놓았다. 1931년 6월엔 김찬 스스로 평양에 있는 제분공장 콘스타치사에 취업하여 공장 내 노동조합 건설을 위해 열정을 쏟는다.

1931년 9월 김찬은 경성에서 자신의 바로 윗선인 김형선을 만나 현장 조직을 확대시키는 방안에 대해 논의한다. 경성에서 김형선을 만났던 장소는 놀랍게도 수구파 집안인 홍어길(배화여고보 교원)의 집이었다. 그곳은 이후 조카인 친일 작곡가 홍난파가 살았고 오늘날 홍난파 기념관(서울 홍파동 소재)으로 바뀌었다.[25] 김찬은 진남포와 평양을 오가며 공장노동자와 학생들을 대상으로 현장 조직과 선전에 열과 성을 다하였다. 그 결과 완벽한 공장핵이 존재했던 인천만큼은 아니지만 진남포와 평양도 현장 조직이 갖춰졌다. 현장 조직을 기반으로 지역위원회를 구성하고 지역 당 조직을 건설할 의도였다. 지하서클인 독서회 열성 청년들로 하여금 공장핵을 구성하게 하고 파업투쟁이 전개되면

자연스레 파업지도부를 구성하도록 했다. 진남포 삼성정미소 동맹파업을 김찬이 지도한 것처럼, 1931년 5월 1일 평양출판노동조합원 100여명이 참여한 메이데이 기념식, 6월 28일과 7월 28일, 그리고 8월 13일에 벌인 평양 고무공장 여공들의 임금인하 반대 동맹파업[26] 등도 김찬의 혁명적 노동조합활동과 관련이 깊었을 것이다.

1932년 4월 김찬은 다시 경성에서 김형선을 만났고, 이불과 베개로 위장하여[27] 국내로 반입한 「콤뮤니스트」[28] 팸플릿과 메이데이 전단을 수령해 돌아왔다. 5월 1일 메이데이를 기념해 진남포, 평양, 신의주 노동자들과 학생들에게 배포할 생각이었다. 팸플릿과 전단 수백 장 배포에는 많은 위험이 따랐다. 일제의 감시가 촉수처럼 번득이는 현실에서 전단 배포는 자신을 노출시킬 위험이 컸다. 게다가 경찰에 체포된다는 것은 조직 전체가 심각한 상황에 직면할 수 있었다. 고민 끝에 김찬과 김형선은 우편 발송을 하기로 하였다. 다른 주소를 활용해 불특정 다수에게 우편 발송한 것이다. 그러나 우편물을 받아 본 사람들이 경

김찬의 윗선이었던 조선공산당 핵심 인물 김단야의 모스크바 국제 레닌학교 졸업사진.
앞줄 왼쪽에서 두 번째가 김단야(본명 김태연), 그 오른쪽이 박헌영, 맨 뒷줄 오른쪽 첫 번째 인물이 베트남 독립영웅 호치민의 젊은 시절 모습이다.

찰에 신고하면서 그동안 비밀리에 기반을 다져 온 현장 조직[29]이 위험에 노출되었다. 급기야 김단야의 아내 고명자가 일경에 체포되고 고문을 이기지 못한 상태에서 김명시마저 체포되었다. 위급한 상황에서 메이데이 이틀 뒤인 1932년 5월 3일 김찬은 김형선과 함께 북경 탈출에 성공한다.

3. 잔혹한 고문을 45일 동안 버텨 내다

북경에 도착한 김찬은 모처럼 가족과 만났고 도개손과도 기쁜 만남을 가졌다. 당시 도개손은 공산청년단 북경시 지부 선전부장으로 맹활약하고 있었다. 김찬은 짧은 북경 생활을 뒤로한 채 1932년 9월 11일 조선 내에서 혁명적 노동조합 건설이라는 공작을 다시 시작하기 위해 상해를 출발했다. 그런데 노련한 김형선은 평안북도 경찰부의 눈을 속여 검거망을 피해 잠입했으나, 김찬은 평안북도 선천군 모 여관에서 일제 경찰에 체포되고 만다. 국경 접선책인 독고전이 변절함으로써 신분이 노출되었기 때문이다. 여관 주인조차 경찰 대질 신문에서 김찬 본인임을 확인시켜 주었다. 김찬은 잔혹한 고문과 악형을 45일 동안 버티며 이겨 냈다. 그사이 동지들이 피할 수 있는 시간을 벌었고 조직을 지켜 낼 수 있었던 것이다. 45일간의 고문을 버틴 것은 당시로선 극히 드문 일이 아닐 수 없다.

보통 공산주의 등 사상범 취조에는 몇 개월씩 언론 보도를 통제하고 심문 시간을 다투었기 때문에 첫날의 고문은 상상을 초월한다. 하루도 버티기 힘든 고문을 김찬은 무려 45일 동안 버텼으니 그 기개가 실로 놀라울 따름이다. 2차 조선공산당 책임비서 강달영은 5일 동안 버텼다. 그럼에도 고문 끝에 자백한 사실로 조직이 와해되고 숱한 동지들이 체포된 것에 스스로 고통스러워했다. 고문을 이겨 내기 위해 강달영은 책상에 머리를 찧고 자해를 시도했다.[30] 결국 강달영은 정신이상 증세를 보이며 출소 후 폐인처럼 지내다 해방 1년 전 운명한다. 박헌영 역시 일제에 피검돼 심문투쟁 와중에 정신이상 증세를 연기하며 정신병자로 인정을 받는다. 그 길이 자신의 신념을 지키는 길이며 동지들을 팔지 않는 유일한 방법이라고 믿었기 때문이다.

『동아일보』 1933년 6월 2일 자에도 기사화되었듯이 검거된 17명 중에 2명이 예심 판결이 나기도 전에 옥사한다. 고문 때문이었다. 함께 재판을 받고 징역 7년형을 선고받은 조봉암은 고문의 상처가 낫기도 전에 신의주 한겨울 추운 감방에서 동상에 걸려 손가락 7마디를 모두 잘라 낼 정도로 고통을 겪었다. 일제강점기 감옥생활은 그야말로 투쟁의 연속이었다. 형편없이 질 나쁜 멀건 죽에 가끔 배추 건더기가 하나둘 들어 있을 정도였다. 거기다 10시간 이상 강제노동에 시달려야 했다. 감방은 영하의 날씨임에도 차가운 땅바닥에 얇은 겉옷이 전부였다. 오들오들 떨면서 겨울을 나야만 목숨을 이어 갈 수 있는 형극의 시간이었다.

조선공산당 재건운동 기간인 1928년부터 1938년까지 1만 6,000명이 넘는 이들이 치안유지법으로 체포되었다.[31] 이는 당시 조선 전체 인구의 1/1,000에 해당하는 것으로 일제는 식민통치 말기로 치달을수록 사상운동, 즉 항일혁명운동 전반에 극심한 탄압을 가했다. 1934년 10월 신의주 형무소에서 만기 출소한 김찬은 북경으로 돌아갔다. 아내 도개손과의 사이에 아들 김연상을 낳았고, 다시 항일투쟁에 참여하다 투옥되기도 한다.

4. 비극적으로 처형당한 항일 혁명가 김찬-도개손 부부

1937년 8월 김찬과 도개손 부부는 혁명의 성지인 연안으로 가서 중국 공산당에 재입당한다. 도개손은 중앙당교 12반에서, 김찬은 섬북공학 제1기로 고급 당 간부 교육을 받는다. 연안에서 이런 고급 과정을 공부한 사람은 중국 공산혁명 지도자들뿐이었다.[32] 그러던 중 1938년 1월 '일제 특무' 혐의로 강생의 보안처에 체포돼 극악한 고문에 시달린다. 1930년대 중반 스탈린의 소련에서 자행된 트로츠키주의자 등 반혁명분자 처형 열풍이 소련 유학을 경험한 강생에 의해 중국으로 전염된 결과였다. 중국 공산당 모택동의 권력 강화에 기여한 희대의 음모가 강생에 의해 순결한 조선 혁명가 김찬이 희생된 것이다. 1939년 3월 혁명의 성지 연안에서 김찬과 도개손은 총살형에 처해져 비극적인 삶을 마감한다. 처형 당시 김찬은 28살, 도개손은 27살이었다.

1982년 중국 공산당 공안부는 뒤늦게 "일본 간첩으로 처형된 도개손과 김문철(김찬의 중국 이름) 두 동지의 당에 대한 비밀공작은 당과 혁명의 이익에 공헌했다"고 확인했다. 이어서 "도개손과 김찬 두 동지는 불의의 사건에 휘말렸다는 원통함이 밝혀져 두 동지의 명예를 회복하고 정치상 서열을 회복한다"고 억울한 죽음에 대해 누명을 벗기고 복권을 결정한다. 님 웨일스의 『아리랑』의 주인공 김산(본명 장지락)과 똑같은 비극적 죽음이었다. 고 최용수 교수는 "김찬-도개손 부부의 죽음은 부부가 함께 총살된 경우라서 김산의 죽음보다 더 가슴 아픈 사건"이라고 했다.[33]

코뮤니스트 김찬은 항일혁명운동의 최전선에서 자신의 젊음과 목숨을 오롯이 바쳐 오직 민족해방의 한길을 걸었던 인물이다. 그럼에도 중국 공산당은 고결한 영혼을 지닌 혁명가 부부에게 '일제 특무'라는 혐의를 뒤집어씌워 처형했다. 실로 원통한 죽음이 아닐 수 없다. 무엇보다 제국주의 식민통치 시절 불꽃처럼 자신을 불사르며 치열하게 살다가 원통한 죽음을 당한 코뮤니스트 젊은 영혼들을 이제는 글로써 위로하며 그 진실을 복기해야 마땅하다. 그 길은 속히 공인된 역사 교과서에 기술하고 그 고결한 삶을 후세에 널리 알리는 일에서 시작하리라!

주석

1. 박우정(1994). 『1929-1932년의 조선공산당 재건운동』. 부산대 석사학위논문, 1쪽.
2. 박한용(2000). 「1930년대 혁명적 노동조합운동」. 『진보평론』 제5호, 365쪽.
3. 이준식(2000). 「조선공산당 재건운동」. 『진보평론』 제4호, 312쪽.
4. 「朝鮮に於ける共産主義運動の近況」. 『思想彙報』 5호(1935). 42쪽. 이준식의 앞의 논문에서 재인용.
5. 이호룡(2006). 「일제강점기 국내 아나키스트들의 공산주의에 대한 비판적 활동」. 『역사와 현실』 59호. 한국역사연구회, 262-263쪽.
6. 황민호(2004). 「1920년대 재만 한인 사회주의운동의 동향과 동만청년총연맹」. 『한국민족운동사연구』 제40집, 12-13쪽.
7. 신주백(1996). 「1929-31년 시기 재만 한인 민족운동의 동향」. 『역사학보』 제151집, 125-127쪽.
8. 신춘식(2000). 「조선공산당을 위한 변명」. 『진보평론』 제3호, 304쪽.
9. 김인걸·강현욱(1989). 『일제하 조선노동운동사』. 일송정, 132쪽.
10. 김형선은 '백마 탄 여장군' 김명시의 오빠로 김명시에게 정신적 영향을 미쳤던 인물이다. 코민테른과 직접 연결된 김단야의 지시를 받고 1930년대 초 국내에서 전개된 혁명적 노동조합운동의 핵심 인물이다. 마산공산당을 창건했으며 해방 후 남로당 의장단에 선임될 정도로 사회주의 계열의 걸출한 독립운동가였다.
11. 원희복(2015). 『사랑할 때와 죽을 때』. 공명, 265-266쪽.
⟨김찬의 여동생 김순경 역시 항일 혁명가로 공산주의자였다. 남편은 오빠 김찬의 북경시 노하중학교 동창으로 공산주의자 장문열이다. 김찬과 그 아내 도개손이 중국 공산당 당원으로 항일혁명에 나섰듯이 김찬의 동생 김순경과 장문열 부부 역시 중국 공산당 당원으로서 항일 혁명가였다. 두 부부 모두 일제의 스파이 혐의로 20대 젊은 나이에 처형되는 비극을 맞는다. 특히 김찬과 김순경 남매의 억울한 죽음은 기구한 가족사이자 한국근대사의 비극적인 한 장면이 아닐 수 없다.⟩
12. 신춘식(1993). 『조직주체를 중심으로 본 조선공산당 창건과정』. 성균관대 석사학위논문, 61-63쪽.
13. 스칼라피노·이정식(1986). 『한국 공산주의운동사 I』. 한홍구 옮김. 돌베개, 115쪽.
14. 김희곤(2005). 「윤자영의 생애와 민족운동」. 『한국독립운동사연구』 제24집, 115-116쪽.
15. 박순섭(2014). 「1920-30년대 김찬의 사회주의운동과 민족협동전선」. 『한국근현대사연구』 71집, 52쪽.
16. 김윤정(1998). 「1930년대 초 범태평양노동조합 계열의 혁명적 노동조합운동」. 『역사연구』 제6호, 148쪽.
17. 『경향신문』 2005년 5월 30일 자에 소개된 '비운의 좌파지식인 김찬'을 가리킨다.
18. 원희복(2015). 위의 책, 115쪽.

19. 김명시는 김형선의 누이동생으로 조선의용대 박차정 열사처럼 부산 동래 출신이다. 조선일보 동래지국장과 동래청년회 집행위원장, 그리고 조선노동공제회 집행위원과 조선노농총동맹 중앙집행위원을 역임한 사회주의 항일 혁명가이다(「일제 감시 대상 인물 카드」. 한국사데이터베이스 참조). 김명시는 연안독립동맹 외곽 군사조직인 조선의용군 사령관 무정 장군 직속 지휘관으로서 2000명을 거느린 백마 탄여장군으로 항일전에 무훈을 세운 인물이다. 그는 1929년 상해 시절부터 무정 장군과 교유했으며 연안 독립동맹이 해방 전 충칭 임시정부와 장건상을 매개로 연락을 도모했음을 해방 후 인터뷰에서 밝힌 적이 있다(『동아일보』. 1945. 12. 23). 김명시는 김형선, 김찬과 마찬가지로 혁명적 노동조합운동을 전개하다 1932년 일제에 피검돼 7년을 복역한 후 1939년 재차 중국으로 망명하여 연안 독립동맹 화북책임자로 활동했다. 해방 직전 조선의용군 제1선 적구부대 여자부대를 지휘하고 조선독립동맹 텐진분맹 책임자로 있었다(남화숙. 「'여장군' 김명시의 생애」. 『여성』 2호. 여성사연구회. 창작사. 1988, 337-355쪽). 1947년 현재 민주여성동맹 중앙선전부장으로 활약했다(『조선연감』. 1948, 461쪽).

20. 『동아일보』(1933. 6. 1; 6. 2). 「조봉암, 홍남표 등 17명은 예심 종결, 관계자 1명은 옥중 사망」.

21. 『조선중앙일보』(1933. 6. 4). 「조봉암 등 17명, 예심종결결정서, 그 전문은 여좌하다」.

22. 동아일보』(1933. 2. 26). 「김찬 사건과 병합심리, 조봉암 사건과」.

23. 『동아일보』(1933. 11. 16; 1933. 12. 8; 1933. 12. 18). 「피고들의 騷然으로 부득이 분리심리, 조봉암 등은 퇴정시켜, 단일 共黨 김명시, 김찬 등 속행 공판(신의주)」.

24. 『동아일보』. 1933. 6. 2.

25. 원희복(2015). 위의 책, 145-155쪽.

26. 한국사 데이터베이스. 「한민족 독립운동사 연표」(1931년). 『한민족독립운동사』 13권.

27. 최규진(2009). 『조선공산당 재건운동』. 한국독립운동사연구소, 107쪽.

28. 「콤뮤니스트」는 조선공산당 재건운동의 지도자인 '콤뮤니스트 그룹' 김단야가 상해에서 발간한 팸플릿으로 코민테른의 지원을 받아 김단야와 박헌영이 글을 기고했다.

29. 최규진(2000). 「김단야 기억 저 편에서 드높고 허망한」. 『진보평론』 제4호, 340-341쪽.
〈1932년 여름까지 인천, 부산, 평양, 진남포, 마산의 도시와 농촌에 20명이 넘는 조직원이 있는 20개 넘는 비합법조직을 유지하고 있었다.〉

30. 임경석(2002). 「잊을 수 없는 사람들-강달영, 조선공산당 책임비서」. 『역사비평』 제58호, 271쪽.

31. 이준식(2000). 위의 글, 322쪽.

32. 원희복(2016). 「김찬 선생님께」. 『100년 편지 248』. 임시정부 100주년 기념사업회.

33. 원희복(2005). 「다시 쓰는 독립운동 列傳 Ⅱ중국편-2. 비운의 좌파지식인 김찬」. 『경향신문』. 2005. 5. 30.

7.

민중목회를 실천한 항일독립지사,
전덕기 목사

1. 민중목회를 실천한 전덕기 목사

상동교회는 감리교 최초의 의료선교사인 스크랜턴w. B. Scranton 목사가 1888년 남대문 시장 인근에 세운 교회이다. 감리교 정동교회가 있던 정동은 주로 외국인, 양반 등 상류층이 거주하던 공간이다. 반면에 상동교회는 글자 그대로 상놈의 집합소이자 민중교회였다. 남대문 시장 주변 상인들과 거지, 창녀, 백정 등 사회 기층 민중들이 상동교회 선교 대상이었다. 스크랜턴은 소외되고 삶에 지친 '민중이 있는 곳 where people is'에서 목회활동을 하길 원했다.[1] 스크랜턴에게 의료선교로부터 시작해서 복음 전파 등 선교활동의 전성기를 맞게 해 준 상동교회는 그렇게 시작되었다.

정동교회를 세운 감리교 최초의 선교사 아펜젤러나 상동교회를 세운 스크랜턴은 1885년 입국한다. 하지만 고종으로부터 학교와 의료활동은 허락을 받았지만 교회를 통한 선교의 자유가 허락되지 않은 상태였다. 따라서 아펜젤러는 배재학당에서 영어를 가르치면서, 스크랜턴은 의사로서 '시施병원'[1886]과 '상동병원'[1888] 등 의료선교활동을 통해 기독교 복음 전파의 토대를 닦아 나갔다. 한국 최초의 교회는 일반적으로 1885년에 설립된 황해도 소래교회라고 본다.[2] 그렇지만 선교사들은 1886년까지 선교활동에 불안을 느끼고 있었다. 실제로 북장로교 알렌H. N. Allen이나 미공사관은 조선 사회의 경색된 사회 현실 속에서 선교사들의 공식적인 선교활동을 계속 만류했다.[3] 그러나 1887년 한불조약이 효력을 발휘하면서, 미국 북장·감리교 선교사들은 1887년을 맞아 선교 사역에 적극적으로 돌입한다.[4] 1888년 상동교회 설립은 그런 시대 분위기에서 탄생된 것이다.

소년 전덕기는 9살에 아버지에 이어 어머니를 여의고 고아가 되었다. 남대문시장에서 숯을 팔아 생계를 잇던 숙부 전성여 밑에서 빈곤과 고독 속에 불우한 소년 시절을 보낸다. 어린 나이에 부모를 여의었지만 어린 전덕기는 근본이 총명했다. 이웃집 서당에서 어깨너머로 배운 한자 지식이 어린 시절 공부의 전부였다.

소년 시절 전덕기는 쉽게 사람을 잘 때리고 불량하여 폭력에 종종 노출된다. 파란 눈의 외국인 선교사를 향해 돌팔매질을 하여 유리창을 부수고 모욕적 언사를 내뱉는 등 반항아적 기질을 보이며 살아간다. 그러던 어느 날 여느 때와 같이 돌팔매질의 대상이었던 스크랜턴 선교사를 만나고 그의 언행에 감복한다. 17살에 스크랜턴 선교사의 가사도우미(집사)가 돼 생활하던 청소년 전덕기는 자신을 끔찍이 아꼈던 스크랜턴 대부인으로부터 깊은 정신적 감화와 사랑을 받는다.[5]

당시 스크랜턴 선교사는 시施병원에 이어 남대문시장 주변에 상동병원을 차려 의료선교활동 중이었다. 상동병원은 상동교회를 태동[6]하게 한 병원으로 스크랜턴 목사가 가난한 사람들을 정성껏 치료했던 의료선교 현장이었다. 17살 전덕기는 스크랜턴 선교사 집안의 청소와 부엌일(요리)에 정성을 다했고, 무엇보다 성실했으며 책임감이 강했다. 나아가 하나님을 향한 뜨거운 열정으로 믿음직한 신앙인으로 성장해

갔다. 21세에 세례를 받고 22살에 상동교회 속장이 되어 일정한 구역을 맡은 평신도 지도자로 성장했다. 전덕기는 26살이 되는 1901년 권사가 되었고 27살에 전도사가 되었다. 전도사 시절 청년 전덕기는 매일 남대문시장 거리에 나가 힘찬 목소리로 노방 전도를 행했다. 30살이 된 1905년 전덕기는 집사목사 안수를 받았다. 그리고 스크랜턴 목사를 도와 선교와 전도, 구제활동에 성심을 다했다.

목사 전덕기의 목회활동은 가난 속에 소외되고 버려진 사람들을 찾아가는 현장 목회였다.[7] 궁핍에 찌들고 병든 사람들, 일상생활에 고통받는 민중을 찾아가서 복음을 전했다. 전덕기 목사의 민중목회는 오롯이 스크랜턴 선교사가 전하고자 했던 복음에서 비롯된 것이다. 그의 목회활동의 출발은 스크랜턴 선교사였고 스크랜턴 목사의 선교정신을 닮고자 했다. 이 민족을 가난과 무지, 질병과 미신에서 해방시키고 영혼과 육신의 질병을 고치려는 게 선교사로서 스크랜턴 목사의 소명이었다. "가난한 자에게 복음을, 포로 된 자에게 자유를, 억눌린 자에게 해방을, 병든 자에게 건강을, 고통받는 자에게 평안을" 전하고자 했다.[8] 목사 전덕기는 스크랜턴의 선교정신을 그대로 계승한 인물이자 그에 기초한 신앙심의 발로였고 그런 스크랜턴을 뼛속까지 닮고싶어 했다.

소외된 사람들에게 향하는 그의 사랑은 감동적인 설교로 성화되었고 그들의 가슴을 적셨다. 생전에 전덕기 목사를 존경했던 김진호 목사는 그의 설교가 알아듣기 쉬울 정도로 평범했고, 삶에 지치고 고달픈 사람들에게 힘이 되는 격려와 감동의 말씀이었다고 술회한 적이 있다.[9] 실제로 전덕기 목사의 설교는 대중의 마음속을 파고들 뿐만 아니라 청년들을 끌어들이는 힘찬 설교였다. 그러던 1907년 스크랜턴에 이어 목사 전덕기는 상동교회 담임목사가 되었다.

상동교회 담임목사 시절 전덕기.
그는 1900년대 항일민족운동의 중심인
물이었다. 을사오적 암살단, 신민회, 국채
보상운동, 헤이그 특사 등 1900년대 항
일민족운동이 상동교회 전덕기 목사를
중심으로 전개되었기 때문이다.

전덕기 자신의 롤 모델인 스크랜
턴 선교사의 목사직 사임에는 감리
교 해리스 감독과의 갈등이 컸다. 해
리스 감독은 노골적인 친일 발언과
일본 편향적인 선교정책을 지시했는
데, 스크랜턴 목사가 감리교를 떠나
성공회로 교적을 바꾸게 한 결정적
인물이다. 그런 점에서 1907년은 전
덕기에게 고뇌와 영광이 교차된 한
해였다. 자신의 '정신적 스승'이자 민
중목회를 몸소 실천했던 스크랜턴을
떠나보내야 했던 날들이지만, 한편으
론 헌신적인 민중목회 활동과 민족운동으로 가장 빛났던 시기이기도
했다.

상동교회는 1907년 전덕기 목사 부임 이후 눈부시게 성장, 발전한
다. 1912년엔 교인이 2,907명에 이르러 정동교회 교인 수 1,850명을 월
등히 능가할 정도였다.[10] 상동교회 담임목사 시절 전덕기는 설교할 때
발을 구르고 강단의 단상을 치며 소리 높이 열정을 담아 회중을 감동
시켰다고, 백범 김구는 회고한 적이 있다. 그리하여 정동제일교회보다
출발은 늦었지만 상동교회는 전국의 어떤 감리교회보다 신자 수가 많
았고 폭발적으로 증가했다.

전덕기는 항상 쑥과, 들것, 나막신을 갖고 다녔다. 쑥은 시체 썩는
고약한 냄새를 막기 위함이고, 나막신은 시신이 안치된 방 안에 들
어서기 위함이었다. 그는 장례를 치를 비용이 없는 궁핍한 이들의 연
락을 받으면 비록 기독교인이 아니어도 손수 시신을 거두어 주었다.

1910년 어느 날 목사 그는 인천지방 교회 설교를 하고 돌아오다가 각혈을 하며 폐렴으로 고생한다. 병상목회를 하는 와중에 1911년부턴 부흥사이자 독립운동가인 현순 목사가 전덕기 목사를 도와 상동교회에 와서 시무한다.[11] 1912년부터 전덕기 목사의 병환은 더욱 깊어 갔다. 그러다가 결국 1914년 3월 39세 젊은 나이에 순교한다.

그의 죽음이 알려지자 남대문시장 상동교회로 몰려든 사람들로 장례 인파는 인산인해를 이루었다. 남대문시장 일대 거지와 인근 불량배들, 백정들이 나서서 초상 꾼이 돼 상여를 메고 소복을 입은 기생과 창녀들이 구슬피 울면서 긴 상여행렬의 뒤를 따랐다. "우리 선생님이 죽었다! 우리 선생님이 죽었다!"고 통곡하는 그들의 울부짖음은 애절하기 그지없었다. 길게 늘어선 장례행렬이 10리에 달했다. 마치 국상과도 같은 슬픔과 비통함으로 가득한 분위기였다.[12] 민중의 아들로 태어나 몸소 민중목회를 실천하다 순교한 목사 전덕기의 죽음을 안타까워하고 슬퍼한 것이다.

2. 전덕기 목사와 항일민족운동

1) 1900년대 항일민족운동의 요람, 상동교회

1900년대 상동교회는 외교권을 강탈한 을사늑약[1905] 체결에 항거하는 체결 반대 상소운동을 주도했던 공간이다. 조약 체결 직후 종로 일대 거리에서는 항의 시위가 전개되었다. 상동교회 교인들과 상동청년회 회원들은 이 데모 행렬에 가담했고, 일본 군인과 투석전을 전개하며 돌멩이로 맞섰다. 국운이 기울어진 상황에서 조약 체결 반대 상소운동이 별 효력이 없자 전덕기 목사와 상동교회는 을사오적 처단을 위해 암살 모의를 시도한다.

1907년 제2차 세계평화회의(만국평화회의는 일본식 표현)가 네덜란드 헤이그에서 열린다는 소식을 접한 전덕기 목사와 우국지사들은 상동교회 지하실에서 헤이그 특사(밀사는 일본식 표현) 파견을 주도했다. 전덕기 목사를 중심으로 이상설, 이회영, 이동녕, 이준 열사 들이 매주 목요일 7시에 회합을 가졌다. 이상설은 이회영의 절친이자 친척으로 정부 관료를 역임했고, 이준 열사는 상동청년회장을 지낸 걸출한 대중 연설가였다.

상동교회 교인 우당 이회영은 이토 히로부미의 일제 통감부 몰래 거사를 추진했다. 비밀리에 고종 황제의 측근과 내통하여 을사늑약 체결이 불법이자 무효임을 알리는 고종의 친서를 받아 내는 데 성공한다. 우리가 한국사 책에서 배웠던 바로 그 헤이그 특사 이상설(정사), 이준(부사), 이위종에게 건네진 것이다. 헤이그 특사 사건은 강도 일본 제국주의의 침략적 성격을 전 세계에 폭로하려 한 대한제국의 마지막 몸부림이었다. 그런 역사적 사건의 발원지가 바로 상동교회였다. 이렇듯 1900년대 상동교회는 항일우국지사들의 은신처이자 집합소 같은 역할을 감당했다. 물론 전덕기 목사는 그들에게 든든한 울타리를 쳐 주었고 일제의 감시로부터 보호막 역할을 마다하지 않았다. 그들 우국지사, 항일구국운동의 중심에 전덕기 목사가 존재했던 것이다. 따라서 1900년대 항일애국지사들은 전덕기 목사를 중심으로 상동교회라는 공간을 적극 활용한 것이다.

마치 1970~1980년대 박정희-전두환 군부독재 시절 교회야학 형태와 유사했다. 당시 개신교회, 도시산업선교회나 천주교 성당은 군사정권 아래에서 대학생들과 젊은 노동자들이 만날 수 있는 합법적인 공간이었다. 교회의 존재 이유와 사명은 선교와 구제에 있다. 선교는 하나님 말씀을 전하는 복음 전파이고, 구제는 가난하고 억눌린 자들의 삶을 현실적으로 위로하는 사역을 가리킨다. 그런 연유로 국가의 빈곤과 개인적 가난 때문에 배움의 기회를 잃은 노동자 계층이나 도시 빈민 계층의 자녀들을 대상으로 교회야학이 등장했다. 교회라는 합법 공간을 통해 개설된 야학은 독재 권력의 감시와 탄압으로부터 보호받을 수 있는 유일무이한 공간이었다. 그렇게 해서 1980년대 초엔 전국적으로 검정고시야학, 생활야학, 노동야학 등 다양한 형태의 야학들이 200개 넘게 존재했다.[13] 물론 불의한 국가권력의 정보기관은 촉수를 번득이며 끊임없이 감시와 탄압을 가해 왔지만 뜻있는 성직자들이 든든한 보호막을 쳐 주었던 것과 유사했다.

1900년대와 1910년대 일제강점기 초기 전국적인 항일 비밀 지하조직인 신민회 역시 상동교회 지하실에서 1907년에 결성된다. 매주 목요일 저녁 7시에 예배를 드린 직후 전덕기 목사와 이회영, 이동녕, 양기탁 등 우국지사들은 지하실에서 거듭 회합을 갖고 신민회 결성을 주도했다. 상동회의가 『백범일지』에도 나오듯이, 상동교회는 이동녕, 이회영, 전덕기, 양기탁 등 신민회 창립 멤버들이 수시로 드나들었던 공간이다.

20대 청년 전덕기는 1896년 독립협회 시절 절친 주시경과 함께 독립협회에 가입, 독립협회 서무부장이 되어 적극적으로 활동했다. 이후 1898년 종로에서 열린 만민공동회 집회에도 참여했고, 그런 활동 속에서 서재필, 윤치호, 이승만, 이동녕, 이동휘, 양기탁, 조성환 등 다양한 항일우국지사들을 만나 인간관계를 맺었다. 독립협회가 정부의 탄압을 받고 이상재, 이승만 등 지도부가 수배, 투옥되면서 관련 인사들이 상동교회 내 상동청년회(엡윗 청년회)로 대거 숨어들었다.[14] 이들 항일지사들이 항일구국운동의 연장선상에서 을사늑약 반대 상소운동을 전개하고 헤이그 특사 사건, 국채보상운동, 신민회 창립 등을 주도한 것이다. 실제로 국채보상운동 당시 서울시내 수전소(모금소)가 상동교회 내에 설치될 정도였다. 전덕기 목사가 상동교회 담임목사로 부임한 1907년 상동교회 지하실에선 신민회 창립이 논의된다. 『백범일지』에도 그 내용이 나온다.

국내와 국외를 통하여 정치적 비밀결사가 조직되었는데 그것이 곧 신민회新民會였다. (중략) 양기탁, 안태국, 이승훈, 전덕기, 이동녕, 주진수, 이갑, 이종호, 최광옥, 김홍량과 그 외 몇 사람의 중심인물과 당시 400여 명 정예분자로 신민회를 조직했다.[15]

신민회 창립 멤버인 전덕기 목사를 비롯한 신민회 간부들은 1909년 3월 서울회의와 4월 청도회의를 통해 국권회복의 최고 전략으로 독립전쟁을 준비한다. 그리하여 해외 독립군 기지 건설과 신한촌 건설, 경제적 자립, 그리고 신한촌에 무관학교를 세우고 독립군 양성을 도모하려는 논의를 했다.[16] 이는 즉각 실행에 옮겨져 서간도 유하현 삼원보에 신흥무관학교를 탄생시키고 10년에 걸쳐 3,500명의 독립군을 길러낸다. 그들이 주역이 되어 치른 독립전쟁이 일본군 수천 명을 살상한 1920년 봉오동 전투, 청산리 전투였다. 이후 신흥무관학교 졸업생들은 1920~1930년대 의열단, 1930년대 조선민족혁명당, 동북항일연군, 1940년대 한국광복군, 조선의용대(군) 등에서 해방 직전까지 무장투쟁을 전개하는 등 맹활약한다.

그런 점에서 상동교회는 1900년대 항일구국운동의 요람이자 총본산이었다. 따라서 1900년대 민족운동사에서 뚜렷한 족적을 남긴 전덕기 목사를 민족운동의 거목으로 규정하는 데 이견을 달 사람은 없다.

김구, 안창호, 이승만, 이동녕, 이상재 등 당대의 역사적 인물과 비교해도 전덕기 목사는 뛰어난 인물임에 틀림없다.

2) 상동청년회, 상동청년학원의 항일운동

상동청년회, 즉 감리교 엡윗 청년회Epworth League는 본래 기독교 신앙에 충실한 활동을 목표로 한 청년회로 출발했다. 그러나 전덕기가 1902년 전도사가 되고 1903년 엡윗 청년회장이 되면서 엡윗 청년회, 즉 상동청년회는 정치색을 짙게 띠었고, 항일우국지사들, 청년들의 회합 장소가 되었다. 순수 기독교 신앙활동을 위한 청년단체에서 항일사상의 정치적 성격을 띤 단체로 급부상하면서 일제의 감시와 주목을 받게 된다. 그들은 시국 강연, 토론회 등을 통해 약소민족의 울분을 토로했고, 교육구국운동을 힘써 강조했다. 을사늑약을 전후한 시기 황해도 진남포교회 엡윗 청년회 총무 자격으로 서울 대한문 집회에 참여한 백범 김구 역시 그러한 경험을 안고 있다.

상동청년회에 이어 전덕기 목사의 상동교회는 1904년 11월 상동청년학원을 설립해 교육구국운동을 적극적으로 펼쳤다. 이미 스크랜턴M. F. Scranton 대부인에 의해 1897년 설립된 초등과정의 공옥여학교나 벡S. A. Beck 선교사의 공옥학교[1899]와 달리 상동청년학원[1904]은 중등교육기관이었다. 상동청년학원은 일종의 교회학교 형태인데 1900년 이전에는 선교사들이 선교를 목적으로 교회학교를 설립했다. 아펜젤러가 세운 배재학당이 최초의 교회학교인데, 1900년대 이후에는 선교뿐만 아니라 구국운동 차원에서 서양 근대 신학문을 가르치려는 의도로 한국인 교인들이 교회학교 설립을 이끌었다.[17] 당시 상동청년학원이 교육구국운동 차원에서 설립된 대표적인 교회학교 형태였다.

전덕기 목사의 상동청년학원 설립을 시작으로 1905년 11월 을사늑약 체결 이후 반일 애국운동 차원에서 사립학교 설립 운동이 전국적 규모로 활발하게 전개되었다. 그것은 을사늑약 체결이라는 망국의 어둠이 짙게 드리우자 청소년들에게 항일애국정신을 고취시키고 근대적 지식으로 계몽시키기 위한 민족교육운동의 기본 형태였다.[18] 따라서 전덕기 목사의 상동청년학원 설립은 선구자적인 식견에 따른 판단이자 당대 지식인으로서 매우 탁월한 안목을 보여 준 사건이다. 다만 역설적이게도 을사늑약 이후 사립학교 설립을 통한 교육 계몽운동의 전개는 개화파 지식인들이 주도하는 경우가 많아, 이 시기 교육의 형식은 일본을 닮아 가는 형태[19]를 띠기도 했다.

실제로 상동청년학원은 평양의 대성학교나 정주의 오산학교보다 무려 3~4년이나 앞서 세워진[20] 민족운동의 요람이자 인재 양성소였다. 그런 점에서 1900년대 상동청년학원은 민족운동과 교육운동의 선구적인 위치에 섰을 뿐 아니라 명실상부한 민족운동의 중심이었다. 그러나 전덕기 목사가 1914년 39세의 젊은 나이로 요절하자 상동청년학원도 1914년 일제에 의해 폐교되는 운명에 직면한다. 상동청년학원의 교육과정은 초기에는 출세의 지름길인 영어[21]를 비롯해 국어, 수학, 물리, 박물학, 지리, 체조 등 근대 신학문과 종교(기독교 성경) 과목이었다. 이후 학생들의 진로라는 현실적인 이유로 부기, 경제학, 일본어, 중국어 등 실용적인 학문이 추가되었다.

아펜젤러의 〈감리교 1886년 연례 보고서〉에도 조선 사람들이 "영어를 배우려는 열기는 언제나 대단했다"고 기술되어 있다. "영어에 대한 약간의 지식만 있어도 높은 자리에 오르는 디딤돌이 되었기 때문이다. 학생들에게 '왜 영어를 배우려고 합니까?'라고 물으면 한결같이 '벼슬을 얻으려고'라는 대답이 돌아왔다." 1886년 9월 1일 단 1명으로 시작한 배재학당은 그해 말 32명으로 크게 늘어나 한국 최대의 학교라고,

아펜젤러는 1886년 11월 6일의 일기에 쓰고 있다.[22]

전덕기 목사는 상동청년학원을 세울 때 민족의식을 고취하고 독립운동에 헌신할 인재를 길러 내기 위해 면밀하게 교육계획을 수립했다. 민족의 얼과 정신이 담긴 한글의 이치와 보급을 우선적으로 강조했다. 그리고 민족정체성과 직결된 한국사 강의와 타 문화 강의, 나아가 신문화 수용과 전파, 체육활동을 통한 신체 단련을 교육과정에 포함시켰다. 마지막으로 지도자의 자기수양과 종교 훈련에도 교육의 역점을 두었다. 이를 실현하기 위해 강사진으로 주시경(한글), 장도빈(한국사)과 최남선(한국사), 남궁억(영어)과 조성환(한문 및 타 문화 강의), 이필주(체육, 건강), 신문화 수용과 전파(김동원, 이예춘, 이보라), 지도자의 자기수양과 종교 훈련은 전덕기 목사 자신이 맡아서 가르치기로 교육계획을 세웠다.[23]

상동청년학원 교사 가운데 스크랜턴과 전덕기 목사에게 인격적으로, 신앙적으로 감화돼 인생이 180도 전환된 분이 있다. 상동청년학원 학생들에게 체조를 가르친 이필주 목사인데, 그는 당시 안정적인 직업 군인이라는 신분을 단칼에 박차고 나왔다. 동학농민군을 진압하면서 승진한 그였지만 1902년 두 아이의 죽음은 그를 기독교로 인도하게 된다. 그는 군인 신분이었을 때도 20~30명의 부하 군인들을 데리고 상동교회를 다닐 정도였다.[24] 이필주는 스크랜턴과 전덕기 목사를 만난 이후 직업군인 신분을 버리고 상동교회 청소와 허드렛일을 도맡아 하며 상동교회 집사가 된다.

1904년 11월 상동교회 내에 상동청년학원이 설립되자 무관학교 출신인 이필주는 체조 과목을 가르쳤다. 이후 그는 목총을 메고 행진가를 부르며 행진을 하게 하는 등 교련(군사훈련) 과목을 담당했다. 상동청년학원에서 한국사를 가르친 육당 최남선 역시 소년 시절에 전덕기 목사의 인격이 자신의 삶을 정신적으로 지배했다고 고백[25]한 적이 있다. 기독교 신앙을 갖게 된 동기와 민족의식과 민족운동에 눈뜨게 된 계기가 모두 전덕기 목사로부터 비롯되고, 그분의 인격과 신앙의 영향이 절대적으로 크게 작용한 탓이었다.

이후 이필주는 신학을 공부하여 목사안수를 받고 정동교회 담임목사로 봉직하기도 한다. 3·1운동 당시 민족대표 33인으로 같은 감리교 목사 최성모, 신석구, 오화영과 함께 참여하고 감옥에 갇힌다. 독립운동가를 잔혹하게 고문하기로 악명 높던 종로경찰서에 폭탄을 던지고 일경과 총격전 끝에 장렬하게 산화한 의열단 김상옥은 상동청년학원 시절 이필주의 제자이다. 실제로 김상옥 열사가 거사 일주일 전 자신의 신분을 숨긴 채 은신하며 거사 계획을 구상했던 곳이 바로 이필주 목사의 가정집이었다고 전해진다.[26]

상동청년회뿐만 아니라 상동청년학원의 운영 및 교사진 역시 당대의 내로라하는 지식인들이었다. 남궁억(교장), 이회영(학감), 유일선(교장 및 수학), 조성환(한문), 장도빈, 최남선(국사), 이동녕, 이만규(이학), 주시경(국어), 전덕기(성경), 스크랜턴 대부인(영어) 등이 상동청년학원 강사들이었다. 상동청년학원 출신 운영진 및 교사 출신 가운데 14명이 독립운동가 서훈을 받을 정도로 항일의식을 강조한 대표적인 민족교육기관이었다.[27] 초대 상동청년학원장은 갓 출옥한 이승만이 맡았다가 도미하는 바람에 유일선(수학)이 맡는다. 이후 남궁억(원장), 이회영(학감) 등이 상동청년학원 운영진으로 참가하기도 한다. 상동청년학원은 당시에 미국 북장·감리교 선교부의 후원 없이 조선인 스스로 후원과 기부를 받아 운영함으로써 학생들에게 민족의식을 마음껏 고취시키는 민족운동의 산실이기도 했다.

상동교회, 상동청년회, 상동청년학원을 중심으로 교사-학생들의 인간관계 속에서 1900년대 항일구국운동의 인맥이 형성된다. 이른바 '상동파'의 등장이다. 상동파가 중심이 되어 1905년 을사늑약 반대 상소운동과 종로 거리 연설 및 시위가 벌어진다. 특히 종로 거리 시위는 일제 경찰과의 투석전[28] 등 시위 양상이 매우 격렬했다. 을사오적을 응징하려 한 주체나 오적 처단 암살 모의, 국채보상운동, 헤이그 특사 사건, 신민회 창립 등 1900년대 민족운동의 중심 주체가 이들 상동파였다.

실제로 1907년 상동교회 지하실에서 창립된 신민회는 상동청년회와 상동청년학원의 인맥인 상동파를 핵심적인 모체로 탄생된다.[29] 창립 멤버 7인 가운데 전덕기, 이회영, 이동녕, 양기탁은 상동교회 교인이자 상동청년회 회원이었다.[30] 전덕기 목사는 신민회 창립 직후 재무를 총괄하는 직책을 맡는다. 다시 말해 그가 만든 상동청년회와 상동청년학원, 즉 상동파는 독립협회 인물들을 계승한 것으로 이후 신민회 창립의 인적 토대를 구축한다. 따라서 항일구국운동의 구심 상동파가 형성되는 데엔 목사 전덕기의 가교 역할과 그 존재감을 빼 놓고 설명할 도리가 없다. 왜냐하면 당시 그는 민족주의 항일지사들의 상징적 존재[31]로 이미 떠올랐기 때문이다.

실제로 독립협회 시절 상동교회에 와서 그에게 가장 먼저 세례를 받은 이동녕을 비롯해 상동청년회장 전덕기 목사 주변에는 수많은 열혈 항일지사들이 구름처럼 모여들었다. 이동휘, 이갑, 노백린 등 과격한 인물들뿐 아니라 안창호, 이승훈, 이승만 등 온건한 인물들까지 전덕기 목사의 인품을 흠모해 그를 중심으로 운집했다. 전덕기 목사가 1903년 상동청년회 회장이 되었을 때 정순만(서기 및 통신국장), 박용만(다정국장), 이준(외교부장), 이승만, 이동녕, 이희간, 조성환, 이동휘 등이 상동청년회로 결합했다. 1905년 11월 을사늑약 체결 움직임이 보이자 상동청년회원 정순만과 이희간은 비수를 품고 외부대신 박제순의 집에 숨어들었다. 그들은 박제순에게 조약에 조인하지 말 것을 촉구했다. 일제가 조약 체결을 강요할 시 관인을 연못에 던져 버리고 자결할 것을 협박하기도 했다.[32]

전덕기 목사를 상징으로 하는 상동파 인물들은 1904년 11월 을사늑약 체결 반대 상소운동을 전개한다. 상동파 인물들은 '상동회의'를 통해 덕수궁 정문인 대한문 앞에서 복합상소운동을 전개한다. 그리고 일본 헌병이 군도로 내리치는 위협 속에서도 도끼를 메고 을사늑약 반대 상소운동을 결행한다. 가두연설 및 종로 거리 항의 시위 때는 일본 보병 2개 중대 병력과 벽돌을 던지는 등 투석전[33]을 전개했다. 종로 가두연설에선 대대적인 육박전이 벌어졌다. 종로 공개연설에서 일본 순사가 칼을 빼 들자 연설하던 청년이 맨손으로 일본 순사를 거꾸러뜨리는 순간 일본 경찰들이 총을 쏘았다. 시위대는 벽돌을 집어던지며 저항하다 수십 명이 체포되었다.[34] 실행에 옮기지는 못했지만 전덕기 목사는 상동청년회 2인자 정순만과 함께 이지용, 박제순, 이근택 등 을사오적 처단을 결의하고 평안도 장사 십수 명을 몰래 모집하기도 했다.

3) 헤이그 특사, 이준 열사를 축도祝禱하다

1907년 네덜란드 헤이그에서 제2차 세계평화회의가 개최된다는 소식을 접한 전덕기 목사는 상동교회 내 지하실에서 이회영, 이상설, 이준 등과 특사 파견을 주도했다. 을사늑약 체결이 일제의 협박에 의한 것이므로 무효이고, 불법적으로 체결된 것이라는 일제의 침략성을 만천하에 폭로하고자 했다. 1904년 2월 8일 인천 앞바다 팔미도에 정박 중이던 러시아 군함에 대한 공격으로 시작된 러일전쟁 와중에 고종

황제는 일제에 의해 연금된 상태였다. 그럼에도 러시아가 승리하리라는 기대와 믿음 속에 전쟁 중에 일본의 눈을 피해 러시아 차르 니콜라이 2세에게 승전을 기원하는 친서를 보냈다.[35]

그러나 헤이그 평화회의가 개최되기 1년 전 주일 러시아 공사는 일본 외상 하야시에게 헤이그 평화회의에 한국 참가가 불가능함을 통고한다. 이는 1년 전 러시아 정부가 주러 한국공사 이범진에게 헤이그 세계평화회의에 한국을 초청하기로 결정하고 각서를 통해 통고한 것을 완벽히 부정하는 조치였다.[36] 러일전쟁[1904] 이전부터 니콜라이 2세로부터 대한제국의 독립과 중립을 지지하고 보장한다는 친서를 받은 고종 황제는 러시아의 동아시아 정책 변화를 읽지 못한 상태였다. 한국의 독립에 찬동하고 국제사회 열강의 지지를 이끌어 냄으로써 일본을 견제하고자 했던 러시아의 동아시아 정책에 중대한 변화가 일었던 것이다.

헤이그 파견 당시 정사 이회영의 친척 이상설은 1905년 의정부 참찬으로 을사늑약 체결 당시 그 참상을 목격한 인물이다. 그는 조약 체결에 반대하면서 고종 황제가 이를 거부하지 못할 지경이면 자결하라고 상소를 지어 올렸다. 황제뿐만 아니라 참정대신 한규설, 시종무관장 민영환 등과 사전에 대응책을 논의하기도 했다. 조약 체결에 결사적으로 반대하되 그렇지 못할 경우 모두 현장에서 자결하라고 주문한 것이다. 조약 체결에 격하게 항의하던 한규설은 일본 헌병에 붙잡혀 끌려 나갔고 이상설은 눈물을 흘리며 성토하다 혼절했다. 조병세와 함께 을사오적 처단과 조약 파기를 주장하던 민영환은 1905년 11월 30일 유서를 남긴 채 할복 자결했다. 이천만 동포에게 남긴 민영환의 유서에는 비장함이 절절히 묻어 나온다.

"오호! 나라의 치욕과 백성의 욕됨이 이에 이르렀으니 우리 인민은 장차 생존 경쟁 가운데서 진멸하리라. 대개 살기를 바라는 사람은 반드시 죽고, 죽기를 기약하는 사람은 도리어 삶을 얻나니 (중략) 영환은 죽어도 죽지 않고 저승에서라도 제공을 기어이 도우리니 다행히 동포형제들은 천만 배 더욱 (중략) 한마음으로 힘을 다하여 우리의 자유 독립을 회복하면 죽어서라도 마땅히 저세상에서 기뻐 웃으리라."

이상설 또한 스스로 목숨을 끊으려 시도했으나 실패한다. 그 광경을 백범 김구가 우연히 목격하는데 그 내용이 『백범일지』에 다음과 같이 나온다.

"민영환 댁에 가서 조의를 표하고 큰길로 나오는데 여러 사람이 인력거를 둘러싼 채 밀고 가면서 큰 소리로 울부짖는 것이었다. 인력거에는 나이 마흔 안팎으로 보이는 어떤 사람이 흰 명주 저고리에 갓도 망건도 없이 맨상투 바람으로 실려 가는데 옷에 핏자국이 얼룩져 있었다. 누구냐고 물은 즉 의정부 참찬 이상설이 자결을 시도했다는 것이다."[37]

헤이그 파견 당시 부사로 임명된 이준 열사는 상동청년회 외교부장과 회장을 역임한 인물이다. 본래 연동장로교인이었다가 상동감리교인이 되었는데, 한국 최초로 법관양성소를 졸업한 뒤 최초로 검사에 임명된 인물이다.[38] 그는 국제법에 밝았고 일제의 황무지개척권 요구에 저항한 보안회 활동1904을 비롯해 국채보상운동1907 당시 활발히 활동했다. 그는 YMCA 등 탁월한 대중연설가이며, 상동파의 상동회의 직후 대표로 을사늑약 반대 상소문을 직접 지어 올린 인물이기도 하다. 일제는 헤이그 주재 일본 외교관의 보고서에 근거해 이준 열사의 죽음을 병사로 왜곡했고, 식민사학자들도 이에 동조했다.

이준 열사는 연쇄구균에 의한 피부질환丹毒에 걸려 죽은 게 아니다. 피부질환은 그렇게 쉽게 죽을 수 있는 질병도 아니다. 오히려 일제 외무성 산하 영사들과 일제 첩자들이 작성한 기밀문서에는 이준 열사의 죽음을 '자살', '할복분사'로 적고 있다. 무엇보다 헤이그 특사로 함께 파견된 이상설은 자신이 세운 독립운동 단체 '권업회' 기관지 『권업신문』을 통해 "헤이그에서 뜨거운 피를 흘린 지…"라는 표현을 통해 이준 열사의 '자결'을 공식화했다.[39]

전덕기 목사는 이회영의 인척관계를 통해 고종의 친서를 받아 내는 데 성공한다. 그리고 헤이그 특사가 떠나기 전 상동청년회 이준 열사를 위해 축도[40]하고 특사 파견이 성공하도록 철야기도를 한다. 그 당시 일제 통감부 이토 히로부미는 조선의 특사 파견 시도를 알고 있었다. 구체적으로 누가 특사로 파견되는지는 알지 못했지만, 1907년 5월 19일 이토 통감이 극비 전보로 일본 외무대신 하야시에게 발송한 내용이나 블라디보스토크 주재 무역사무관 노무라 모토노부가 조선통감부에 보낸 보고서를 통해 일제가 헤이그 특사 파견을 사전에 인지했음을 알 수 있다. 특히 노무라 보고서에는 전 평리원 검사 이준, 전 학부협판 이상설의 이름이 거론되었고, 이들이 5월 21일 러시아 수도 모스크바로 출발했다는 내용이 담겨 있다.[41]

헤이그 특사 사건 이후 이토 통감은 일본 정부의 방침에 따라 고종을 쫓아내고 순종으로 갈아치우기 위한 작업에 들어간다. 자신이 직접 나서기보다 친일 내각의 이완용 총리대신, 송병준 농상공부 대신을 내세워 자신의 의도를 관철시킨다. 특히 고종의 양위문제 해결에 가장 앞장선 송병준은 "이번 일 책임은 폐하 한 몸에 있으니 친히 도쿄로 가서 그 죄를 빌든지 그렇지 않으면 하세가와 주둔군 사령관을 대한문 앞으로 맞이해서 면박의 예의를 취해야 한다"[42]고 겁박한다. 감히 신하 된 처지에서 나올 수 없는 망발이 아닐 수 없다.

4) 전덕기의 절친, 주시경의 한글운동

한글학자 주시경은 상동교회 교인이자 온 가족이 상동교회에 출석한 기독교 집안이다. 그는 남대문시장으로 이사 온 이후 소년 시절부터 전덕기 목사와 형제같이 지냈다. 전덕기는 숯장수 숙부 밑에서 컸고, 주시경은 해산물 객주집 주인의 아들이었다. 어렸을 때 이름은 전봉운(전덕기), 주상호(주시경)였다.[43] 주시경이 한 살 아래였지만 둘은 친구처럼 친하게 지냈다. 청소년기에 이르러 전덕기는 스크랜턴 집안의 사환이 되는 반면, 주시경은 배재학당에 들어가 신학문을 접했다. 상동교회 시절 전덕기 목사는 주시경이 하는 일이라면 무슨 일이든지 후원하고 뒷바라지를 마다하지 않았다. 너무도 절친한 사이여서 전덕기 목사와 주시경 선생은 1914년 같은 해 3월과 7월 젊은 나이로 세상을 함께 떠날 정도였다.[44]

상동교회 교인으로서 주시경이 신앙생활을 하던 시기는 주시경의 한글 연구와 한글 보급을 위한 운동의 절정기였다. 상동교회가 주시경의 주 활동무대였을 정도로 전덕기 목사는 주시경 선생을 남달리 사랑하고 아꼈다. 한글 연구와 한글 강습을 통한 한글의 대중화에 가장 열정적으로 활동했던 시기이기 때문이다. 상동교회 부설 상동청년학원이 설립되었을 초창기부터 주시경은 국어 교사로서 정성껏 봉직했다. '주 보따리'라는 별명이 붙을 만큼 동분서주하며 주시경은 황해도 재령 등 지방에서 열린 하기 조선어강습회에 열정적으로 참여하는 등

전덕기 목사의 절친 한힌샘 주시경. 한글 연구와 한글 보급을 통해 항일 민족운동을 실천했던 주시경 선생은 전덕기 목사가 시무했던 상동교회를 중심으로 한글운동을 펼쳤다. 급체로 38세에 요절했으나 그 죽음에 의문점이 남는다.

한글 보급 운동에 혼신을 다했다.

상동청년학원에서 매년 교사를 대상으로 개설한 하기 국어강습소(조선어강습원의 전신)는 6기에 걸쳐 매 회 25~35명의 졸업생을 배출했다. 전덕기 목사와 주시경 선생은 국어의 흥망성쇠가 나라의 명운을 좌우할 수 있다고 생각했다. 이른바 언어독립투쟁[45]의 정신이자 출발이었다. 따라서 민족의 얼과 민족정신이 그 나라의 언어에 있음을 자각하고 빼앗긴 조국을 되찾기 위해선 무엇보다 우리의 언어인 한글을 연구, 보존하고 널리 보급시키는 활동을 전개했다. 특히 1907년 7월 여름방학을 맞아 개최된 국어강습회는 대성황을 이루었고 주시경 선생의 강의는 인기가 치솟았다. 그는 우리 한글의 독창성과 우리말의 체계적 조직 그리고 우수성을 힘써 강조했다.

주시경 선생은 밤에도 상동청년학원 부설 '조선어 야학반'을 맡아 문법을 가르치고, 우리말을 보급하는 데 밤낮을 가리지 않고 활동했다. 조선어 야학반은 무려 2년 동안 지속되면서 많은 노동 청년들에게 우리말의 중요성을 각인시켰다. 상동교회 교인과 일반 대중에게도 국어문법 강습회를 선보였는데, 매주 일요일 오후 2시에 '국어문법강습회'를 개최하여 국어교육의 중요성과 말과 글이 그 민족의 정신을 담고 있음을 애써 강조했다.[46]

을사늑약 반대운동 당시 백범 김구는 전덕기 목사와 친해지면서 민족운동을 함께 도모했는데, 서울에 올 때마다 우리말의 국어정신을 역설하며 가슴을 찌르는 설교를 했던 전덕기 목사의 강론을 듣기 위해 상동교회를 찾곤 했다.[47] 게일 등 초기 선교사들조차 한글을 극찬한 경우도 있다. 아펜젤러나 게일, 언더우드 등 초기 선교사들은 선교활동의 일환으로 한글 복음서 번역과 발간을 위해 노력한다. 특히 게일은 한국의 정신문화인 한글의 가치를 새롭게 발견한 인물이다. 그는 한글이야말로 하나님의 신비한 섭리 가운데 선교를 위해 준비된 아주 훌륭한 언어라고 감탄하고 탄복할 정도였다.[48]

상동청년학원에서 발간한 『가뎡잡지』 편집을 맡은 분이 주시경(편집기자)과 신채호(편집장)였다. 특히 주시경 선생은 순한글 잡지인 『가뎡잡지』 교정을 손수 도맡아 했는데, 기고한 글의 절반은 주시경 선생이 쓴 것이다. 『가뎡잡지』는 가정은 사회와 국가의 기초이므로 문명국가에서 가정의 역할을 강조하기 위해 창간되었다. 1906년 6월 제1권이 창간되었는데, 우리말 관련 논설과 평론 40여 편이 모두 주시경 선생이 기고한 글이다.[49]

전덕기 목사의 후원 아래 1907년 상동교회 내에 '국어강습소'(1911년에 조선어강습원으로 명칭 변경)와 1908년 '국어연구학회'가 설립되면서 주시경은 김두봉, 정열모, 최현배, 권덕규, 염상섭, 김윤경, 신명균, 장지영, 이병기 등 뛰어난 제자들을 배출했다. 김두봉, 최현배, 권덕규, 신명균[50] 등은 스승 주시경의 뜻에 따라 한글 강습에 동참했다. 특히 조선어강습원 고등과 1회 졸업생인 외솔 최현배는 경성고보 4학년 재학 당시 여름방학을 맞아 멀리 부산 동래 동명학교까지 내려가서 한글 강습을 펼치기도 했다. 국어연구학회[1908]는 조선언문회(배달말글몯음)[1911]–조선어연구회[1921]–조선어학회[1931]–한글학회[1949]로 그 맥을 이어가고 있다.

3. 한국 교회 초기 기독교의 상징적 인물 전덕기 목사

1900년대 선교활동은 그 자체로 민족운동으로 인식되었다. 전덕기 목사의 선교와 구제활동 역시 구한말 일본 제국주의 침략의 강도성에 대한 저항이라는 분위기에서 이루어졌다. 국권을 침탈당하는 엄혹한 현실 속에서 성직자의 목회활동이 반일적 성격을 띨 수밖에 없었기 때문이다. 한국 교회 초기 목회활동의 주역들은 1907년 평양신학교를 졸업한 길선주, 양전백 등 7인과 협성신학교를 졸업한 감리교 전덕기, 최병헌, 김유연, 김종우 등이다.[51] 당시 목회자들은 대중을 계몽시키는 선각자였으며 국제정세에 밝았다. 또한 교회만이 전국적으로 광범위한 조직체계를 갖춘 상태였다. 목회자들은 식민지 현실에서 민족의 갈 길과 구원, 그리고 잠자는 대중을 일깨우는 길잡이 역할을 수행했다.

전덕기 목사는 일제의 감시 속 요시찰 인물[52]이었음에도 일제 경찰에 체포되거나 투옥된 적은 없었다. 그는 독립협회 활동, 을사늑약 반대 상소운동 및 거리 항의 시위, 을사오적 처단 암살 모의, 국채보상운동, 신민회 창립, 헤이그 특사 파견 등 독립운동사에 커다란 족적을 남겼고 그 중심에 있었다. 그럼에도 105인 사건 당시 일제는 왜 그를 체포, 투옥하지 않았을까? 혹자는 전덕기 목사가 폐질환으로 요절한 것을 105인 사건 당시 일제 경찰에 당한 고문의 후유증[53]이라고 했지만, 이는 사실이 아닌 것으로 그간의 연구 결과가 보여 준다.

105인 사건[1911~1912] 연루자 가운데 출옥 후 친일행위로 나아간 9명을 제외하고 45명은 대한민국장, 애국장 등 국가로부터 서훈을 받았다. 일제강점기 단일 사건으로 가장 많은 서훈이 이루어진 게 105인 사건이다.[54] 그런데 105인 사건은 일제에 의해 '데라우치 총독 모살 미

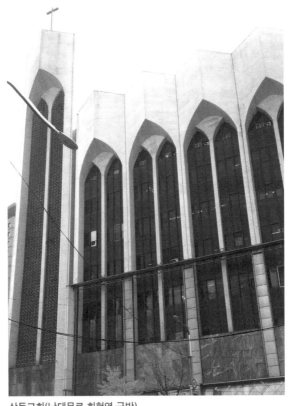

상동교회(남대문로 회현역 근방).
1900년대 을사늑약 반대, 신민회 결성, 헤이그 특사 파견 모의 등 항일민족운동의 요람이자 국채보상운동, 한글운동의 중심지였던 전덕기 목사의 상동감리교회 전경이다.

수 사건'으로 조작된 것이다. 일본 제국주의자들이 한국을 강점한 직후 식민통치에 가장 부담스러운 계층이 기독교인들이었다. 그것도 평양을 중심으로 하는 서북지역 기독교인들이었다.

특히 평양은 감리교의 교세가 왕성했다. 평양은 '한국의 예루살렘'으로 불릴 정도로 기독교 교세의 확산 속도가 빨랐다. 1907년의 대부흥회가 아니더라도 이미 1903년 통계에 따르면 평양 남산현교회가 전국에서 가장 교세가 큰 교회로 보고되었다. 우리나라 기독교 역사에서 최초로 2부 예배가 행해진 곳도 평양이다. 영아부가 최초로 조직된 곳도 평양이었다.[55] 민족해방운동인 3·1운동 당시 평양의 감리교인들은 한국의 어떤 지역보다 가장 적극적으로 운동에 참여했다. 그만큼 평양은 '제2의 예루살렘'이었고 식민통치자에겐 가장 부담스러운 대상이었다.

그리하여 일본 제국주의자들은 '총독 암살 미수'라는 날조된 기소장으로 105인 사건을 조작한 것이다. 윤치호, 이승훈, 안태국, 차리석, 유동렬, 양기탁 등 700명을 구속하고, 123명을 정식 기소했으며, 105명이 1심에서 유죄 선고를 받았다. 105인 사건 조작 실무를 담당했던 경무총감부는 105인 사건의 배후 실체가 비밀단체인 신민회였다고 주장했다. 기소된 123명 중 82명이 기독교인으로 62%에 이르고, 이들 대부분이 기독교 계통 학생, 목사, 장로, 집사 등으로 장로교인이었다. 연루된 외국인 선교사도 24명에 이른다.[56]

그런데 양기탁, 윤치호 등 지도급 인사 몇몇을 제외하고 105인 사건 피의자 전부가 황해도와 평안도 서북지역 기독교인들로서 서울 지역은 드물다.[57] 또한 1심에서 유죄 선고를 받은 105인은 항소심에서 6명만 유죄 판결을 받고 99명은 무죄 방면되었다. 6명 역시 다른 별건으로 유죄 선고를 받았다. 요컨대 105인 사건은 일제가 식민통치를 위해 기독교계 지도자들을 제거할 목적으로 기획, 날조한 관제 허위 사건이다.[58] 문제는 신민회 창립 멤버인 전덕기 목사가 체포되거나 기소되지 않았다는 사실이다.

1900년대와 1910년대 초기 한국 기독교 사회에서 전덕기 목사의 위상을 생각할 때 그는 일제에 의한 직접적 탄압의 대상이라기보다는 회유의 대상이었다. 한국 기독교를 대표할 만한 인물이자 조선 민중과 정서적인 유대가 대단히 특별하고 돈독했던 정신적 지도자였기 때문이다. 따라서 일제는 전덕기 목사를 직접 탄압하기보다 제국주의 식민 정책을 합리화하고 선전하는 방편으로 그 위상을 위치 지으려 했고, 그를 활용하고자 했다. 1910년대 한국 기독교를 대표해서 일본 기독교를 시찰했던 대표단으로 전덕기 목사를 두 번씩 참여하게 한 것은 좋은 사례이다.

105인 사건에서 양기탁 등 상동파 인물들 중 피검되어 잔혹한 고문을 받은 이들이 있었음에도 상동파의 핵심인 전덕기 목사를 체포하거나 투옥하지 않았다. 오히려 전덕기 목사는 105인 사건 관련자 심문 기간에 일본 기독교 현황을 시찰하러 일본 여행을 떠났다. 그 점은 전덕기 목사가 한국 기독교를 상징하는 인물이므로 직접적인 탄압보다 회유가 식민통치에 이득일 것이라 일제가 판단했기 때문이다.

4. 한국 교회의 귀감이 된 전덕기 목사

그렇다면 해방 후 한국 교회는 왜 전덕기 목사의 민중목회와 민족 운동으로 점철된 삶을 애써 외면해 왔는가? 목회자의 귀감이자 성직자의 모델로서 손색이 없는 숭고한 삶을 왜 이어받고 널리 확산시키려 하지 않았을까? 거기에는 초기 선교사들에게 한국 선교정책으로 작용한 네비우스J. Nevius 선교 원칙에 기인한 측면이 일부 있다.

한국에 온 언더우드, 아펜젤러 등 초기 선교사들은 복음주의, 경건주의 신학과 성서지상주의 사상으로 그들과 다른 교리나 성서 해석은 위험한 것으로 정죄하고 이단시했다. 언더우드는 매우 보수적이고 근본주의적인 신학에 기초해 있었고, 아펜젤러의 경건주의와 복음주의 신학 역시 한국 교회의 초기 감정적 신앙 부흥에 도움을 주었다. 그러나 복음과 전통문화의 조화를 통해 '토착화된 한국적 기독교 형식'을 만드는 일에는 별로 관심이 없었다. 오히려 전통문화와 미풍양속 가운데 많은 부분을 미신으로, 또는 우상숭배로 치부하여 대중을 무지함으로부터 깨우치는 계몽의 대상으로만 규정했다.

초기 선교사들은 한국인들의 일상적인 풍속을 종종 오리엔탈리즘적인 시각에서 바라보곤 했다. 한국인의 삶은 '불결하고 비위생적이며 가난함 속에서 불편함' 그 자체로 규정했다. 그들은 한국인 거주 지역에서 일정한 거리를 두고 한국인의 일상과 동떨어진 서양식 근대주택에 들어가서 의식주를 해결했다. 일종의 우월의식이 작용한 것이다. 한국인은 '무지몽매'하고 한국 민속문화는 '미개한 문화'로서 계몽의 대상이었던 것이다. 아펜젤러의 일기 가운데에는 한국인을 기독교로 개화시켜야 할 미개한 종족으로 생각한 부분이 나온다. 선교지에 대한 문화적 몰이해이자 거만함이 배어 있는 태도가 아닐 수 없다.

> "백 명이나 되는 더럽고 누더기를 걸치고 모자도 안 쓴 인부들이 배에 있는 화물을 향해 덤벼들었고 계속 야단법석이었다. (중략) 한약은 많은 경우에 불합리하고 우스꽝스러울 뿐만 아니라 아무 소용도 없다. (중략) 인간적인 관점에서 볼 때 사람들의 도덕 상태는 절망적인 듯하다."[59]

물론 예외적인 선교사도 있었다. 매켄지W. J. McKenzie는 다른 선교사들과 달리 서울을 떠나 황해도 장연의 소래교회로 곧바로 갔다. 그는 토착민들과 함께 어울려 살며 토착 언어인 한글을 배웠고, 토착민들과 똑같은 음식을 먹고 똑같은 잠자리에서 생활했다. 매켄지는 토착민들을 타자로 인식하지 않았고 타자와 다르게 살면서 복음을 전하려

고도 하지 않았다. 타자인 토착민들과 더불어 살면서 자신의 그러한 삶과 행위로써 복음을 전했다. 즉 서양식 삶을 포기하고 토착민들 속으로 들어가 그들과 더불어 먹고 생활하면서 그리스도를 증언한 것이다. 매켄지의 삶을 전해 들은 언더우드 부인은 의사로서 충격을 받고 자신의 의료선교활동에 커다란 전환점을 맞게 된다.[60]

물론 아펜젤러는 배재학당을 통한 근대 교육의 개척자이자 정동감리교회 설립자, 성서 번역과 독립협회 활동 등 자주독립운동의 지지자로 뚜렷한 족적을 남겼다.[61] 1905년 해리스 감독의 친일적 언동에 대해 감리교 소속 노블W. A. Noble과 스크랜턴 선교사는 해리스의 언동을 비난한 적이 있다. 1908년 공주지역을 담당한 케이블 선교사는 의병들에게 식량을 제공했다는 혐의로 총살당한 기독교 신자들에 대한 일제의 학살 만행을 고발하는 보고서를 올리기도 했다. 그런가 하면 평북 선천 신성중학교장 매쿤G. S. McCune은 3·1운동을 획책했다는 혐의로 추방당했고, 숭실전문학교장 모펫S. A. Moffet은 세계선교대회에서 한국의 독립을 협조하는 강연을 시도했다는 이유로 구금당했다. 강경에서는 토마스 목사가 독립운동을 지원하다가 헌병에게 구타당했듯이, 일부 선교사들은 일제의 간악한 식민통치 현실에 깊숙이 개입해 저항하며 옥살이도 했다.[62]

그럼에도 초기 대부분의 선교사들이 채택한 네비우스 선교정책 Nevius Plan은 ① 자력 전도, ② 자급 운영, ③ 자치제도, ④ 성서 연구의 원칙이 그것이다.[63] 여기에서 교회는 모든 정치운동에는 개입하지 않는다는 정치 불개입 입장을 천명한 것이다. 특히 미국 내 가장 강력한 단일 교과에 의해 성립되었고, 초기 한국 교회에 지대한 영향을 미친 미국 북장로교 선교본부 담당자 브라운A. J. Brown은 한국인의 신앙을 이렇게 표현했다.

"한국 기독교인들은 선교사의 가르침을 의심 없이 받아들인다. 한국 기독교인들은 기적이나 영감에 대해 전혀 문제 제기를 하지 않는다. 한국인은 선교사들이 가르쳐 준 것이라면 무엇이든지 무조건 받아들인다. 한국 기독교인들은 보수적이다."[64]

미국 북장로회 선교본부 중심 지도자인 스피어R. E. Speer와 브라운은 실제로 정치 불개입 입장을 표방하면서, 제국주의 친화성과 제국주의 식민통치 권력을 용인하는 모습을 쉽게 드러내곤 했다.[65] 선

일제 침략이 노골화하여 국운이 기울던 시기 항일 민족운동을 도왔던 미국인 헐버트 기념상(주시경 마당 소재).
언어학자이자 선교사로서 육영공원에서 영어를 가르치며 조선의 독립을 도왔던 헐버트는 "한글과 견줄 문자는 세계 어디에도 없다"고 극찬했다.

교사 게일J. S. Gale 박사 역시 을사늑약 이후 전개된 의병활동에 대해 오히려 한일합방의 필연성과 정당성을 강조하기도 했다. 그런가 하면 1907년 이토 자택을 방문한 존스G. H. Jones와 스크랜턴 선교사 역시 통감부 정치에 따르고 기독교는 정치문제에 관여하지 않는다는 입장이었다.

특히 스크랜턴 선교사는 강도당하는 자, 한민족의 고통을 이해했고 고통당하는 한국인의 처지에서 문제를 바라보려고 노력한 인물이다.

그는 일찍이 일제의 폭력성과 야만성을 간파했기에 일제의 탄압이 들어오기 전에 을사늑약 반대운동에 앞장선 상동청년회를 직접 해산시키는 형식적 조치를 취하기도 했다. 선교사로서 스크랜턴의 생각은 엄정한 '중립neutral'이 원칙이었다. 따라서 해리스 감독의 친일적 언동도 비판했듯이 상동청년회원들의 지나친(?) 반일 애국 행동도 비판의 대상이었다. 정치 불개입이라는 선교본부의 방침도 그렇지만 강포한 일제의 만행으로부터 교회를 지키고 싶어 했던[66] 부득이한(?) 선제적 조치였다.

결과적으로 일제의 한국 침략과 식민통치는 정치적 영역이기에 선교사들이 접근하면 안 된다는 명분이 지배적이었다. 따라서 정치적 중립을 강요하던 이토 통감부의 정교분리정책이라는 현실에 대부분의 선교사들은 타협했다. 나아가 선교사들은 현실적으로 실질적 강자인 일본 정부에 지속적으로 호의를 보내며 그들을 안심시키면, 다시 말해 식민 지배를 기정사실로 인정해 준다면 교회만은 지킬 수 있을 것으로 판단한 것이다.[67] 그러나 프란치스코 교황의 표현대로 고통 앞에서 중립은 없다. 일제강점기 정치 불개입이라는 선교정책은 오히려 일제의 식민통치 현실에 순응하게 만들었고, 교회 내 정의-부정의-불의의 개념을 혼란스럽게 만들었다. 교회 내 가치관의 혼란은 결국 교회 정체성 혼란으로 이어져 현실 권력인 일본 제국주의 식민정책에 동화되고 흡수돼 버리는 비극으로 치달았다. 신사참배 등 1930년대 후반 일제 암흑기 시절 장로교, 감리교, 천주교 할 것 없이 한국 기독교는 가장 참담한 몰골을 드러내었기 때문이다.

나아가 일제 식민통치 기간 조선의 기독교 주류 세력이 일제 식민통치에 적극적으로 저항하기보다 굴복한 참담한 과오가 지속적으로 작용하며 영향을 미친 측면도 적지 않다. 무엇보다 신앙인으로서 해서는 안 될 자기고백의 성격을 지닌 신사참배의 과오에 대해 개인적·사회적 참회의 과정이 생략된 채 해방 후 역사 청산이 좌절된 탓이 컸다.

'천조대신天照大神, 아마테라스 오미카미 이외에는 참 하나님이 없다'는 신앙고백과 민족 배신을 전제로 하는 '신도침례神道浸禮, 미소기바라이 예식'이 서울 한강과 부산 송도 앞바다에서 부끄러움도 없이 행해졌다. 역사 청산의 좌절은 더욱 기막힌 궤변을 연출하게 만들었다. 감신대 학장을 역임한 고 윤성범 교수는 독재정권 시절 궤변을 늘어놓은 적이 있다. "신사참배는 우상숭배가 아니고 신사참배 거부 투쟁이야말로 신앙이 연약한 자들의 행위"라고 비난한 것이다.[68] 참으로 기가 막힐 노릇이 아닐 수 없다.

해방 후 한국 교회는 겉으로는 정치와 일정한 거리를 두는 순수 신앙을 표방하면서도 종교 실제는 이승만-박정희-전두환 등 불의한 정치권력과 강하게 밀착하면서 교회를 성장시킨 어두운 과거를 안고 있다. 심지어 부도덕한 정치권력을 한편에선 애써 외면하고 다른 한편에선 적극 결합한 채 교회의 양적 성장과 세속화에만 집착했던 것이 해방 후 한국 교회의 민낯이다. 이는 종교의 제사적 기능 못지않게 중요한 교회의 존립 이유를 망각한 태도이다. 즉 교회가 사회 현실에 대한 종교적 판단이 요구되는 예언자적 기능을 상실한 때문이다.

이러한 복합적 요인들이 오늘날 목회자의 역할 모델로서 귀감이 되는 전덕기 목사를 망각의 인물로 만든 것이다. 망국의 시기, 한국 사회가 고난에 처했을 때 민중목회를 선구적으로 실천하고 민족운동에 큰 자취를 남긴 전덕기 목사를 오늘날 한국 교회가 음지에서 양지로 복귀시켜야 할 이유는 충분하다.

주석

1. 이덕주(1995). 「전덕기 목사의 민중목회와 민족운동」. 『세계의 신학』 제29호, 134-135쪽.
2. 이만열(1998). 「아펜젤러의 초기 선교활동과 '한국 감리교회'의 설립」. 『한국기독교와 역사』 제8집, 36쪽.
3. 북장로교 언더우드와 북감리교 아펜젤러는 1884년 갑신정변이 일어난 지 3개월이 지난 시점인 1885년 4월 5일 부활절 아침을 맞아 제물포에 입국한다. 그러나 아펜젤러는 한국사회 정정불안을 이유로 미국 공사가 만류하자 만삭인 부인을 데리고 다시 일본으로 되돌아갔다가 6월 21일에 입국, 7월 19일에 서울에 들어온다.
4. 이만열(1998). 위의 논문, 48쪽.
5. 김진호(1998). 「전덕기 목사 소전」. 『나라사랑』 제97호, 374쪽.
6. 임영택(2017). 「한국기독교적 학교교육의 현실과 방안-상동교회와 삼일학원을 중심으로」. 『기독교 교육정보』 제52호, 279쪽.
7. 조이제(2000). 「전덕기 목사의 설교」. 『세계의 신학』 제48호, 179쪽.
8. 정진희(1996). 「역사와 교회-한국 민족사의 산 증인」. 『새가정』 제464호(1996년 1월호), 84쪽.
9. 김진호(1998). 앞의 글, 379쪽.
10. 이덕주. 「전덕기 목사의 생애 재구성」. 『한국기독교 역사 연구소 소식』 제33호, 1998. 21쪽
11. 한규무(2002). 「현순의 신앙과 활동-3·1운동 이전을 중심으로」. 『한국기독교와 역사』 제16집. 58쪽.
12. 박명철(2009). 「상동교회 : 복음과 섬김으로 민족과 역사를 품고」. 『기독교사상』 제53호, 222-223쪽.
13. 한국기독학생회 총연맹(1981). 『야학활동안내서』. KSCF 학사단, 41쪽.
14. 김진호(1998). 앞의 글. 376쪽.
15. 김구(2002). 『백범일지』 서울: 나남. 207쪽.
16. 이승현(2006). 「신민회의 국가건설사상-공화제를 향하여」. 『정신문화연구』 제29호, 66쪽.
17. 김진형(2000). 「선교 초기 교회학교의 민족의식-감리교회를 중심으로」. 『기독교사상』 제44호, 145쪽.
18. 박득준(1989). 『조선근대교육사』. 서울: 한마당, 148-149쪽.
19. 이만규(2010). 『다시 읽는 조선교육사』. 서울: 살림터. 408쪽.
20. 전덕기 목사가 세운 상동청년학원은 1904년에, 이승훈이 세운 평안북도 정주의 오산학교는 1907년에, 안창호가 세운 평양의 대성학교는 1908년에 설립된다.
21. 아펜젤러가 세운 배재학당도 처음에 영어를 가르쳤다. 당시 영어는 정부 관리로 등용되는 주요한 방편이어서 조선인 학생들은 영어를 중시했다.

22. 이만열(1985). 「한국 초대교회 선교사 아펜젤러」. 『기독교사상』 제29호, 63쪽.

23. 이웅호(1998). 「상동청년학원과 한글운동」. 『나라사랑』 제97호, 230-231쪽.

24. 전택부(1988). 「독립운동에 앞장선 이필주 목사」. 『상동교회를 중심으로 활동한 나라와 겨레를 빛낸 이들』. 기독교 대한감리회 상동교회, 262-263쪽; 한규무(2012). 「1905년 '상동회의'와 을사조약 반대투쟁」. 『한국독립운동사연구』 제43집, 20쪽에서 재인용.

25. 전택부(1998). 「전덕기 목사와 그 주변 사람들」. 『나라사랑』 제97호, 262쪽.

26. 김승태(2015). 「이필주 목사의 생애와 민족운동」. 『한국기독교와 역사』 제42집, 200쪽.

27. 한규무(2015). 「상동청년학원 연구」. 『서강인문논총』 42집, 439쪽.

28. 한규무(2012). 「1905년 '상동회의'와 을사조약 반대 투쟁」. 『한국독립운동사연구』 제43집, 27쪽.

29. 윤경로(1998). 「신민회 창립과 전덕기」. 『나라사랑』 제97호, 139·142쪽.

30. 한규무(2014). 「전덕기 연구의 현황과 과제」. 『한국기독교역사연구소소식』 제105호, 19쪽.

31. 윤춘병(1998). 「전덕기 목사와 상동청년학원 고찰」. 『나라사랑』 제97호, 193쪽.

32. 한규무(2011). 「을사조약 전후 상동청년회의 민족운동과 정순만」. 『중원문화연구』 제16·17집, 352쪽.

33. 서성옥(1998). 「민족운동의 선구자 전덕기 목사」. 『나라사랑』 제97호, 307쪽.

34. 김구(2002). 앞의 책, 187쪽.

35. 박종효(2007). 「헤이그 특사와 한러관계」. 『한국독립운동사연구』 제29집, 139쪽.

36. 최덕규(2008). 「1907년 헤이그 평화회의와 러시아의 대한정책」. 『한국사학보』 제30집, 357쪽.

37. 김구(2002). 앞의 책, 187쪽.

38. 이민원(2007). 「광무황제와 헤이그 특사-고종의 헤이그 특사 파견 논리와 구상을 중심으로」. 『한국독립운동사연구』 제29집, 101쪽.

39. 이양재(2007). 「헤이그 특사 '이준 열사 병사설'은 가짜다」. 『민족21』 10월호, 116-117쪽.

40. 서성옥(1998). 앞의 글. 308쪽.

41. 한성민(2015). 「제2회 헤이그 만국평화회의 특사에 대한 일본의 대응」. 『한일관계사 연구』 제51집, 370-371쪽.

42. 배경융(2007). 「헤이그 특사 사건과 일본의 대응」. 『한국독립운동사연구』 제29집, 240쪽.

43. 전택부(1998). 앞의 글, 271쪽.

44. 오동춘(1998). 「전덕기 목사의 국어정신과 나라사랑」. 『나라사랑』 제97호, 316쪽.

45. 박용규(2011). 『조선어학회 항일투쟁사』. 한글학회, 173-180쪽.
    〈조선어학회의 실질적 리더였던 이극로 연구의 권위자 박용규 박사는 한글맞춤법 통일안 제정, 조선어 표준어 사정, 외래어 표기법 통일안 등 한글 연구와 한글 강습을 통해 한글의 대중화에 족적을 남긴 1942년 조선어학회(주시경의 '국어연구학회'의 후신) 사건을 '언어독립투쟁'으로 그 성격을 규정했다.〉

46. 오동춘(1998). 앞의 논문, 321쪽.

47. 오동춘(1998). 앞의 논문, 326-327쪽.

48. 게일, 신복룡 역주(1999). 『전환기의 조선』. 서울: 집문당, 108쪽; 임희국(2004).
「초기 내한선교사들의 한국문화 이해」. 『선교와 신학』 제13호, 71쪽에서 재인용.

49. 이응호(1998). 「상동청년학원과 한글운동」. 『나라사랑』 제97호, 245쪽.

50. 박용규(2014). 『조선어학회 33인』. 역사공간. 251-256쪽.
　　〈대종교인 신명균 선생은 1911년 한성사범학교 학생 신분으로 조선어강습원에서
주시경 선생으로부터 한글을 배우면서 민족의식에 눈을 떴다. 스승인 주시경 선생
사후, 동덕여고보 등에서 교육자로 한글을 연구하며 조선어학회 2대 간사장을 역
임, 조선어 철자법 제정위원, 한글 맞춤법 통일안 완성에 기여한 인물이다. 1940년
일제의 모욕적인 창씨개명정책에 항거, 자결한 항일독립지사이다.〉

51. 정성구(1982). 「한국 교회 설교사(Ⅲ)-1900년에서 1920년대까지 초기 한국 교회
목사를 중심으로」. 『신학지남』 제49집, 117쪽.

52. 한규무(1998). 「전덕기의 애국계몽활동」. 『나라사랑』 제97호, 121쪽.

53. 박설봉(1998). 「시대적 소명을 감당했던 목회자 전덕기」. 『나라사랑』 제97호,
292쪽.
　　〈신민회 실체가 드러나게 된 105인 사건으로 말미암아 체포돼 심한 고문과 협박
을 당했고 옥고의 몸이 되었다. 오랜 악형과 지병이 겹쳐 결핵과 늑막염에 걸려 병
보석으로 풀려 나와 병상 목회를 하다가 (중략) 1914년 3월 23일 39세의 나이로
세상을 떠났다.〉 이 외에도 서성옥의 「민족운동의 선구자 전덕기 목사」. 『나라사랑』
제97호. 308쪽.

54. 윤경로(2012). 「105인 사건 피의자들의 사건 이후 행적에 관한 소고-친일로 경도
된 9인을 대상으로」. 『한국 기독교와 역사』 제36호, 92쪽.

55. 유관지(2015). 「평양지역 감리교 역사와 한국 교회」. 『한국 기독교와 역사』 제42
호, 213쪽.

56. 윤경로(1988). 「105인 사건에 관한 기독교사적 이해」. 『기독교사상』 제32권 12월
호, 111-115쪽.

57. 윤경로(2001). 「사실, 이렇게 본다 2-105인 사건」. 『내일을 여는 역사』 제6호, 99쪽.

58. 김승태(2012). 「105인 사건과 선교사의 대응」. 『한국기독교와 역사』 제36호,
5-6쪽.

59. 유은식(1990). 「초기 선교사들의 교육활동」. 『우리교육』 130쪽.

60. 임희국(2004). 앞의 논문, 61-68쪽.

61. 성백걸(1997). 「웨슬리 신학과 초기 감리교 선교사」, 『한국기독교 역사연구소소
식』 제28호, 9쪽.

62. 이영헌(1978). 『한국기독교사』. 서울: 컨콜디아사, 157쪽.

63. 한승홍(1991). 「초기 선교사들의 신학과 사상」. 『한국기독교와 역사』 제1호,
53-63쪽.

64. A. J. Brown. The Mastery of Far East, Charles Scribner's Sons. N. Y. 1919, p.
540; 이덕주, 장동민(1997). 「초기 내한 선교사들의 신앙과 신학」. 『한국기독교와 역
사』 제6집, 31쪽에서 재인용.

65. 이성전(2012). 「미국 북장로회 해외 선교본부의 동아시아 인식과 105인 사건」.
『한국기독교와 역사』 제36집, 47-50쪽.

66. 이덕주(2014).『스크랜턴-어머니와 아들의 조선 선교 이야기』. 서울: 공옥출판사, 658, 665쪽.
67. 전재홍(2008).「을사늑약 전후 시기의 재한 선교사들의 대응과 역할-1895년에서 1919년의 역사적 사건을 중심으로」.『동서인문학』제41집, 233쪽.
68. 최덕성(2000).『한국 교회 친일파 전통』. 서울: 본문과현장사이, 13, 529쪽.

8.

불꽃의 여자, 나혜석 다시 보기

1. 내 몸이 불꽃으로 타올라 한 줌의 재가 될지언정…
   최초의 여성해방론자, 나혜석

2016년 750만 명이 본 영화 〈밀정〉에는 중국 국경도시 단둥에서 무역회사 '이륭양행'을 운영하며 독립운동가들을 적극적으로 도왔던 영국 국적의 아일랜드인 조지 쇼우가 잠깐 나온다. 폭탄제조 기술자 헝가리인 마자알과 상해에서 부부 행세를 한 현계옥(한지민 분)도 등장한다. 그러나 정작 등장했어야 할 '독립운동가 나혜석'은 없는 영화였다. 〈밀정〉은 1923년 의열단 제2차 암살·파괴계획(일명 황옥 경부 사건)을 영화 전편의 시대 배경으로 한다. 톈진과 상해에서 조선 국내로 폭탄 수십 개와 권총, 실탄 수백 발을 밀반입한다. 그리고 단재 신채호 선생과 의열단 류자명이 함께 작성한 「조선혁명선언」 수천 장을 국내로 몰래 반입하는 과정을 보여 준다.

〈밀정〉은 상당히 고증을 많이 거친 픽션이지만 정작 가장 중요하게 다루었어야 할 '나혜석'을 놓쳤다는 데 문제가 있다. 왜냐하면, 의열단 제2차 암살·파괴계획[1923]은 나혜석을 설명하지 않고선 거사를 언급하기가 매우 궁색해지기 때문이다. 나의 짧은 지식으로 판단하건대

시나리오 작가가 좀 더 '황옥 경부 사건'을 이해했으면 하는 아쉬움이 남는다. 조선 국내로 폭탄이 밀반입되는 과정에는 영화 이상으로 가슴 조마조마한 장면들이 실제로 존재했기 때문이다.

우리는 나혜석을 시대를 앞서간 여성해방론자이자 여류화가, 시인, 소설가로 기억한다. 여성에게만 정조 관념을 강요한 낡은 조선 사회의 위선을 폭로하며 여성의 몸과 여성성, 인간다움을 열망했던 인간 나혜석을 기억한다. 나혜석의 말년은 52세의 나이임에도 병색이 역력한 빈궁한 노파의 모습이었다. 행려병자들이 가는 시립 병원 자제원 무연고자 병동에서 쓸쓸히 생을 마감했다. 사망 직후 행려병자 이름은 '최고근'으로 기록돼 있었다.[1] 사망자가 한국 최초의 여성화가 나혜석임은 뒤늦게 알려졌다. 병든 몸으로 큰딸에게 보낸 편지에는 마지막까지 여성으로서 억울함과 원통함을 토로하고 있다.[2] 그러면서도 어미로서 딸에게 남겨주고 싶었던 물건을 찾아가라고 자신의 고향인 수원시 어느 장소를 알려 주기도 한다.

나혜석은 한때 연인이었던 최린을 상대로 1934년 소송을 제기하며 응징한다. 여성을 농락하고 정조를 유린했다는 죄목인데, 소송 취하 조건으로 최린으로부터 2,000원을 받아 낸다. 오늘날 화폐가치로 환산하면 4,000만 원 정도에 해당한다. 최린은 3·1운동 당시 천도교 민족대표로 33인 중 한 명으로 참여하지만, 훗날 적극적 친일로 변절한 인물이다. 나혜석은 1934년 『삼천리』에 「이혼고백장」을 게재한다. 남편 김우영과의 결혼생활, 최린과의 관계, 이혼에 이르는 과정을 담담히 고백한다. 장발장의 도덕성과 억울함을 인용하며 가부장제 남성 중심 사회에서 여성으로서 '원통함'과 '당당함'이 무엇인지 열정적으로 항변한다.

남자가 바람을 피우면 풍류이고 여자가 바람을 피우면 화냥년이라는 당대 이중성에 맞선 것이다. 위선적인 조선 남성들의 이중성에 당당히 맞서는 그 모습 앞에 경외심을 느낀다. 당대 조선의 남성들은 자신의 근대성을 드러내는 데 신여성을 장식품처럼 이용한다. 나혜석은 그런 조선 남성의 이중성을 가차 없이 응징한다. 이광수, 염상섭 등 신여성을 일방적으로 동경했던[3] 유학파 남성들의 위선과 작품 활동에 맞서서 남녀평등을 열렬히 주장한다.

신여성으로서 나혜석의 주체적 의식 형성은 둘째 오빠 나경석의 영향이 컸다. 근대 신식 교육을 앞서 받았던 나경석을 통해 나혜석은 근대인으로서 신여성으로서 성장한다. 첫 번째 애인 최승구와의 만남이나 이광수와의 만남 또한 오빠 나경석의 관계망 속에서 이루어졌다.[4] 남편 김우영을 소개한 것도 오빠 나경석일 정도로 오빠 나경석은 여동생 나혜석을 끔찍이 아꼈다. 그러나 당대 조선인 남성들, 특히 유학을 통해 근대 지식의 물을 먹은 남성들조차 가부장제 질서와 낡은 의식에 모순을 느끼고 저항하지 않았다. 모순에 대한 저항은 근대 신지식으로 무장한 여성들에 의해 제기된다. 조신성, 김일엽, 김명순, 윤심덕, 허정숙, 박차정, 정종명, 박순천, 나혜석 모두 그렇다.

남편 김우영을 비롯해 남성들 자신은 정조 관념도 없이 기생을 집안에까지 끌어들인다. 반면에 여성의 성적 취향을 불륜과 일탈로 매도하는 이중성을 드러낸다. 나혜석은 그런 시대의 낡은 도덕과 이중성, 위선적인 사회의 어떤 비난에도 굴하지 않고 당당하게 맞서 나간다. 그리고 그들 남성의 위선과 이중성을 적극적으로 고발하며 폭로한다. 『폐허』 동인인 나혜석이 1921년 발표한 「노라」라는 시에는 이런 구절이 나온다.

"나는 인형이었네. 아버지 딸인 인형으로. 남편의 아내인 인형으로. 그네의 노리개였네 (중략) 나는 사람이라네. 구속이 이미 끊쳤도다. 자유의 길이 열렸도다. 천부天賦의 힘은 넘치네. 아 아 소녀들이여. 깨어서 뒤를 따라오라. 일어나 힘을 발하여라. 새날의 광명이 비쳤네."

1934년 『삼천리』에 발표한 「이혼고백장」에서도 가부장제 질서 속에서 여성을 하대하는 강고한 시대 모순에 다음과 같이 항변한다.

"조선 남성의 심리는 이상하외다. 자기는 정조관념이 없으면서 처에게는 일반 여성에게 정조를 요구하고, 또 남의 정조를 빼앗으려고 합니다. (중략) 조선 남성들 보시오. 조선의 남성이란 인간들은 참으로 이상합니다. 잘나건 못나건 간에 그네들은 적실, 후실에 몇 집 살림을 하면서도 여성에게는 정조를 요구하고 있구려. 하지만, 여자도 사람이외다! 한순간 분출하는 감정에 흩뜨려지기도 하고 실수도 하는 그런 사람이외다. 남편의 아내가 되기 전에, 내 자식의 어미이기 전에 첫째로 나는 사람인 것이오. 내가 만일 당신네 같은 남성이었다면 오히려 호탕한 성품으로 여겨졌을 거외다. 조선의 남성들아! 그대들은 인형을 원하는가, 늙지도 않고 화내지도 않고 당신들이 원할 때만 안아 주어도 항상 방긋방긋 웃기만 하는 인형 말이오. 나는 그대들의 노리개를 거부하오! 내 몸이 불꽃으로 타올라 한 줌 재가 될지언정 언젠가 먼 훗날 나의 피와 외침이 이 땅에 뿌려져 우리 후손 여성들은 좀 더 인간다운 삶을 살면서 내 이름을 기억할 것입니다."[5]

단둥 시절 나혜석은 조선 여성의 계몽과 경제적 자립을 위해 야학

설립과 저축 활동 등 여성의 주체성을 강조하며 실천적인 노력을 기울였다. 나혜석이 김우영과 결혼 후 중국 단둥지역 단둥영사관 부영사 관사에 머물던 때가 1921년이다. 1922년 일본 봉천영사관에서 발표한 자료에 따르면 당시 단둥지역엔 한국인들이 다른 이주지보다 적었다. 1922년 당시 한인 가구 수는 1,332호이고, 한인 인구는 6,341명으로 파악된다. 북간도 이주 한인보다 매우 적었을 뿐 아니라 한인 자작농은 30호에 지나지 않을 정도로 중국인 지주 밑에서 비참한 생활을 영위했다.[6]

결혼 직후의 나혜석(1920년경). 남녀평등을 부르짖으며 일제강점기 여성 해방에 앞장선 나혜석. 그녀는 이중적인 도덕과 남성중심의 정조 관념에 저항한 여성운동가이자 의열단 제2차 암살·파괴 계획을 최전선에서 도운 항일독립운동가 이다.

단둥지역에 도착한 이듬해 나혜석은 여자 야학을 설립하여 한인 여성과 성년 여성을 상대로 문맹퇴치 등 계몽활동에 진력한다. 1922년 3월 22일 자 『동아일보』에는 이렇게 나혜석의 여자 야학 소식을 전한다.

우리 조선 여자를 위하여 열심 진력하는 나혜석 여사는 금반 당지 팔번통 태성의원 내에 여자 야학을 설립하고 매주 3일간 오후 7시부터 10시까지 열성으로 지도하여 입학 지원자가 날로 많다더라.[7]

나혜석은 1921년 개설된 여자 야학을 통해 조선 여성들의 주체성을 일깨워 준다. 1926년에는 단둥현 부인친목회를 조직해 한인 여성의 의식 변화를 목적으로 부인강연회를 개최한다. 그리고 부인친목회 산하에 편물과를 두어 경제적 자립을 도모했다. 부인친목회 저축부에서는 한인 여성들로 하여금 매월 1원이나 2원씩 저축하게 하는 등 생활개선 운동에도 앞장섰다. 나혜석은 친목회 부인상점을 운영하고 생산조합을 조직하려는 계획까지 세우기도 했다.[8] 이 모든 것이 단둥지역 한인 여성들과 밀착된 속에서 민족의식에 기초한 것으로 계몽운동, 독립운동의 일환이었다.

나혜석의 삶과 죽음을 보면 불온한 시대를 살아 낸 한 인간의 '주체성의 승리'라는 생각이 든다. 유부남인 최승구를 사랑한 것은 자유연애, 자유결혼의 상징처럼 회자된다. 그러나 1920년 김우영과의 결혼에서 결혼조건으로 자신을 진심으로 사랑할 것, 첫사랑 최승구의 무덤에 묘비를 세워 줄 것, 최승구의 무덤이 있는 곳으로 신혼여행을 떠날 것을 요구한 대목을 보면 당당함을 넘어 식민지 여성이자 낡은 가부장제 질서에 갇힌 조선 여성의 마지막 절규였다는 생각마저 든다.

2. 영화 〈밀정〉이 놓친 '독립운동가 나혜석'

나혜석은 남편 김우영의 일본 외교관 지위를 마음껏 이용하여 의열단 제2차 작전을 물심양면으로 돕는다. 의열단에 관한 역사적 진실은 지하 활동이다 보니 남아 있는 기록물이 없다. 여러 가지 가명을 쓰고 흔적을 남기지 않는 것이 지하 항일운동의 원칙이었으니까. 그래서 의열단 생존자의 회고록이나 증언, 그리고 일제에 체포돼 재판을 받았을 당시 수사, 재판 기록을 통해서 그 면면을 재구성할 뿐이다. 다만 의열단 단장인 약산 김원봉이 진술한 것을 토대로 의열단 약사 형식의 책이 해방 직후 소설가 박태원의 손을 빌려 출판된 적이 있다. 『약산과 의열단』이 바로 그 책이다.

단둥영사관 부영사로 부임한 남편 김우영의 지위를 이용해 나혜석은 1921년 10월 이후 숱한 의열단원들에게 숙식을 제공하고 권총을 보관해 준다. 폭탄과 권총, 실탄 수백 발이 든 가방에 단둥영사관이라는 직인이 찍힌 표찰을 부착해 국경을 무사통과할 수 있게 배려했다. 나혜석이 아니었다면 폭탄의 국내 반입은 원천적으로 불가능했다. 따라서 목숨을 걸지 않고서는 할 수 없는 일이었다. 물론 이 일로 남편 김우영이 조선총독부 경무국장에게 직접 불려가 고초를 겪었다. 심지어 의열단원들 십수 명이 실형을 선고받고 감옥생활을 하자 옥중에까지 찾아가 위로와 격려를 아끼지 않았다. 의열단원 유석현의 증언에 나오는 대목이다. 유석현은 경기도 경찰부 고등경찰과 소속 황옥 경부의 밀정으로 활약했던 인물인데 실제는 의열단 단원이었다.

유석현이 들려준 유명한 일화가 있다. 해방 직후 노동운동조직 '전평'(노동조합 전국평의회 약칭)이 시위를 하자 이를 배후 조종했다는 혐의를 뒤집어씌워 수도경찰청은 김원봉을 체포한다. 체포에 혈안이 된 자가 바로 희대의 악질 고문 경찰 노덕술이다. 노덕술은 의열단장 김원봉의 뺨을 때리고 고문을 했다. 물론 며칠 뒤 김원봉은 혐의 없음으로 풀려났다. 의열단장 김원봉은 당시 '민전'(민주주의민족전선의 약칭) 공동의장이었다. 해방 직후 좌파 내지 진보적 민족주의 집합체인 '민전'을 겨냥해 무리하게 덤벼든 기획 수사였던 셈이다. 풀려난 뒤 김원봉은 의열단 유석현의 집에 머물면서 3일 밤낮으로 식음을 전폐하며 통곡했다고 한다. 해방된 조국에서 악질 친일 경찰에게 수모를 당한 기막힌 현실 때문이었다.

유석현은 의열단원 박기홍(일명 이현준)과 함께 상해, 북경, 조선 경성을 오가던 의열단 연락책이었다. 유석현이 출옥했을 때 나혜석은 권총 두 자루를 건네주었다고 한다. 숨길 곳이 없어서 나혜석에게 맡겼던 것인데, 그것을 기억해 두었다가 넘겨준 것이다. 박기홍의 권총도 자신의 베개 속에 감춰 두었다가 출옥 후 건네준 일화도 유명하다.

유석현의 증언 이외에 아나키스트 정현섭, 류자명의 증언에서도 국경을 넘나들 때 나혜석의 결정적인 도움이 속속 나온다. 정현섭은 일제강점기 일제가 체포하고자 혈안이 되었던 의열단으로 현상금이 김원봉-김구를 이어 세 번째로 많았던 인물이다. 류자명은 유석현의 충주 공립보통학교 스승이었다. 그는 의열단 선전 홍보 책임자로 신채호가 「조선혁명선언」을 만들 때 일조했던 인물이다. 해방 후 농학자로 중국에 머물며 대학에서 제자들을 길러 내는 데 혼신을 다했다. 남과 북으로 갈라진 현실에서 귀국을 포기하고 중국에 살다가 운명했다. 아나키스트 류자명은 중국 인민의 존경심이 대단했던 인물이다.

무엇보다 극적인 장면은 따로 있다. 폭탄 일부를 인력거를 통해 압록강을 건너 신의주로 무사히 옮기는 대목이다. 영화 〈밀정〉에서처럼 기차를 이용해 삼엄한 국경경비를 뚫고 압록강 철교를 건너기도 하지만, 인력거를 동원하기도 했다. 조선일보 단둥지국(지국장 홍종우) 창설 기념연회장이 지국장 홍종우 집에서 열렸을 때 단둥영사관 경찰과 신의주경찰서 고등경찰 최두천 경부를 일부러 초청했다. 그리고 의열단원 유석현, 황옥 경부(〈밀정〉의 송강호 분), 김시현(〈밀정〉의 공유 분)이 그 연회에 함께 참석했다. 물론 조선일보 단둥지국장 홍종우 역시 의열단원이었다.

그들은 술을 거나하게 마신 뒤에 단둥영사관 부영사 김우영의 제안으로 2차를 압록강을 건너 신의주로 자리를 옮기는데, 이때 인력거를 이용했다. 그 인력거 밑에 조선 총독과 고위 관료, 그리고 식민지 수탈기관을 폭살시킬 폭탄가방이 들어 있었던 것이다.[9] 그렇게 폭탄 국내 반입 계획은 무사히 성공했다. 그러나 의열단 제2차 암살·파괴계획은 엉뚱한 데서 실패로 끝나고 의열단원 김재진의 밀고로 물거품이 돼 버렸다. 의열단 제2차 계획은 관련된 인물만 수백 명에 이르지만, 일제 조선총독부는 사건을 오히려 축소해서 체포한 지 한 달도 채 안 된 시점에 사건 전모를 성급히 언론에 발표했다.

통상적인 독립운동 조직사건일 경우 수개월 동안 보도통제를 하던 것과 너무나 다른 태도였다. 그것은 황옥 경부의 경계를 넘나드는 처신 때문이었던 것으로 생각된다. 황옥 경부는 체포된 직후 의열단 단원들처럼 수사와 고문을 받을 당시 일절 발설하지 않았다. 그러나 나중에 재판 당시에는 적극적으로 의열단을 체포하기 위해 위장 잠입했다는 것으로 태도가 돌변했다. 독립운동가들을 색출, 검거하기 위해 고급 밀정으로서 정탐활동을 충실히 이행했다는 태도였다. 고려공산당과 의열단에 가입해 수없이 독립운동가들을 돕고 지원했음에도 이 모든 것이 그들을 일망타진하기 위한 계획이었다는 주장이다. 황옥 경부는 세간의 비난에도 불구하고 극구 자신을 변명했다. 역사학계 지배적인 학설은 황옥을 일제 스파이로 보는 게 일반적이다.

황옥은 황희 정승의 19대 손으로 문경에서 출생했다. 어린 시절 도천학교를 다니면서 이강년 의병부대의 의병전쟁을 경험했다. 문경 도천학교 출신 가운데 뒤에 항일운동에 가담한 인물로 황옥의 내외종질인 송남헌을 비롯해 황옥의 동생인 황직연, 황정연, 김희중, 김사용, 황의목 등이 있다. 황옥 역시 3·1운동 직후 한성 임시정부의 홍진의 영향을 받아 상해로 떠났다. 그러나 상해 임시정부 요인들에 의해 일제 밀정이라는 의심을 받으며 신변에 위협을 느끼자 다시 귀국했다.

귀국하여 독립운동을 지원하겠다는 홍진과의 약속대로 1919년 7월 부산지법 진주지청 서기로 근무하다 1920년 3월 총독부 경찰조직이 확대되는 것과 함께 경기도 경찰부 직속 도경부로 특채되었다.[10]

그만큼 황옥 경부는 논란의 여지가 많았던 인물이다. 종로경찰서를 폭파한 의열단 김상옥을 예전에 피신시킨 것이나 제1차 의열단 암살·파괴계획[1920] 당시 체포된 김시현을 서울로 압송하여 의형제를 맺는 것이나 의문투성이었다. 특히 황옥 경부는 의열단 김시현과 막역한 사이로 담력이 컸고 의열단원들에겐 강개한 기개를 지녔던 위인이었다.[11] 의열단원 유석현을 자신의 밀정으로 조선총독부 경찰에 일부러 신고한 것도 그렇다. 마지막까지 국내로 무사히 반입된 폭탄과 전단을 지인의 집에 은닉하고 살포를 요청하는 등 심혈을 기울인 점도 마찬가지다. 영화 〈밀정〉에서도 의열단에 잠입한 일제 첩자로 보기보다 민족의식을 간직한 의열단의 일원으로 묘사하며 막을 내린다.

3. 최초의 페미니스트 나혜석,
3·1운동 당시 서울 여학생 시위를 지도하다

식민지 시대 가부장제 질서의 이중 모순 속에서 나혜석은 남성들의 한낱 노리개로 살기를 거부했다. 자신이 흘린 피와 땀과 삶의 고통스러운 흔적들이 훗날 한 줌 재로 변할지언정 나혜석은 시대의 모순을 피하지 않고 당당히 맞서 그 모순을 넘어서고자 분투했다. 나혜석 스스로 그의 '피의 외침이 불꽃으로 타올라 우리 후손 여성들은 조금은 더 인간다운 삶'을 살게 된 것이다. 그의 외침대로 우리가 오늘의 시대를 살면서 나혜석의 이름을 기억할 이유는 충분하다.

나혜석은 1913년 진명여고보를 최우등 성적으로 졸업하고, 일본 도쿄사립여자미술학교로 유학을 떠났다. 1914년 도쿄 한국인 유학생 기관지인 『학지광』 제3호에 「이상적 부인」을 발표했다. 현모양처론이 여자를 노예로 만드는 주의라고 비판하며 여성의 정치적·사회적 권리에 관심을 표명했다. 나혜석의 「이상적 부인」은 이광수를 놀라게 했고, 『학지광』 편집자인 게이오대 유학생 최승구와 친교를 맺게 했다. 유부남인 최승구와의 사랑이 시작되는 대목이다.

최승구, 이광수 모두 자유주의자였기에 그들의 친교는 더욱 두터워졌다. 나혜석은 일본 유학 역시 당시 일본 여성운동가인 히라츠카 라이초와 요사노 아키코의 영향을 받았다. 그는 조선 여성을 계몽하기 위해 어떠한 비난에도 굽히지 않겠다고 다짐했다.[12] 유학 도중 아버지가 전통적인 방식으로 결혼을 강요하며 학비를 대주지 않자 스스로 휴학하고 보통학교 교사를 하면서 학비를 모았다. 그리고 다음 해 다시 유학생활을 계속했다. 그만큼 나혜석은 근대 신문명과 근대 여성운동에 대한 의식에 갈급해했고 그 속에서 여성 이전에 인간으로서 자기주체성을 정립해 나갔다. 그런 면에서 나혜석이 지닌 이념적 지형은 자유주의와 민족주의가 결합된 계몽적 자유주의[13]라고 할 수 있겠다.

1919년 3·1운동 당시 나혜석은 서울지역 여학생 시위를 배후 조종한 혐의로 일경에 체포되었다. 경성지방법원에서 증거불충분으로 면소 및 방면 판결을 받고 풀려나지만 5개월간 감옥생활을 했다. 나혜석은 일본 유학 시절부터 알고 지냈던 김마리아가 이끈 항일운동 조직 간부였다. 황애시덕, 김마리아, 박인덕과 함께 독립운동 조직 간사 역할을 맡았다. 그런 만큼 일제 경찰의 눈에는 위험 인물로 간주되었다.

3·1운동 당시 나혜석은 3월 2일 정동교회에서 김마리아를 만났다.

그리고 이화학당 교사인 박인덕의 기숙사 방으로 가서 3·1운동의 향후 대책에 대해 논의한다. 바로 다음 날 나혜석은 자금 조달과 운동의 전국적 확산을 위해 개성과 평양으로 떠났다. 임무를 마치고 3월 4일 다시 경성으로 돌아와 3월 5일 서울시내 여학생 시위에 참여한다. 3월 5일 서울역에서 전개된 여학생 시위에 나혜석은 경성여고보, 이화, 진명, 정신여학교 등 시내 여학생들 다수와 함께 참여한다. 이화, 정신, 진명여학교의 3·1만세운동의 횃불을 높이 불붙인 장본인은 나혜석이었다. 진명여학교 3학년이던 이정희에게 선배 나혜석은 독립선언문을 전달해 주면서 독립만세의 횃불을 높이 치켜들었다.[14] 그리고 3월 8일 이화학당 식당에서 나혜석은 일경에 체포되었다. 김마리아는 앞서 3월 6일에 정신여학교에서 체포되었고 박인덕은 3월 10일에 체포되었다.[15]

서대문형무소에서 5개월을 보내고 석방된 나혜석은 '애국부인회' 사건(1919년 11월)으로 다시 수형생활을 하는 김마리아를 찾아갔다. 김마리아에 대한 일제 경찰의 취조와 고문 과정은 너무나 끔찍했다. 김마리아가 갇힌 대구 감옥에까지 나혜석은 옛 동지를 위로 방문 차 경성에서 내려갔다. 형무소 면회를 마치고 경성으로 올라온 나혜석은 김마리아 방문기를 신문에 기고했다. 그 글을 아나키스트 류자명이 읽고 감동을 받았다고 술회했다.[16]

실제로 김마리아는 1923년 상해에서 개최된 임시정부 주죄 '국민대회'에 참여했을 당시 한자리에 가만히 앉아 있질 못하고 회의 도중 자주 자리를 옮겨 다녔다. 항일지사들은 그 이유를 잘 알고 있었다. 일제의 고문은 상상을 초월할 정도로 잔인했고 야만적이었다. 나혜석 역시 일경에 체포돼 총독정치에 대해 심문을 받았을 때 정치에 대해서 잘 모른다고 답했다. 일각에선 나혜석의 내셔널리즘이 식민지 민족해방투쟁이라는 거대담론의 수준에 미치지 못한 소박한 민족의식을 보였다는 비판적인 평가[17]도 있다.

그러나 여느 독립운동가들의 삶의 궤적처럼 나혜석도 3·1운동 당시 김마리아, 황애시덕과 함께 3·1운동의 전국적 확산을 기도하며 당당히 시위에 나섰고 옥고를 치렀다. 더구나 '의열단 제2차 대암살 파괴 작전' 당시 폭탄 국내 반입을 성공시킨 배후에는 나혜석의 민족의식, 바로 항일의지를 생각하지 않고선 상상할 수 없는 일이다. 황옥 경부처럼 의열단에 가입은 하지 않았지만, 의열단을 물심양면으로 도왔던 나혜석을 비록 늦었지만 독립운동가로 인정하는 게 옳다. 낡은 시대와 불화를 겪다가 쓸쓸히 생을 마감한 나혜석의 항일운동에 대해 좀 더 의미 있는 역사적 평가를 해야 할 시점이 아닐까 생각해 본다.

주석

1. 유진월(2014). 『불꽃의 여자 나혜석』. 지식을 만드는 지식, 76쪽.
2. 나혜석(2012). 「딸 나열에게 보낸 한글 편지」. 『나혜석 연구』 창간호, 250-251쪽.
3. 우리나라 최초의 근대소설로 평가받는 이광수의 『무정』은 삼각관계를 바탕으로 신지식인 이형식은 구식 여자 영채를 버리고 선형을 선택한다. 나혜석과 최승구, 김우영을 소재로 한 소설 『해바라기』에서 염상섭은 신여성 나혜석을 모델로 한 여주인공 최영희의 사랑을 얻는 것이 지상 목표인 남편 이순택의 심리를 잘 형상화하고 있다(이덕화. 「염상섭의 향기로운 추억의 여인, 나혜석」. 『나혜석 연구』 7집. 2015, 78-83쪽 참고). 실제로 이광수와 염상섭은 일본 유학시절 나혜석을 짝사랑한 인물이다. 이광수는 1918년 3월 「도쿄여자유학생 친목회」에서 발행한 잡지 『女子界』 발간 당시 편집부원인 나혜석을 도운 편집 찬조원이었다(박정애. 「소문과 진실: 나혜석과 이광수」. 『나혜석 연구』 2집. 2013, 9쪽). 뿐만 아니라 염상섭은 일본 유학 시절 나혜석과 같은 하숙집에 머문 일이 있다.
4. 김은실(2008). 「조선의 식민지 지식인 나혜석의 근대성을 질문한다」. 『한국여성학』 24(2), 161-162쪽.
5. 나혜석(1934). 「이혼고백장」. 『삼천리』(1934년 9월호).
6. 김주용(2014). 「만주 안동지역 한인 사회아 나혜석」. 『나혜석 연구』 5집, 14-15쪽.
7. 『동아일보』. 1922. 3. 22.
8. 『동아일보』. 1926. 9. 9.
9. 황용건(2015). 「나혜석과 황옥사건」. 『나혜석 연구』 6집, 129-130쪽.
10. 황용건(2008). 『항일투쟁기 황옥의 양면적 행적 연구』. 안동대 석사 논문, 4-9쪽.
11. 박태원(2000). 『약산과 의열단』. 깊은샘, 121쪽.
12. 김형필(2001). 「나혜석의 삶과 문학」. 『외국문학연구』 제9집, 95-96쪽.
13. 백지홍(2016). 「나혜석: 전환기의 선각자」. 『미술세계』 제45권, 63쪽.
14. 이구열(2011). 『그녀 불꽃같은 생애를 그리다 나혜석』. 서해문집, 86쪽.
15. 황민호(2015). 「나혜석의 독립운동과 관련 인물들」. 『나혜석 연구』 제6집, 101-102쪽.
16. 류자명(1999). 『유자명 수기 한 혁명자의 회억록』. 독립기념관 한국독립운동사연구소. 126쪽.
17. 송연옥(2001). 「민족주의와 페미니즘의 불행한 결렬-1930년대의 한국 '신여성'」. 『페미니즘 연구』, 62쪽.

참고 문헌

〈저서 및 단행본〉

게일. 신복룡 역주(1999).『전환기의 조선』. 집문당.

고광헌(1992).「인술의 길에서 교육의 길로」.『발굴 한국현대사 인물』. 한겨레신문사.

김구(2005).『백범일지』. 돌베개.

김구(2012).『백범일지』. 나남.

김산·님 웨일스(1999).『아리랑』. 동녘.

김삼웅(1995).『한국현대사 뒷얘기』. 가람기획.

김삼웅(1995).『해방 후 정치사 100장면』. 가람기획.

김삼웅(2008).『약산 김원봉 평전』. 시대의 창.

김승일(2001).『조선의용군 석정 윤세주 열사-중국 태항산에 묻힌 대한의 혼』. 고구려.

김승학(1970).『한국독립사(하)』. 독립문화사.

김영범(1997).『한국 근대민족운동과 의열단』. 창작과비평사.

김영범(2013).『의열단, 민족혁명당, 조선의용대의 영혼, 윤세주』. 역사공간.

김용직·손병희 편(2004).『이육사 전집』. 깊은샘.

김인걸·강현욱(1989).『일제하 조선노동운동사』. 일송정.

김정명(1967).『조선독립운동 2-민족주의운동 편』. 原書房.

김중생(2000).『조선의용군의 밀입북과 6·25전쟁』. 명지.

김학철(1995).『최후의 분대장』. 문학과지성사.

김홍식(2014).『한글전쟁』. 서해문집.

김희곤(2000).『새로 쓰는 이육사 평전』. 지영사.

노영택(1980).『일제하 민중교육운동사』. 탐구당.

민주주의민족전선(1988).『해방조선 I』. 과학과사상상.

민주주의민족전선(1988).『해방조선 II』. 과학과사상상.

박득준(1989).『조선근대교육사』. 한마당.

박용규(2005).『북으로 간 한글운동가-이극로 평전』. 차송.

박용규(2012).『조선어학회 항일투쟁사』. 한글학회.

박용규(2013).『우리말, 우리역사 보급의 거목, 이윤재』. 한국독립운동사연구소.

박용규(2014).『조선어학회 33인』. 역사공간.

박태원(2000).『약산과 의열단』. 깊은샘.

박현수(2008).『원전주해 이육사 시 전집』. 예옥.

반병률(2003).「러시아에서 민족운동의 자취를 찾아서」.『한국사 시민강좌』33권. 일
    조각.

반병률(2013).「잊혀버린 진보적 항일 혁명가」.『여명기 민족운동의 순교자들』. 신서원.

『분단자료집』. 한백사. 1989.

손인수(1975).『한국 근대교육사』. 연세대 출판부.

송건호(1985). 『의열단』. 창작과비평사.

스칼라피노·이정식 지음. 한홍구 옮김. 『한국 공산주의운동사 I 』. 돌베개.

심지연(1988). 『조선신민당 연구』. 동녘.

염인호(2001). 『조선의용군의 독립운동』. 나남.

염인호(2010). 『또 하나의 한국전쟁』. 역사비평사.

오성철(2000). 『식민지 초등 교육의 형성』. 교육과학사.

유진월(2014). 『불꽃의 여자 나혜석』. 지식을만드는지식.

원희복(2015). 『사랑할 때와 죽을 때』. 공명.

위르겐 오스터 함멜(2006). 『식민주의』. 박은영·이유재 옮김. 역사비평사.

이구열(2011). 『그녀 불꽃같은 생애를 그리다 나혜석』. 서해문집.

이덕주(2014). 『스크랜턴-어머니와 아들의 조선 선교이야기』. 공옥출판사.

이동현(1990). 『한국 신탁통치 연구』. 평민사.

이만규(1946). 『여운형 선생 투쟁사』. 민주문화사.

이만규(1949). 『조선교육사(하)』. 을유문화사.

이만규(1988). 『조선교육사』. 거름.

이만규(1994). 『가정독본』. 창작과비평사.

이만규(2010). 『다시 읽는 조선교육사』. 살림터.

이병곡(2017). 「해천 문학제」. 『밀양문학』 제30집.

이영헌(1978). 『한국기독교사』. 컨콜디아사.

이정식·한홍구 엮음(1986). 『항전별곡-조선독립동맹 자료 1』. 거름.

이종범(1970). 『의열단 부장 이종암전』. 광복회.

임종국(1982). 『일제 침략과 친일파』. 청사.

정순택(1997). 『보안관찰자의 꿈』. 한겨레신문사.

정화암(1992). 『어느 아나키스트의 몸으로 쓴 근세사』. 자유문고.

조동걸(1995). 『독립군의 길 따라 대륙을 가다』. 지식산업사.

조숙자(2003). 『한국개신교 찬송가 연구』. 장로회신학대 출판부.

차석기(1976). 『한국 민족주의 교육의 연구』. 진명문화사.

채광식(2001). 『소몽 채기중 선생 전기』. 소몽선생숭모회.

최경봉(2005). 『우리말의 탄생』. 책과함께.

최규진(2009). 『조선공산당 재건운동』. 한국독립운동사연구소.

최덕성(2000). 『한국교회 친일파 전통』. 본문과현장사이.

한국민족운동연구소(1971). 『독립운동공훈사』.

한철호 외(2013). 『고교 한국사』.

〈학위논문〉

고성진(1993). 『이만규 교육사관에 관한 연구』. 교원대 석사학위논문.

김용일(1995). 『미군정하의 교육정책 연구』. 고려대 박사학위논문.

남소란(2007). 『조선건국준비위원회에 대한 연구』 원광대 석사학위논문.

박선경(2005). 『의열단에 가담했던 기독교인들의 신앙관 연구』. 계명대 박사학위논문.

박우정(1994). 『1929-1932년의 조선공산당 재건운동』. 부산대 석사학위논문.

박종무(2011). 『미군정기 조선교육자 협회의 교육이념과 활동』. 교원대 석사학위논문.

신춘식(1993). 『조직주체를 중심으로 본 조선공산당 창건과정』. 성균관대 석사학위
  논문.
유연희(2008). 『해방 후 여운형의 정치활동과 이념』 전남대 석사학위논문.
윤석영(2005). 『1930-40년대 한국현대시의 의식지향성 연구』. 국민대 박사학위논문.
이신예(2013). 『이만규의 여성교육관:「가정독본」을 중심으로』. 한국학중앙연구원 석
  사학위논문.
이춘선(1988). 『이만규의 '조선교육사' 분석』. 이화여대 석사학위논문.
이택희(1996). 『일제 말기 한국감리교 지도자들의 양태 연구』. 감리교신학대 석사학위
  논문.
이학준(2009). 『이만규의 교육사상과 민족운동에 관한 일연구』. 한국외대 석사학위
  논문.
조영빈(1998). 『해방후 근로인민당의 결성과 활동』. 국민대 석사학위논문.
황용건(2008). 『항일투쟁기 황옥의 양면적 행적 연구』. 안동대 석사학위논문.

〈학술논문〉
강대민(1996). 「박차정의 생애와 민족해방운동」. 『문화전통논집』 제4집.
강대민(2006). 「박차정, 민족해방운동의 여성 투사」. 『내일을 여는 역사』 제23호.
강만길(1995). 「조선혁명간부학교와 육사 이활」. 『민족문학사 연구』 제8호.
강영심(2003). 「항일운동가 박차정의 생애와 투쟁」. 『여성이론』 제8권.
강일국(2004). 「해방 직후 교육개혁론의 특징과 전개과정」. 『교육사학연구』 제14집.
고숙화(1999). 「대한민국임시정부 연표」. 『대한민국 임시정부수립 80주년 기념논문
  집(하)』.
권대웅(2002). 「대한광복회의 조직과 활동」. 『대한광복회와 1910년대 독립운동』. 대구
  경북지역독립운동사 연구발표회.
김관웅·사방예(2016). 「조선의용군 항일가요 '최후의 결전'의 혼종성에 대한 탐구」.
  『근대서지』 제13호.
김권정(1999). 「1920-30년대 신흥우의 기독교 민족운동」. 『한국민족운동사연구』 제
  21집.
김권정(2006). 「1920년대 전반 기독교 민족운동에 관한 연구」. 『한국독립운동사 연
  구』 제27집.
김덕균(1991). 「윤세주의 항일가요 최후의 결전에 대하여」. 『한국음악사학보』 제7집.
김동천·강재순(1996). 「1920-30년대 초 기장지역 사회운동」. 『한국민족문화』 제8집.
김성민(2003). 「광주학생운동의 확산과 서울지역시위의 성격」. 『한국독립운동사연구』
  제20집.
김성민(2009). 「광주학생운동의 전국적 양상과 이념」. 『한국독립운동사연구』 제32집.
김승(2004). 「한말·일제하 밀양지역 민족운동과 사회운동」. 『지역과 역사』 제15호.
김승태(2012). 「105인 사건과 선교사의 대응」. 『한국기독교와 역사』 제36호.
김승태(2015). 「이필주 목사의 생애와 민족운동」. 『한국기독교와 역사』 제42집.
김영범(1992). 「의열단 창립과 초기 노선에 대하여」. 『한국학보』 제69집.
김영범(2009). 「이육사의 독립운동 시-공간과 의열단 문제」. 『한국독립운동사연구』 제
  34집.

김영범(2017). 「독립운동가 백민 황상규의 생애와 초상」. 『지역과 역사』 제40호.

김용덕(1969). 「일제의 경제적 수탈과 민요(1910-1918) 하」. 『역사학보』 제42집.

김윤정(1998). 「1930년대 초 범태평양노동조합 계열의 혁명적 노동조합운동」. 『역사연구』 제6호.

김은실(2008). 「조선의 식민지 지식인 나혜석의 근대성을 질문한다」. 『한국여성학』 제24권 2호.

김인식(1991). 「신간회 운동기 ML계의 부르주아 민주주의 혁명론」. 『중앙사론』 제7집.

김주용(2011). 「중국 언론에 비친 조선의용대」. 『사학연구』 제104호.

김주용(2014). 「만주 안동지역 한인사회아 나혜석」. 『나혜석 연구』 제5집.

김춘복(2001). 「석정 윤세주의 생애와 사상」. 『밀양 문학』 제14호.

김형필(2001). 「나혜석의 삶과 문학」. 『외국문학연구』 제9집.

김호일(1999). 「8·15 해방의 역사적 의의」. 『한국 민족운동사 연구』 제23집.

김희곤(2005). 「윤자영의 생애와 민족운동」. 『한국독립운동사연구』 제24집.

나혜석(2012). 「딸 나열에게 보낸 한글 편지」. 『나혜석 연구』 창간호.

남화숙(1988). 「'여장군' 김명시의 생애」. 『여성』 제2호.

노경채(2001). 「윤세주-실천적 '청년' 민족해방운동가」. 『내일을 여는 역사』 제5호.

도진순(2016). 「육사의 '청포도' 재해석: 청포도와 청포(靑袍), 그리고 윤세주」. 『역사비평』 제114호.

도진순(2016). 「육사의 한시 '晚登東山'과 '酒暖興餘'-그의 두 돌기둥, 石正 윤세주와 石艸 신응식」. 『한국근현대사연구』 76호.

라치꼬프와 마주르의 개인문헌 보관자료(2002. 12). 최준이 옮김. 「1950년대 말 조선 민주주의 인민 공화국에서 조선 언어학 역사」. 『한국어학』 통권 제17호.

박걸순(2009). 「연해주 한인사회의 갈등과 정순만의 피살」. 『한국독립운동사연구』 제34집.

박순섭(2014). 「1920-30년대 김찬의 사회주의운동과 민족협동전선」. 『한국근현대사연구』 제71집.

박용규(1993). 「민족주의 교육사상가 이만규」. 『역사비평』 제22호.

박용규(1994). 「이만규 연구」. 『한국교육사학』 제16집.

박용규(2001). 「일제 강점·'해방공간'기 이만규의 기독교 인식」. 『한국사상사학』 제17집.

박정애(2013). 「소문과 진실: 나혜석과 이광수」. 『나혜석 연구』 제2집.

박종효(2007). 「헤이그 특사와 한러관계」. 『한국독립운동사연구』 제29집.

박한용(2000). 「1930년대 혁명적 노동조합운동」. 『진보평론』 제5호.

반병률(2013). 「공산주의 조직의 형성과 변천에 대한 재해석」. 『한국독립운동사연구』 제45집.

반병률(2010). 「러시아(소련)의 대한민국 임시정부 인식」. 『역사문화연구』 제35집.

반병률(2005). 「김립과 항일민족운동」. 『한국근현대사연구』 제32집.

배경옥(2007). 「헤이그 특사 사건과 일본의 대응」. 『한국독립운동사연구』 제29집.

백지홍(2016). 「나혜석: 전환기의 선각자」. 『미술세계』 제45권.

서정매(2012). 「밀양아리랑의 변용과 전승에 관한 연구」. 『한국민요학』 제35집.

성백걸(1997). 「웨슬리 신학과 초기 감리교 선교사」. 『한국기독교 역사연구소소식』 제

28호.

송연옥(2001). 「민족주의와 페미니즘의 불행한 결렬-1930년대의 한국 '신여성'」. 『페미니즘 연구』.

신영숙(1996). 「일제 시기 여성운동가의 삶과 그 특성 연구」. 『역사학보』 제150집.

신주백(1996). 「1929-31년 시기 재만 한인 민족운동의 동향」. 『역사학보』 제151집.

신춘식(2000). 「조선공산당을 위한 변명」. 『진보평론』 제3호.

신호웅(2007). 「석정 윤세주의 독립운동노선 연구」. 『인문학 연구』 제11집.

심성보(1992). 「이만규의 삶과 교육사상」. 『한국교육사학』 제14집.

심성보(2012). 「이만규의 친일성 주장에 대한 반론」. 『한국교육사학』 제34권 2호.

심지연(1991). 「근로인민당 연구」. 『한국정치연구 3』.

양영석(1989). 「1940년대 조선민족혁명당의 활동」. 『한국독립운동사연구』 제3호.

양현혜(2006). 「'황민화' 시기 개신교 실력양성론의 논리구조」. 『종교 연구』 제50집.

염인호(1992). 「해방 전후 민족혁명당의 민족통일전선운동」. 『역사연구』 제1집.

염인호(1996). 「조선의용대 화북지대의 팔로군과의 연대 투쟁」. 『독립운동사 연구』 제10집.

염인호(1999). 「조선의용대의 창설과 한·중 연대」. 『한국근현대사연구』 제11집.

염인호(2000). 「의열단에서 조선민족혁명당까지 김원봉」. 『내일을 여는 역사』 제1호.

유관지(2015). 「평양지역 감리교 역사와 한국교회」. 『한국기독교와 역사』 제42호.

윤경로(2012). 「105인 사건 피의자들의 사건 이후 행적에 관한 소고-친일로 경도된 9인을 대상으로」. 『한국기독교와 역사』 제36호.

윤경로(2001). 「사실, 이렇게 본다 2-105인 사건」. 『내일을 여는 역사』 제6호.

이길상(2012). 「황민화 시기 이만규의 국가정체성-친일적 경향을 중심으로」. 『한국교육사학』 제34권 1호.

이균영(1989). 「김철수와 박헌영과 3당 합당」. 『역사비평』 제6호.

이덕주(1995). 「전덕기 목사의 민중목회와 민족운동」. 『세계의 신학』 제29호.

이덕주(1998). 「전덕기 목사의 생애 재구성」. 『한국기독교 역사 연구소 소식』 제33호.

이덕주·장동민(1997). 「초기 내한 선교사들의 신앙과 신학」. 『한국기독교와 역사』 제6집.

이덕화(2015). 「염상섭의 향기로운 추억의 여인, 나혜석」. 『나혜석 연구』 제7집.

이동언(2011). 「서일의 생애와 항일무장투쟁」. 『한국독립운동사연구』 제38집.

이만열(1998). 「아펜젤러의 초기 선교활동과 '한국 감리교회'의 설립」. 『한국기독교와 역사』 제8집.

이민원(2007). 「광무황제와 헤이그 특사-고종의 헤이그 특사 파견 논리와 구상을 중심으로」. 『한국독립운동사연구』 제29집.

이상혁(2007). 「해방 후 초기 북쪽 국어학 연구의 경향」. 『어문논집』 제56집.

이성우(2002). 「대한광복회와 만주」. 『대한광복회와 1910년대 독립운동』. 대구경북지역 독립운동사 발표회.

이성우(2000). 「대한광복회 충청도 지부의 결성과 활동」. 『한국근현대사연구』. 제12집.

이성우(2015). 「광복회 연구 쟁점과 관련자료의 성격」. 『한국근현대사연구』 제74집.

이성우(2003). 「주비단의 조직과 활동」. 『한국근현대사연구』 제25집.

이성전(2012). 「미국 북장로회 해외 선교본부의 동아시아 인식과 105인 사건」. 『한국

기독교와 역사』 제36집.

이송희(1996). 「박차정 여사의 삶과 투쟁-민족 해방과 여성 해방을 위해 투쟁한 한 여성의 이야기」. 『지역과 역사』 제1집.

이송희(1998). 「일제하 부산지역의 여성운동 I」. 『부산사학』 제34집.

이송희(2013). 「일제강점기 부산지역의 여성교육」. 『여성연구논집』 제24집.

이승현(2006). 「신민회의 국가건설사상-공화제를 향하여」. 『정신문화연구』 제29호.

이준식(2000). 「조선공산당 재건운동」. 『진보평론』 제4호.

이호룡(2006). 「일제강점기 국내 아나키스트들의 공산주의에 대한 비판적 활동」. 『역사와 현실』 59호.

임경석(2002). 「잊을 수 없는 사람들-강달영, 조선공산당 책임비서」. 『역사비평』 제58호.

임희국(2004). 「초기 내한선교사들의 한국문화 이해」. 『선교와 신학』 제13호.

장세윤(1999). 「조선의용대의 조직편성과 구성원」. 『한국근현대사연구』 제11집.

전성현(2011). 「일제강점기 경남지역의 의열투쟁과 지역성: 1920년대 초 의열단의 활동을 중심으로」. 『한국독립운동사연구』 제38집.

전재홍(2008). 「을사늑약 전후 시기의 재한 선교사들의 대응과 역할-1895년에서 1919년의 역사적 사건을 중심으로」. 『동서인문학』 제41집.

정병준(2004). 「해방 이후 여운형의 통일·독립 운동과 사상적 지향」. 『한국민족운동사연구』 제39집.

정성구(1982). 「한국교회 설교사(Ⅲ)-1900년에서 1920년대까지 초기 한국교회 목사를 중심으로」. 『신학지남』 제49집.

정숭교(1995). 「한국교육사 연구의 기틀」. 『역사와 현실』 제15권.

조동걸(1983). 「대한광복회의 결성과 그 선행조직」. 『한국학논총』 제5권..

조동걸(1992). 「역사기행 조선의용군 유적지 태항산, 연안을 찾아서」. 『역사비평』 제20호.

조이제(2000). 「전덕기 목사의 설교」. 『세계의 신학』 제48호.

조준희(2008). 「1920년대 유럽에서 이극로의 조선어 강좌와 민족운동」. 『한민족 연구』 제5호.

조철행(2013). 「윤해의 독립운동」. 『한국 인물사 연구』 제20집.

천화숙(1992). 「의열단 성립과 인물 중심으로 본 제(諸) 창단설」. 『인문논총』 제1권.

태지호 외(2016). 「지역 역사 인물의 문화콘텐츠 기획에 관한 연구」. 『문화정책논총』 30(1).

일조각 편집부(1983). 「조선어학회 사건의 경위」 『어문연구』 제11권 제4, 5호.

최경숙(2010). 「역사 속의 부산 여성」. 『부산여성사Ⅱ 연구보고서』.

최규진(2000). 「김단야 기억 저 편에서 드높고 허망한」. 『진보평론』 제4호.

최덕규(2008). 「1907년 헤이그 평화회의와 러시아의 대한정책」. 『한국사학보』 제30집.

최기영(1999). 「조선의용대와 미주 한인사회-조선의용대 미주후원회를 중심으로」. 『한국근현대사연구』 제11집.

하정화(2010). 「역사 속 부산 여성을 말하다」. 『부산여성가족』 제6호.

한규무(2014). 「전덕기 연구의 현황과 과제」. 『한국기독교역사연구소소식』 제105호.

한규무(2011). 「을사조약 전후 상동청년회의 민족운동과 정순만」. 『중원문화연구』 제

16, 17집.

한규무(2012). 「1905년 '상동회의'와 을사조약 반대투쟁」. 『한국독립운동사연구』 제43집.

한규무(2015). 「상동청년학원 연구」. 『서강인문논총』 제42집.

한규무(2002). 「현순의 신앙과 활동-3·1운동 이전을 중심으로」. 『한국기독교와 역사』 제16집.

한상도(1999). 「조선의용대의 국제연대 의식과 대만의용대」. 『한국근현대사연구』 제11집.

한성민(2015). 「제2회 헤이그 만국평화회의 특사에 대한 일본의 대응」. 『한일관계사연구』 제51집.

한승홍(1991). 「초기 선교사들의 신학과 사상」. 『한국기독교와 역사』 제1호.

한홍구(1988). 「의열단, 민족혁명당, 조선의용대의 한 주역의 일생」. 『역사비평』 제1호.

황민호(2004). 「1920년대 재만 한인 사회주의운동의 동향과 동만청년총년맹」. 『한국민족운동사연구』 제40집.

황민호(2015). 「나혜석의 독립운동과 관련 인물들」. 『나혜석 연구』 제6집.

황용건(2015). 「나혜석과 황옥사건」. 『나혜석 연구』 제6집.

〈논평〉

권기훈(2002). 「일제하 밀양지역의 민족운동」. 『순국』 통권 제143권.

김영범(2015). 「황상규: 육탄혈전으로 조국의 독립을 완성하라」. 『순국』 통권 제288호.

김원봉의 「석정 동지 약사」.

김주용(2015). 「한중 공동항일투쟁을 이끈 윤세주와 진광화」. 『독립기념관』 통권 331호.

김진형(2000). 「선교 초기교회학교의 민족의식-감리교회를 중심으로」. 『기독교사상』 제44호.

김진호(1998). 「전덕기 목사 소전」. 『나라사랑』 제97호.

나혜석(1934). 「이혼고백장」. 『삼천리』(1934년 9월호).

박명철(2009). 「상동교회: 복음과 섬김으로 민족과 역사를 품고」. 『기독교사상』 제53호.

박설봉(1998). 「시대적 소명을 감당했던 목회자 전덕기」. 『나라사랑』 제97호.

서성옥(1998). 「민족운동의 선구자 전덕기 목사」. 『나라사랑』 제97호.

심옥주(2014). 「박차정, 여성광복군에서 빛을 발하다」. 『독립기념관』 통권 제316호.

오동춘(1998). 「전덕기 목사의 국어정신과 나라사랑」. 『나라사랑』 제97호.

유은식(1990). 「초기 선교사들의 교육활동」. 『우리교육』 제5호.

유종현(2012). 「잊고 있었던 영웅-석정 윤세주 열사」. 『독립정신』 제63호.

윤경로(1998). 「신민회 창립과 전덕기」. 『나라사랑』 제97호.

윤경로(1988). 「105인 사건에 관한 기독교사적 이해」. 『기독교사상』 제32권.

윤춘병(1998). 「전덕기 목사와 상동청년학원 고찰」. 『나라사랑』 제97호.

원희복(2016. 9. 6). 「김찬 선생님께」. 『100년 편지 248』. 임시정부 100주년 기념사업회.

이만규(1949). 「南朝鮮 敎員의 手記 몇 가지」. 『人民敎育』 1949. 8. 15 기념호.
이만규(1931). 「長老·監理의 合同 提唱」. 『혜성』 제1권 제2호. 개벽사.
이만규(1933. 7). 「女學生에게 보내노라」. 『新女性』 제7권 제7호. 개벽사.
이만규(1929. 5). 「女子의 使命」. 『培花』 창간호.
이만규(1930. 5). 「學生의 할 일」. 『培花』 제2호.
이만규(1932. 7). 「여학생이 양복 입는 데 대하여」. 『培花』 제4호.
이만규(1946. 3). 「建國敎育에 關하야」. 『인민과학』 제1권 1호.
이만규(1947. 8). 「임정수립과 교육정책」. 『개벽』.
이만열(1985). 「한국 초대교회 선교사 아펜젤러」. 『기독교사상』 제29호.
이양재(2007). 「헤이그 특사 '이준 열사 병사설'은 가짜다」. 『민족21』(2007년 10월).
이응호(1998). 「상동청년학원과 한글운동」. 『나라사랑』 제97호.
임경석(2018). 「독립운동가를 겪은 국가의 낙인」. 『한겨레21』 제1213호.
임영택(2017). 「한국기독교적 학교교육의 현실과 방안-상동교회와 삼일학원을 중심으로」. 『기독교 교육정보』 제52호.
장세윤(2012). 「중국 공산당과 화북조선독립동맹·조선의용군의 관계」. 『독립정신』 통권 제64호.
전택부(1998). 「전덕기 목사와 그 주변 사람들」. 『나라사랑』 제97호.
정병남(1993). 「일제치하의 진보적인 교육자 이만규」. 『우리교육』 제37호.
정진희(1996). 「역사와 교회- 한국 민족사의 산증인」. 『새가정』 제464호.
조동걸(1981). 「신한촌 건설과 대한광복회」. 『나라사랑』 제41호.
『조선민족전선』. 창간호.
하성환(2016). 「매화향기 가득한 항일 혁명시인 이육사」. 『순국』 통권 제315호.
한규무(1998). 「전덕기의 애국계몽활동」. 『나라사랑』 제97호.
한성훈(2012). 「조선의용군(대), 죽은 건 네가 아니다」. 『독립정신』.
한형권(1948). 「革命家의 回想錄-레닌과 담판」. 『三千里』 제6호.
허헌(1935. 8. 1). 「교우록」. 『삼천리』 제7권 제7호.
허헌(1930. 10. 1). 「在獄巨頭의 最近 書翰集」. 『삼천리』 제9호.

〈사전 및 전집류〉
강만길·성대경(1996). 『한국 사회주의운동 인명사전』. 창작과비평사.
김경일(1993). 「경성시내 여학생 만세소요 사건」. 『한국민족해방운동사자료집』 제10집.
류자명(1999). 『유자명 수기 한 혁명자의 회억록』. 독립기념관 한국독립운동사연구소.
민족문제연구소(2009). 『친일인명사전』.
이석태 외(1987). 『사회과학대사전』. 한울림.
조동걸(2010). 「독립군 전투사」. 『우사(于史) 조동걸 전집』. 역사공간.
조동걸(2010). 「3·1운동의 역사」. 『우사(于史) 조동걸 전집』. 역사공간.
조동걸(2010). 「한국독립운동사 총설」. 『우사(于史) 조동걸 전집』. 역사공간.
朝鮮通信社(1948). 『朝鮮年鑑』.
추헌수 편. 『자료 한국독립운동 2』.
한국사 데이터베이스. 「한민족 독립운동사 연표」(1931년). 『한민족독립운동사』 제13권.
『현대사 자료(25)』(1966). みすず書房.

〈신문 방송 및 기타자료〉

『경향신문』. 2005. 5. 30.

『동아일보』. 1922. 3. 22.

『동아일보』. 1926. 9. 9.

『동아일보』. 1926. 10. 18.

『동아일보』. 1927. 12. 22.

『동아일보』. 1929. 3. 12.

『동아일보』. 1929. 8. 4~5.

『동아일보』. 1929. 8. 9.

『동아일보』. 1930. 11. 11.

『동아일보』. 1931. 9. 4.

『동아일보』. 1931. 9. 9.

『동아일보』. 1931. 9. 10.

『동아일보』. 1933. 6. 2.

『동아일보』. 1945. 12. 27.

『동아일보』. 1945. 12. 23.

『매일신보』. 1910. 10. 23.

『시대일보』. 1926. 4. 25.

『신한민보』. 1929. 11. 28.

『신한민보』. 1929. 9. 5.

『자유신문』. 1949. 6. 15.

『조선일보』. 1931. 9. 4.

『조선일보』. 1931. 9. 5.

『조선일보』. 1935. 8. 24. 호외

『중외일보』. 1929. 8. 23.

『중외일보』. 1929. 8. 24.

『中外新聞』. 1947. 5. 28.

『한겨레』. 2007. 8. 7.

『동아일보』(1933. 2. 26). 「김찬 사건과 병합심리, 조봉암 사건과」.

『동아일보』(1933. 6. 1; 6. 2). 「조봉암, 홍남표 등 17명은 예심 종결, 관계자 1명은 옥중 사망」.

『동아일보』(1933. 11. 16; 1933. 12. 8.; 1933. 12. 18). 「피고들의 騷然으로 부득이 분리심리, 조봉암 등은 퇴정시켜, 단일 共黨 김명시, 김찬 등 속행 공판(신의주)」.

『조선중앙일보』(1933. 6. 4). 「조봉암 등 17명, 예심종결결정서, 그 전문은 여좌하다」.

「3·1운동 관계 검사 처분 인원표」(1973). 『독립운동사료집』 제4집.

「김창용 신문조서」(제2회). 『한민족 독립운동사 자료집』 제50권.

「반민특위 재판 김태석 사건 단기 4282년 特刑 제5호」 황옥의 증언.

「장석천 신문조서」(제4회). 『한민족 독립운동사 자료집』 제50권.

『김공신 의견서』(1935. 5. 22). 경기도 경찰부.

『김공신 제2회 신문조서』(1935. 3. 7). 상해 일본 총영사관 경찰부.

『김공신 제4회 신문조서』(1935. 5. 10). 경기도 경찰부.

『증인 여운형 신문조서』(1935. 10. 25). 경기도 경찰부.

『코민테른 동양부 꼬르뷰로 제8차 회의록』(1923. 4. 2).

김명섭(2016). 「역사고백: 박차정, 남편 김원봉과 함께 총을 들다」.『단대신문』. 2016. 5. 10.

김삼태(2018) 「부산보훈청, 4월의 현충시설로 '박차정 의사 생가' 선정」.『신아일보』. 2018. 4. 1.

김승수(2015). 「총을 든 여자 독립군 박차정 의사의 생가를 가다」.『CIVIC news』. 2015. 8. 12.

김철수.『김철수 친필 유고』.

박도(2015). 「실록 소설 들꽃: 이육사의 백마 타고 오는 초인은 이 남자」.『오마이뉴스』. 2015. 2. 4.

박용규(2012). 「이만규는 '친일파'가 아니라 '독립운동가'였다」.『오마이뉴스』. 2012. 2. 15.

손봉석(2009). 「10만 원권 발행 보류, 진짜 이유는」.『경향신문』. 2009. 1. 22.

원희복(2005). 「다시 쓰는 독립운동 列傳 Ⅱ 중국 편-2. 비운의 좌파지식인 김찬」. 『경향신문』. 2005. 5. 30.

이길상(2012). 「조선어학회 핵심 이만규, 사실은 친일파였다」.『오마이뉴스』. 2012. 2. 4.

이윤옥(2011). 「부산이 낳은 대륙의 들꽃 '박차정'」.『수원일보』. 2011. 12. 13.

이종근(2015). 「'한 장의 다큐' 약산의 처, 박차정 여사」.『한겨레』. 2015. 11. 27.

이화수(2008). 「10만 원권에 이승만!, 5만 원권에 박정희!」.『올인코리아』. 2008. 10. 14.

임경석(2012). 「독립운동가 '김립' v.s 그를 비난한 '김구'」.『서울신문』. 2012. 11. 19.

전정희(2018). 「전도사 박문희와 부산 동래복음전도관」.『국민일보』. 2018. 1. 5.

전택부(1988). 「독립운동에 앞장선 이필주 목사」.『상동교회를 중심으로 활동한 나라와 겨레를 빛낸 이들』. 기독교 대한감리회 상동교회.

조소희(2015). 「영화 '암살' 뜨자 박차정 의사 생가도 떴다」.『부산일보』. 2015. 8. 12.

천영철(2010). 「항일여전사 박차정 의사 '쓸쓸한 100주년'」.『부산일보』. 2010. 5. 14.

한국기독학생회 총연맹(1981).『야학활동안내서』. KSCF 학사단.

황상익(2010). 「식민지 의대 졸업생이 선택한 두 가지 길」.『프레시안』. 2010. 9. 13.

http://db.history.go.kr 「일제 감시 대상 인물 카드」.292 우리 역사에서 사라진 근현대 인물 한국사

京鍾警高秘 제15854호(1928. 11. 24). 「주식회사 중외일보 창립 총회의 건」.『사상문제에 관한 조사서류 5』.

京鍾警高秘 제8559호의 3(1929. 6. 30). 「신간회 대표위원회의 건」.『사상문제에 관한 조사서류 7』.

高橋濱吉(1927).『朝鮮教育史考』. 京城: 帝國地方行政學會 朝鮮本部.

『高等警察要史』 1920. 7. 31.

『不逞團關係 雜件-朝鮮人의 部-鮮人과 過激派2』(1922. 2. 14). 機密 제49호.

『不逞團關係 雜件-朝鮮人의 部-鮮人과 過激派2』(1922. 2. 17). 機密 제58호.

「朝鮮に於ける共産主義運動の近況」.『思想彙報』 5호(1935).

朝鮮總督府.『朝鮮教育ノ沿革』. 京城. 1921.

朝鮮總督府.『朝鮮 教育 沿革 略史』. 京城. 1923.

朝鮮總督府.『朝鮮の 教育』. 京城. 1928.

朝鮮總督府.『朝鮮に於ける 教育革新の 全貌』. 京城. 1938.

平安南道 警務部(1918. 4. 8).「國權恢復ヲ標榜スル秘密結社發見處分ノ件」.『不逞團 關係雜件朝鮮人ノ部在內地』.

삶의 행복을 꿈꾸는 교육은 어디에서 오는가?

미래 100년을 향한 새로운 교육 | 혁신교육을 실천하는 교사들의 필독서

▶ 교육혁명을 앞당기는 배움책 이야기
혁신교육의 철학과 잉걸진 미래를 만나다!

한국교육연구네트워크 총서

01 핀란드 교육혁명
한국교육연구네트워크 엮음 | 320쪽 | 값 15,000원

02 일제고사를 넘어서
한국교육연구네트워크 엮음 | 284쪽 | 값 13,000원

03 새로운 사회를 여는 교육혁명
한국교육연구네트워크 엮음 | 380쪽 | 값 17,000원

04 교장제도 혁명
한국교육연구네트워크 엮음 | 268쪽 | 값 14,000원

05 새로운 사회를 여는 교육자치 혁명
한국교육연구네트워크 엮음 | 312쪽 | 값 15,000원

06 혁신학교에 대한 교육학적 성찰
한국교육연구네트워크 엮음 | 308쪽 | 값 15,000원

07 진보주의 교육의 세계적 동향
한국교육연구네트워크 엮음 | 324쪽 | 값 17,000원
2018 세종도서 학술부문

08 더 나은 세상을 위한 학교혁명
한국교육연구네트워크 엮음 | 404쪽 | 값 21,000원
2018 세종도서 교양부문

혁신학교
성열관·이순철 지음 | 224쪽 | 값 12,000원

행복한 혁신학교 만들기
초등교육과정연구모임 지음 | 264쪽 | 값 13,000원

서울형 혁신학교 이야기
이부영 지음 | 320쪽 | 값 15,000원

혁신교육, 철학을 만나다
브렌트 데이비스·데니스 수마라 지음
현인철·서용선 옮김 | 304쪽 | 값 15,000원

혁신교육 존 듀이에게 묻다
서용선 지음 | 292쪽 | 값 14,000원

다시 읽는 조선 교육사
이만규 지음 | 750쪽 | 값 33,000원

대한민국 교육혁명
교육혁명공동행동 연구위원회 지음 | 224쪽 | 값 12,000원

한국교육연구네트워크 번역 총서

01 프레이리와 교육
존 엘리아스 지음 | 한국교육연구네트워크 옮김
276쪽 | 값 14,000원

02 교육은 사회를 바꿀 수 있을까?
마이클 애플 지음 | 강희룡·김선우·박원순·이형빈 옮김
356쪽 | 값 16,000원

**03 비판적 페다고지는
세상을 변화시킬 수 있는가?**
Seewha Cho 지음 | 심성보·조시화 옮김 | 280쪽 | 값 14,000원

04 마이클 애플의 민주학교
마이클 애플·제임스 빈 엮음 | 강희룡 옮김 | 276쪽 | 값 14,000원

05 21세기 교육과 민주주의
넬 나딩스 지음 | 심성보 옮김 | 392쪽 | 값 18,000원

**06 세계교육개혁:
민영화 우선인가 공적 투자 강화인가?**
린다 달링-해먼드 외 지음 | 심성보 외 옮김 | 408쪽 | 값 21,000원

대한민국 교사, 어떻게 가르칠 것인가?
윤성관 지음 | 320쪽 | 값 15,000원

아이들을 어떻게 가르칠 것인가
사토 마나부 지음 | 박찬영 옮김 | 232쪽 | 값 13,000원

모두를 위한 국제이해교육
한국국제이해교육학회 지음 | 364쪽 | 값 16,000원

경쟁을 넘어 발달 교육으로
현광일 지음 | 288쪽 | 값 14,000원

독일 교육, 왜 강한가?
박성희 지음 | 324쪽 | 값 15,000원

핀란드 교육의 기적
한넬레 니에미 외 엮음 | 장수명 외 옮김 | 456쪽 | 값 23,000원

한국 교육의 현실과 전망
심성보 지음 | 724쪽 | 값 35,000원

▶ 4·16, 질문이 있는 교실 마주이야기
통합수업으로 혁신교육과정을 재구성하다!

통하는 공부
김태호·김형우·이경석·심우근·허진만 지음
324쪽 | 값 15,000원

내일 수업 어떻게 하지?
아이함께 지음 | 300쪽 | 값 15,000원
2015 세종도서 교양부문

인간 회복의 교육
성래운 지음 | 260쪽 | 값 13,000원

교과서 너머 교육과정 마주하기
이윤미 외 지음 | 368쪽 | 값 17,000원

수업 고수들 수업·교육과정·평가를 말하다
박현숙 외 지음 | 368쪽 | 값 17,000원

도덕 수업, 책으로 묻고 윤리로 답하다
울산도덕교사모임 지음 | 320쪽 | 값 15,000원

체육 교사, 수업을 말하다
전용진 지음 | 304쪽 | 값 15,000원

교실을 위한 프레이리
아이러 쇼어 엮음 | 사람대사람 옮김 | 412쪽 | 값 18,000원

마을교육공동체란 무엇인가?
서용선 외 지음 | 360쪽 | 값 17,000원

교사, 학교를 바꾸다
정진화 지음 | 372쪽 | 값 17,000원

함께 배움
학생 주도 배움 중심 수업 이렇게 한다
니시카와 준 지음 | 백경석 옮김 | 280쪽 | 값 15,000원

공교육은 왜?
홍섭근 지음 | 352쪽 | 값 16,000원

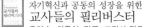
자기혁신과 공동의 성장을 위한
교사들의 필리버스터
윤양수·원종희·장군·조경삼 지음 | 280쪽 | 값 14,000원

함께 배움 이렇게 시작한다
니시카와 준 지음 | 백경석 옮김 | 196쪽 | 값 12,000원

함께 배움 교사의 말하기
니시카와 준 지음 | 백경석 옮김 | 188쪽 | 값 12,000원

교육과정 통합, 어떻게 할 것인가?
성열관 외 지음 | 192쪽 | 값 13,000원

미래교육의 열쇠, 창의적 문화교육
심광현·노명우·강정석 지음 | 368쪽 | 값 16,000원

주제통합수업, 아이들을 수업의 주인공으로!
이윤미 외 지음 | 392쪽 | 값 17,000원

수업과 교육의 지평을 확장하는 수업 비평
윤양수 지음 | 316쪽 | 값 15,000원
2014 문화체육관광부 우수교양도서

교사, 선생이 되다
김태은 외 지음 | 260쪽 | 값 13,000원

교사의 전문성, 어떻게 만들어지나
국제교원노조연맹 보고서 | 김석규 옮김 392쪽 | 값 17,000원

수업의 정치
윤양수·원종희·장군 지음 | 280쪽 | 값 14,000원

학교협동조합,
현장체험학습과 마을교육공동체를 잇다
주수원 외 지음 | 296쪽 | 값 15,000원

거꾸로교실,
잠자는 아이들을 깨우는 수업의 비밀
이민경 지음 | 280쪽 | 값 14,000원

교사는 무엇으로 사는가
정은균 지음 | 292쪽 | 값 15,000원

마음의 힘을 기르는 감성수업
조선미 외 지음 | 300쪽 | 값 15,000원

작은 학교 아이들
지경준 엮음 | 376쪽 | 값 17,000원

아이들의 배움은 어떻게 깊어지는가
이시이 준지 지음 | 방지현·이창희 옮김 | 200쪽 | 값 11,000원

대한민국 입시혁명
참교육연구소 입시연구팀 지음 | 220쪽 | 값 12,000원

교사를 세우는 교육과정
박승열 지음 | 312쪽 | 값 15,000원

전국 17명 교육감들과 나눈
교육 대담
최창의 대담·기록 | 272쪽 | 값 15,000원

들뢰즈와 가타리를 통해
유아교육 읽기
리세롯 마리엣 올슨 지음 | 이연선 외 옮김 | 328쪽 | 값 17,000원

학교 혁신의 길, 아이들에게 묻다
남궁상운 외 지음 | 272쪽 | 값 15,000원

프레이리의 사상과 실천
사람대사람 지음 | 352쪽 | 값 18,000원
2018 세종도서 학술부문

혁신학교, 한국 교육의 미래를 열다
송순재 외 지음 | 608쪽 | 값 30,000원

페다고지를 위하여
프레네의 『페다고지 불변요소』 읽기
박찬영 지음 | 296쪽 | 값 15,000원

노자와 탈현대 문명
홍승표 지음 | 284쪽 | 값 15,000원

선생님, 민주시민교육이 뭐예요?
염경미 지음 | 244쪽 | 값 15,000원

어쩌다 혁신학교
유우석 외 지음 | 380쪽 | 값 17,000원

미래, 교육을 묻다
정광필 지음 | 232쪽 | 값 15,000원

대학, 협동조합으로 교육하라
박주희 외 지음 | 252쪽 | 값 15,000원

입시, 어떻게 바꿀 것인가?
노기원 지음 | 306쪽 | 값 15,000원

촛불시대, 혁신교육을 말하다
이용관 지음 | 240쪽 | 값 15,000원

라운드 스터디
이시이 데루마사 외 엮음 | 224쪽 | 값 15,000원

미래교육을 디자인하는 학교교육과정
박승열 외 지음 | 348쪽 | 값 18,000원

흥미진진한 아일랜드 전환학년 이야기
제리 제퍼스 지음 | 최상덕·김호원 옮김 | 508쪽 | 값 27,000원

폭력 교실에 맞서는 용기
따돌림사회연구모임 학급운영팀 지음 | 272쪽 | 값 15,000원

학교 민주주의의 불한당들
정은균 지음 | 276쪽 | 값 14,000원

교육과정, 수업, 평가의 일체화
리사 카터 지음 | 박승열 외 옮김 | 196쪽 | 값 13,000원

학교를 개선하는 교장
지속가능한 학교 혁신을 위한 실천 전략
마이클 풀란 지음 | 서동연·정효준 옮김 | 216쪽 | 값 13,000원

공자뎐, 논어는 이것이다
유문상 지음 | 392쪽 | 값 18,000원

교사와 부모를 위한
발달교육이란 무엇인가?
현광일 지음 | 380쪽 | 값 18,000원

교사, 이오덕에게 길을 묻다
이무완 지음 | 328쪽 | 값 15,000원

낙오자 없는 스웨덴 교육
레이프 스트란드베리 지음 | 변광수 옮김 | 208쪽 | 값 13,000원

끝나지 않은 마지막 수업
장석웅 지음 | 328쪽 | 값 20,000원

경기꿈의학교
진흥섭 외 지음 | 360쪽 | 값 17,000원

학교를 말한다
이성우 지음 | 292쪽 | 값 15,000원

행복도시 세종, 혁신교육으로 디자인하다
곽순일 외 지음 | 392쪽 | 값 18,000원

나는 거꾸로 교실 거꾸로 교사
류광모·임정훈 지음 | 212쪽 | 값 13,000원

교실 속으로 간 이해중심 교육과정
온정덕 외 지음 | 224쪽 | 값 13,000원

교실, 평화를 말하다
따돌림사회연구모임 초등우정팀 지음 | 268쪽 | 값 15,000원

▶ 교과서 밖에서 만나는 역사 교실
상식이 통하는 살아 있는 역사를 만나다

전봉준과 동학농민혁명
조광환 지음 I 336쪽 I 값 15,000원

교과서 밖에서 배우는 역사 공부
정은교 지음 I 292쪽 I 값 14,000원

남도의 기억을 걷다
노성태 지음 I 344쪽 I 값 14,000원

팔만대장경도 모르면 빨래판이다
전병철 지음 I 360쪽 I 값 16,000원

응답하라 한국사 1·2
김은석 지음 I 356쪽·368쪽 I 각권 값 15,000원

빨래판도 잘 보면 팔만대장경이다
전병철 지음 I 360쪽 I 값 16,000원

즐거운 국사수업 32강
김남선 지음 I 280쪽 I 값 11,000원

영화는 역사다
강성률 지음 I 288쪽 I 값 13,000원

즐거운 세계사 수업
김은석 지음 I 328쪽 I 값 13,000원

친일 영화의 해부학
강성률 지음 I 264쪽 I 값 15,000원

강화도의 기억을 걷다
최보길 지음 I 276쪽 I 값 14,000원

한국 고대사의 비밀
김은석 지음 I 304쪽 I 값 13,000원

광주의 기억을 걷다
노성태 지음 I 348쪽 I 값 15,000원

조선족 근현대 교육사
정미량 지음 I 320쪽 I 값 15,000원

**선생님도 궁금해하는
한국사의 비밀 20가지**
김은석 지음 I 312쪽 I 값 15,000원

다시 읽는 조선근대교육의 사상과 운동
윤건차 지음 I 이명실·심성보 옮김 I 516쪽 I 값 25,000원

걸림돌
키르스텐 세룹-빌펠트 지음 I 문봉애 옮김
248쪽 I 값 13,000원

음악과 함께 떠나는 세계의 혁명 이야기
조광환 지음 I 292쪽 I 값 15,000원

역사수업을 부탁해
열 사람의 한 걸음 지음 I 388쪽 I 값 18,000원

논쟁으로 보는 일본 근대교육의 역사
이명실 지음 I 324쪽 I 값 17,000원

진실과 거짓, 인물 한국사
하성환 지음 I 400쪽 I 값 18,000원

다시, 독립의 기억을 걷다
노성태 지음 I 320쪽 I 값 16,000원

우리 역사에서 사라진 근현대 인물 한국사
하성환 지음 I 296쪽 I 값 18,000원

▶ 창의적인 협력 수업을 지향하는 삶이 있는 국어 교실
우리말 글을 배우며 세상을 배운다

중학교 국어 수업 어떻게 할 것인가?
김미경 지음 I 340쪽 I 값 15,000원

토론의 숲에서 나를 만나다
명혜정 엮음 I 312쪽 I 값 15,000원

토닥토닥 토론해요
명혜정·이명선·조선미 엮음 I 288쪽 I 값 15,000원

인문학의 숲을 거니는 토론 수업
순천국어교사모임 엮음 I 308쪽 I 값 15,000원

어린이와 시
오인태 지음 I 192쪽 I 값 12,000원

수업, 슬로리딩과 함께
박경숙 외 지음 I 268쪽 I 값 15,000원

▶ 더불어 사는 정의로운 세상을 여는 인문사회과학
사람의 존엄과 평등의 가치를 배운다

 밥상혁명
강양구·강이현 지음 | 298쪽 | 값 13,800원

 좌우지간 인권이다
안경환 지음 | 288쪽 | 값 13,000원

 도덕 교과서 무엇이 문제인가?
김대용 지음 | 272쪽 | 값 14,000원

 민주시민교육
심성보 지음 | 544쪽 | 값 25,000원

 자율주의와 진보교육
조엘 스프링 지음 | 심성보 옮김 | 320쪽 | 값 15,000원

 민주시민을 위한 도덕교육
심성보 지음 | 500쪽 | 값 25,000원
2015 세종도서 학술부문

 민주화 이후의 공동체 교육
심성보 지음 | 392쪽 | 값 15,000원
2009 문화체육관광부 우수학술도서

 교과서 밖에서 배우는 인문학 공부
정은교 지음 | 280쪽 | 값 13,000원

 갈등을 넘어 협력 사회로
이창언·오수길·유문종·신윤관 지음 | 280쪽 | 값 15,000원

 오래된 미래교육
정재걸 지음 | 392쪽 | 값 18,000원

 동양사상과 마음교육
정재걸 외 지음 | 356쪽 | 값 16,000원
2015 세종도서 학술부문

 대한민국 의료혁명
전국보건의료산업노동조합 엮음 | 548쪽 | 값 25,000원

 교과서 밖에서 배우는 철학 공부
정은교 지음 | 280쪽 | 값 14,000원

 교과서 밖에서 배우는 고전 공부
정은교 지음 | 288쪽 | 값 14,000원

 교과서 밖에서 배우는 사회 공부
정은교 지음 | 304쪽 | 값 15,000원

 전체 안의 전체 사고 속의 사고
김우창의 인문학을 읽다
현광일 지음 | 320쪽 | 값 15,000원

 교과서 밖에서 배우는 윤리 공부
정은교 지음 | 292쪽 | 값 15,000원

 카스트로, 종교를 말하다
피델 카스트로·프레이 베토 대담 | 조세종 옮김
420쪽 | 값 21,000원

 한글 혁명
김슬옹 지음 | 388쪽 | 값 18,000원

 일제강점기 한국철학
이태우 지음 | 448쪽 | 값 25,000원

 우리 안의 미래교육
정재걸 지음 | 484쪽 | 값 25,000원

▶ 평화샘 프로젝트 매뉴얼 시리즈
학교폭력에 대한 근본적인 예방과 대책을 찾는다

 학교폭력 어떻게 만들어지는가
문재현 외 지음 | 300쪽 | 값 14,000원

 아이들을 살리는 동네
문재현·신동명·김수동 지음 | 204쪽 | 값 10,000원

 학교폭력, 멈춰!
문재현 외 지음 | 348쪽 | 값 15,000원

평화! 행복한 학교의 시작
문재현 외 지음 | 252쪽 | 값 12,000원

 왕따, 이렇게 해결할 수 있다
문재현 외 지음 | 236쪽 | 값 12,000원

마을에 배움의 길이 있다
문재현 지음 | 208쪽 | 값 10,000원

 젊은 부모를 위한 백만 년의 육아 슬기
문재현 지음 | 248쪽 | 값 13,000원

별자리, 인류의 이야기 주머니
문재현·문한뫼 지음 | 444쪽 | 값 20,000원

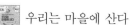 **우리는 마을에 산다**
유양우·신동명·김수동·문재현 지음 | 312쪽 | 값 15,000원

▶ 남북이 하나 되는 두물머리 평화교육
분단 극복을 위한 치열한 배움과 실천을 만나다

 10년 후 통일
정동영·지승호 지음 | 328쪽 | 값 15,000원

 선생님, 통일이 뭐예요?
정경호 지음 | 252쪽 | 값 13,000원

 분단시대의 통일교육
성래운 지음 | 428쪽 | 값 18,000원

 김창환 교수의 DMZ 지리 이야기
김창환 지음 | 264쪽 | 값 15,000원

 한반도 평화교육 어떻게 할 것인가
이기범 외 지음 | 252쪽 | 값 15,000원

▶ 출간 예정